U0590467

面向未来的高等职业教育人才培养模式变革

和 震 等著

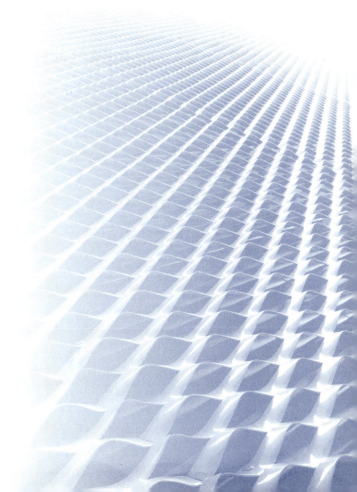

中国教育出版传媒集团

高等教育出版社·北京

内容提要

　　本书是贯彻落实党的二十大报告关于职业教育重要规划和指引的一个具体体现。本书分析和把握了新工业革命背景下高职人才培养模式的理论框架、内在机制与变革路径，提出了未来我国高职人才培养模式的创新发展需要在培养理念、培养目标、培养内容、培养方法、评价机制以及相应的制度设计上深度融入智能化、数字化、信息化和绿色化的"四化"理念，贯彻产教融合、科教融合、专创融合的"三融合"举措；阐述了通过实现能力的复合交叉、层次迭代升级、知识储备可持续的人才培养目标的定位机制，产教协同、思政融合、任务驱动的培养内容动态优化机制，数字赋能、行动导向、实训实习升级的培养方法与方案的持续改进机制等，来建立面向未来的高职人才培养新模式，提出了"三四三"高职人才培养模式；揭示了高等职业教育在新科技革命驱动下，如何在既遵循职业教育类型规律，又不断提高自身适应性二者之间应该做出的坚守、变革与创新。

　　本书可以作为职业教育研究者、高职院校管理者和广大教师的一本重要参考读物。

图书在版编目(CIP)数据

　　面向未来的高等职业教育人才培养模式变革／和震
等著. --北京：高等教育出版社，2023.8
　　ISBN 978 - 7 - 04 - 060787 - 1

　　Ⅰ.①面… Ⅱ.①和… Ⅲ.①高等职业教育-人才培
养-培养模式-研究 Ⅳ.①G718.5

　　中国国家版本馆 CIP 数据核字(2023)第 123401 号

面向未来的高等职业教育人才培养模式变革
MIANXIANG WEILAI DE GAODENG ZHIYE JIAOYU
RENCAI PEIYANG MOSHI BIANGE

| 策划编辑 | 叶　波 | 责任编辑 | 杨　莉 | 封面设计 | 易斯翔 | 版式设计 | 杨　树 |
| 责任绘图 | 易斯翔 | 责任校对 | 窦丽娜 | 责任印制 | 耿　轩 | | |

出版发行	高等教育出版社	网　　址	http://www.hep.edu.cn
社　　址	北京市西城区德外大街 4 号		http://www.hep.com.cn
邮政编码	100120	网上订购	http://www.hepmall.com.cn
印　　刷	河北信瑞彩印刷有限公司		http://www.hepmall.com
开　　本	787mm×1092mm　1/16		http://www.hepmall.cn
印　　张	11.75		
字　　数	220 千字	版　　次	2023 年 8 月第 1 版
购书热线	010-58581118	印　　次	2023 年 8 月第 1 次印刷
咨询电话	400-810-0598	定　　价	42.60 元

本书如有缺页、倒页、脱页等质量问题，请到所购图书销售部门联系调换

目录

导言

党的二十大报告作为指导全面建设社会主义现代化国家、全面推进中华民族伟大复兴的纲领性文献,关于教育的论述内涵丰富、立意深刻且富于创新,强调深入实施科教兴国战略,强化现代化建设人才支撑。在职业教育方面,党的二十大报告提出"统筹职业教育、高等教育、继续教育协同创新,推进职普融通、产教融合、科教融汇,优化职业教育类型定位",这些对于面向未来的高等职业教育人才培养模式创新具有重要指导意义。本书将"高等职业教育"简称为"高职",将"高等职业教育人才培养模式"和"高职院校人才培养模式"简称为"高职人才培养模式"。本书以高职人才培养模式为研究对象,主要研究以下几个方面的问题:一是深刻把握新工业革命的根本特征,新工业革命是以新一代信息技术革命为基础,以物理技术、生物技术和数字技术的彼此渗透、融合发展为根本驱动力,助推工业生产模式实现由大规模定制向个性化定制转变。二是对新工业革命背景下高职人才培养模式进行理论层面的探讨,系统总结现有的研究成果,基于对驱动劳动力需求变化的基本性因素——技术,以及新工业革命技术发展影响下的产业与工作发展特点的分析,明确未来劳动力新需求形成的内在机制,从而构建满足未来高职人才培养模式的理论分析框架。三是通过德尔菲法、深度访谈法、个案研究法等方法,在分析高职人才培养模式各内容维度现状与问题的基础上,从绿色职业教育发展理念的倡导、创新创业教育、科研与教学融合、实习、实训等方面,分析新科技革命带来的智能化、数字化、信息化和绿色化的技术新特点对高职人才培养模式的影响,从产教融合、专创融合、科教融合三个融合视角考察了高职人才培养模式的重新塑造。同时总结部分实践中优秀、成功的高职人才培养方案的改革案例,为人才培养模式的创新与改革提供案例支撑。四是基于理论指导、政策分析的视角,结合实证调研资料对高职人才培养新模式的内涵和特征进行具体分析,构建从人才培养的理念、目标定位、过程与方法、动态优化机制、质量评价机制五个维度的面向新工业革命的高职人才培养新模式。揭示职业教育人才培养模式应对工业革命对人才需求变化的规律,以更好地担负起高等职业教育在满足经济社会建设与发展、促进我国产业优化升级过程中人才培养的使命。

本书主要采用了四种研究方法。一是文献研究法。收集了国内外有关新工业革命、高职人才培养等相关主题的文献资料,以及国际相关组织、部门颁发的未来产业发展与人才需求趋势的报告、我国高技能人才队伍建设现状发展报告以及人才培养的相关政策、高职院校近年来的人才培养方案、毕业生的追踪记录材料等。对文献进行了归纳、整理、分析和提炼,并注重归纳涉及高等职业教育如何培养人的原理性问题的理论分析和实证研究,为后续的案例研究和德尔菲法的开展设计工具,如调研方案、访谈提纲等,并为构建人才培养模式的分析框架提供理论支持。二是调查研究法。实地调研了包括东、中、西部的多个省份,针对当前与未来高职人才培养模式的发展现状与趋势、高职院校在培养理念及实践中的改革策略,访谈了高职院校校长、院系领导人、专业负责人、职能处室负责人、专业或学科带头人、骨干教师,访谈了在校生和毕业生代表对于当前高职人才培养模式的看法,并调研了企业未来员工招聘的要求及标准。三是个案研究法。为了使研究更加深入,课题组在实地调研的基础上重点选择一些有代表性和典型性的院校进行深入的案例研究,提炼总结出该高职院校的人才培养改革方案。调查通过对北京、包头等多所办学各具特色的高职院校的人才培养方案进行个案分析,来透视我国高职发展的成功经验及存在的具有典型性的问题,以为我国高职人才培养模式的改革与发展提供参照。四是德尔菲法。首先基于已有研究成果提炼出高职人才培养模式的内涵及其构成维度,初步形成调查量表。再通过专家咨询和课题研究团队的意见征询和集中讨论,对调查量表进行调整、优化。通过对专家实施调查量表的三轮调查,实现最终反馈意见的逐步收敛,并获得结论性判断。

本书的研究形成了以下结论和建议:

(一) 研究结论

1. 相关理论问题研究结论

(1) 新工业革命背景下高职人才培养模式的核心。

本课题组认为,关于新工业革命背景下高职人才培养模式问题的改革涉及职业教育原理性的问题,即高职的人才培养与新工业革命所带来的技术、工作世界、社会产业结构变迁与发展等因素的互动机制。因此应将该问题置于技术—工作—高职人才培养模式构成的三元网络结构中,从而对技术与高职人才培养模式之间的直接性互动机制以及以工作为媒介的间接性互动机制进行具体解析。

无论是立足现在还是面向未来,高职教育必须坚持围绕立德树人根本任务,以理想信念教育为核心,以社会主义核心价值观为引领,以德立技,以综合素养扩容与职业能力深化为关键,培养造就建设社会主义现代化强国需要的高素质技术技能人才。以此为核心,依据技术—工作—高职人才培养三元网络结构,推进高职的"四化",实现三个融合,以人才培养理念—培养定位—培养内容—过程与方法—保障机制等多要素为重点,创新重构高职人才培养模式。本书将此模式命名为"面向未来的技术—工作—立德树人三元结构、四化三融高职人才培养模式,简称"三四三"高职人才培养模式。

(2)新工业革命的"四化"内涵要求高职人才培养"三融合"。

智能化、数字化、信息化和绿色化是未来社会以及新工业革命带来的突出特征。面向新工业革命,未来我国高职人才培养模式的创新发展需要在培养理念、培养目标、培养内容、培养方法、评价机制以及相应的制度设计上深度融入"四化"理念。通过对新工业革命背景下技术、工作与高职人才培养模式发展互动逻辑全面、透彻解析,课题组提出新工业革命背景下高职人才培养应该凸显"三融合",即产教融合、科教融合、专创融合。在新技术更新更快、产业边界更为模糊、工作世界表现出更强的非规则性、灵活性、协同性的情境下,高职院校的人才培养更须坚持产教融合,紧跟甚至超前满足产业优化升级所需的复合创新型人才。随着智能化时代带来职业世界工作方式倾向研究化,将内在地要求技术技能人才进行研究性工作,这也对高职院校在科教融合层面提出更高要求。此外,创新成为工作内容的应有成分,特定产品与工艺的深入研究和创新能力成为技术技能人才能力结构的重要组成部分,建构了高职院校学生科技创新成果形成的理论模型。

上述研究成果从理论角度回答了在新工业革命背景下高职人才培养模式变革的理论依据及理念指导,勾画了人才培养模式的"式"与"变",既建立了高职人才培养模式的分析框架,为分析当前我国高职人才培养模式现状提供了依循;也凸显了人才培养模式在新工业革命背景下产教、专创及科教三个维度上融合的新要求。对后续高职人才培养模式的绿色化变革、创新创业教育、科教融合、新工业革命背景下的实习和实训模式、人才培养方案改革等实证研究、专题分析提供了重要指导意义。

2. 实证研究结论

(1)高职院校人才培养模式现状与问题。

本课题调研发现,高职院校在人才培养理念、人才培养定位、人才培养内容、人才培养保障机制四个内容维度的专家评分均值较高;而人才培养方法、人才培养评价、人才培养过程则属于相对受新工业革命影响较弱的因素。存在的突出问题包括:产业智能化对人的本体性与自我发展主体性的强调与当前高职院校以学生为中心和自我持续发展职业能力的关注不足,复合型技术技能人才需求的扩张与当前高职培养定位更新的滞后性和人才培养内容的弱复合性,产业发展对技术技能人才包含创新能力等优秀职业素质具备的要求与当前高职院校对职业创新素质培养的重视不够和实践泛化,校企"双主体"的应然育人格局与当前高职院校校企合作关系浅显松散的实然状态,等等。

(2)高职人才培养模式绿色化变革的策略与趋势。

绿色发展是我国新发展理念的重要组成部分,是未来经济和社会发展的基本理念,绿色制造、绿色生产和服务是新工业革命的基本实践方向之一。经济社会绿色发展的核心内涵包括环保产业、绿色能源生产与利用、资源的节约与高效及循环利用、清洁、减排、健康、安全等。在新时期,为提升高职适应性,高职人才培养模式改革也必须关注绿色化问题。高职的绿色化,主要指高职专业、课程、实习实训、师资、校园、教育管理等教育教学要素和要素组合的发展要凸显绿色特征。课题基于高层次绿色技能人才培养视角,提出面向新工业革命,未来我国高职工学结合人才培养模式的创新发展需在培养目标、培养内容、培养过程以及相应制度设计上体现绿色化趋势,满足绿色化的诉求。

(3)以科技创新成果形成为指导的创新创业教育模式探索研究。

对高职院校科技创新成果形成及其教育性影响因素研究发现,科技创新成果形成分为四个阶段:感知创新需求的准备期、构思实践计划的酝酿期、开展创新活动的明朗期以及检验创新成果的验证期。与科技创新成果形成相关的教育性影响因素包括重要他人、关键事件和必要支持。因此,对于科技创新成果的创新创业教育模式构建策略,学校作为教育性影响因素施加者,要培养"以老带新"的科技创新传统,发挥重要他人作用;加强必要支持供给,扩大学生发展自由空间;促成关键事件发生,鼓励学生尝试科技创新之路。高职学生作为科技创新活动的发起者,应当养成"刻意训练"的习惯,保证时间和精力的投入,培养自己感知科技创新需求的能力。

(4)科研制度创新视角的高职院校科教融合创新实证研究。

通过问卷调查和访谈形式,分析高职院校教师视角下对科教融合创新人才培养模式的认识,以及科研工作的基本现状。在科研内容定位的认识层面,高职院校教师对于科研的内容定位把握良好,对于高职发挥自身特色和优势、提升社会服务和技术创新能力也表示认可。在科教和人才培养关系的认识层面,教师高度认可高职院校的科研应充分发挥育人功能,加强科研与教学的结合,加强高职院校科研反哺教学的路径选择。在科研管理理念的认识层面,高职院校教师对科研管理理念的整体认知水平较高,且对激励理念最为认同。多数教师认为参与科研活动最主要的困难就是缺乏充足的时间和精力。因此提升高职院校科教融合创新,第一要坚持应用务实导向的科研选题原则,加强应用型研究,要树立服务教学实践、服务生产一线的科研导向意识。第二要坚持科教研深度融合的科研思路,以科研引领人才培养,以研促教,发挥科研在高职院校专业建设、课程与教学改革和人才培养中的作用,发挥高职院校科研的育人功能;以研促创,发挥科研对创新创业人才培养的作用,加快学校科技成果转化推广。第三要完善科研管理理念,以理念创新带动培养创新,坚持科研管理的激励理念,坚持科研管理的无界化理念。

(5) 新工业革命背景下的高等职业教育实习模式。

高等职业教育实习本质上是一项教育实践活动,旨在帮助学习者从教育领域过渡到职业领域,促进他们获得工作经验和职业实践能力。不同的生产方式造就了不同的职业岗位和工作任务,对从业者知识与技能的要求也不尽相同,从而影响了职业教育实习模式。在手工生产方式中,学徒制既是职业技能培训制度,也是技术技能积累的主要方式,承担着传统社会中职业教育的主要形式。在大批量标准化生产方式下,职业教育以培养学生能胜任单一岗位工作的能力要求为目标,呈现出内容简单、方式重复的规范型实习特征。在精益化生产方式下,职场要求工人具备小组合作能力、多样技能、适应多样性工作任务的能力,实习呈现出复合型的多样性特征。

在个性化定制生产方式下,定制生产具有了需求导向、问题解决、柔性化等新特征,需要更多更高的知识参与性、创新品质、社会品质。高等职业教育实习需要注重创新能力、综合素质和实践能力培养的同时,帮助学生进行复杂性技能训练和可迁移技能训练,还应当注重培养学生具有在不同环境下不断自我调整以及学习新技术和新方法的能力,实习呈现出创新型特征。

(6) 新工业革命背景下的实训模式探究。

对新工业革命背景下实训在职业教育中的重要性和必要性进行了讨论,发现了三个制约实训质量和成效的问题,应该予以重视和解决。首先,需要重视解决阻碍工作场所进入的问题,如权力关系带来的工作场所无法进入的问题、个体在社会互动的过程中带来负面影响的问题、广泛社会背景下的平等问题等。其次,需要重视复杂工作任务对知识要求的提高,受信息化和智能化的影响,除了需要专业技能外,完成一项工作任务所需的背景知识和专业知识将越发丰富。最后,关注学生的学习水平较弱因素。在真实职业实践中,基础薄弱的学生可能无法处理真实的、复杂的和专业性的情境。

当然,实训教学对于培养技术技能人才具有其自身优势。从学习环境来看,实训环境相对安全,采用个性化训练可以提高技能训练的准确程度,并有利于人际互动;从学习结果来看,实训可形成知识、技能、态度、能力迁移等多方面学习成果。

在新工业革命背景下讨论职业教育实训模式。第一,实训中尽可能地复制真实工作情境,应更多促进有意义的学习过程,在实训中注重学生的真实认知,使学生相信自己在实训中的角色。因此在新工业革命背景下的实训模式中,物理环境的真实性是实训的重要要求和特征。实训场地的空间安排、操作的设备和学生学习所使用的材料等物理环境与真实工作过程中情境的相似性,对模拟真实工作情境、增强学生职业角色代入感具有积极作用。第二,工作任务的情境性是实训设计学习任务的关键。有效的职业教育内容应嵌于情境之中。第三,有意义的人际互动。强调分享学习、有效学习、反思性学习和聚焦可迁移的学习结果四个要素。

(7) 面向未来高职人才培养模式的变革实践。

以个案为例,首先探讨了新工业革命背景下旅游专业高等职业教育变革。新技术、新业态在旅游业广泛应用,由此引发旅游产业融合逐渐加速、旅游企业运营模式不断变革、旅游人才需求不断升级。高等职业教育旅游专业的设置、培养目标定位、办学模式、课程体系、教学方式都亟待通过变革回应工作情境变化所带来的新要求及新挑战。旅游专业高等职业教育须优化专业结构,实现由同质集聚到差异均衡的路径转变;调整目标定位,确立多层次和多方向的培养目标;丰富办学模式,构建多主体、交互式育人模式;注重"全人内涵",设计多元立体化的课程教学体系;变革育人理念,打造与时俱进的师资队伍;培育全球思维,推进旅游专业高职教育国际化进程。其次,分析了两个高职人才培养模式案例,即装备制造大类专业服务装备制造创新应用和电子信息类专业服务数字转型智能升级。

(8) 新工业革命背景下高职人才培养新模式构建。

高职人才培养模式的构建需要对高职院校"培养什么样的人"与"怎么培养这样的人"等根本性问题进行思考。在人才培养理念层面,对面向新工业革命发展的高职院校而言,需要进行人才培养价值诉求的革新和人才培养理念的重塑,不仅需要思考"培养什么样的人",也需对"怎样培养这样的人"进行方法论层面的思考。在人才培养目标定位层面,新工业革命背景下高职院校应将创新型、高素质、复合型技术技能人才作为培养目标,具体表现为职业知识储备的系统性、职业能力的复合交叉性、高层次性、可持续性以及职业素养的凸显。在高职人才培养内容的动态优化机制层面,既包括与产业结构协同发展的专业建设动态优化机制,即精准对接、特色鲜明的专业建设理念,借助"互联网+"大数据的专业动态优化路径,实现"数治"思维下专业动态优化机制的更新;也包括课程建设理念与路径的动态优化机制,保持课程理念不断更新、课程体系的灵活性及课程教材形式的不断创新。在高职人才培养过程与方法的实践创新层面,要不断完善新兴技术赋能下的教学创新,探索实训教学过程的多面优化,实现基于数字化学习生态的多学习模式融合发展。在人才培养质量评价机制的发展与优化层面,促进质量共治理念下多主体协同共促的评价格局的生成,利用数据驱动、场景化、精准化的评价方法进行评价探索,推动评价依据的资格标准与技能水平标准"双对接"趋向。

(二) 对策建议

1. 深化创新校企合作:人才培养新模式构建的关键前提

通过纵观世界发达国家的职业教育发展特征与对我国职业教育发展历程的回顾与反思,可以看出作为产教融合具体表现的校企合作已成为职业教育实现优质、持久发展的基本规律与关键前提。面对新工业革命发展背景下技术颠覆式创新与突破式发展诱发的产业技术技能人才需求在内涵、结构与数量方面的升级,未来高职人才培养模式服务能力更强、显性贡献度更高的实现,必须依赖深度协作、融合发展的校企合作机制。未来高职院校预期人才培养目标——创新型、高素质、复合型技术技能人才的培养,急切需要一种"你中有我、我中有你"深度融合式的校企合作机制,即打造"校企合作共同体",这也是高职人才培养模式面向新工业革命发展的关键前提。高职院校与合作企业在彼此利益协商与价值认同基础上形成发展共识与合作发展愿景,从而形成具有深度融合特征的发展组织。该共同体旨在协调针对企业技术与产品服务和高职人才培养所开展的各项具体活动,促使彼此间的良性互动与双赢发展目标的实现。

2. 内部管理机制优化革新:人才培养新模式构建的内在保障

本书构建了包含人才培养理念、目标定位、过程与方法、评价及动态优化机制的高职人才培养模式。而高职人才培养新模式得以构建的一个关键在于具备良好的校本发展生态,即学校内部在各级组织机构和管理机制方面为高职人才培养模式发展革新提供宽松的环境,使其通过发展优化,强化灵活适应外部产业经济发展需求的变化。因此,在高职院校面向新工业革命发展过程中,对于如何实现高职院校内部发展生态升级的探讨也显得更加重要。高职院校良好内部发展生态的构建是人才培养模式实现持续发展与优化较为关键的一个方面,其中不仅需要学校在整体层面实时制定具备前瞻性、创新性的战略发展规划来引领人才培养模式的发展,更需要在教师科教工作管理机制、教学管理制度、学生培养等众多方面赋予人才培养模式可创新的空间并激发相关要素发展的活力。

3. 职业教育制度体系的完善:人才培养新模式构建的根本保障

积极构建、完善与职业教育类型特征相匹配的法律、制度与标准体系成为高职人才培养模式在未来得以成功发展变革的根本保障。这决定了能否生成促使未来高职人才培养模式发展图景实现所需的深度融合式校企合作机制、决定了能否打造支撑人才培养模式升级发展与高效运行所需的师资队伍、决定了能否获得保证高职院校预期人才培养目标实现的适宜性和优质性生源、决定了能否形成充分保障人才培养模式持续革新与良性发展的物质基础等与高职人才培养模式密切关联的众多方面，故而也成为高职人才培养模式面向新工业革命发展的根本保障。

第一章　面向未来的高职人才培养模式的理论分析

新工业革命及其策动的未来社会全面变革,是影响社会经济发展、职业教育发展的最重要动力和因素。本书以党的二十大精神为指引,将新工业革命及其影响作为面向未来的高职人才培养模式变革重要依据,探讨构建产教融合、专创融合、科教融合的高职人才培养模式。

明确未来高职院校"需要培养什么样的人"是构建相应人才培养模式的前提。而对面向新工业革命的高职人才培养模式的研究,首先需要分析新工业革命对高职院校应该培养什么样的人,即人才培养目标提出了哪些新要求。本章始于对驱动劳动力需求变化的根本性因素——技术,以及新工业革命背景下技术发展影响下的产业与工作发展特点的分析,进而澄清劳动力新需求形成的内在机制。并借助当前国内相关研究报告、统计数据等,分析新工业革命对高职人才培养目标的新需求。

一、新工业革命背景下的技术特征

对技术内涵结构的分析不仅是搭建技术发展属性分析框架的基础,也是分析新工业革命背景下技术发展属性的逻辑起点。通过总结和分析不同学者对技术内涵和技术结构的典型观点,本书从四个方面对技术的发展特性进行描述:第一,技术的结构维度,即反映单一技术或技术体系内部要素的成分;第二,技术的关系维度,即反映技术内部要素之间、技术体系内部不同技术之间以及技术体系与外在支持环境之间的关系;第三,技术的功能维度,即基于技术结构维度与关系维度,反映单一技术或是技术体系的目的性、功能指向性;第四,技术的发展维度,即面对外部与自身的发展需求变化,单一技术或技术体系是如何通过优化技术结构要素和技术发展关系实现持续发展。由此也形成了本书中用于分析新工业革命背景下技术发展特性的四维分析框架。

（一）技术的结构维度

（1）技术的知识性要素。技术或技术体系内部的知识要素，主要是关于技术原理与理论、技术规范、技术诀窍等方面的知识[1]，技术背后的知识及其结构的不同，是反映技术属性及功能差异的重要方面。以新工业革命主要驱动技术之一的新一代信息技术为例，从 20 世纪 80 年代以前普遍运用的大型主机、简易终端被认为是第一代信息技术平台到近年以大数据、移动互联网、云计算等为基础构架的新一代信息技术的发展。[2] 从知识分析的角度来看，这一技术体系内部的更新升级、新技术的吸收，以及技术之间的融合发展，反映出技术背后携带的知识元素以及技术体系内部知识结构的更新、添加与融合。复杂技术系统内部结构更新的一个关键是技术体系背后的知识新结构的形成，并显现出多领域知识融合、知识发展新关联生成、知识内在逻辑关系日趋复杂等特征。

（2）技术的物质性要素。提到"技术"一词，通过具化物质的呈现来阐释技术的发展特征是最为直接的形式。人造物不仅可以是技术工具，还可以是技术的载体、作用对象等。有人认为观察人造物的发展历程与演变特征是探究技术发展进化机制的一条有效路径。[3] 因此在分析新工业革命驱动技术的属性时，对技术的物质性要素特征的探究是一条重要路径。如：无人驾驶汽车本质上是多类型智能技术融合发展的结果，涵盖了 GPS 技术、激光雷达等感知监测技术、人工智能技术、立体视觉技术、传感网等。同时，支撑这一智能技术系统有效运行的还包括车联网、大数据分析与决策支持技术、智能优化技术（如智能优化算法）等[4]多种技术。因此，从人造物的角度来看，新工业革命背景下的技术发展具有：因技术种类增加而导致的内在技术结构的复杂化和集成化、功能组件的模块化、技术支持体系的需求增加、智能化水平提高等显著特点。

（3）技术的能力性要素。能力、经验、思维方法等均是技术系统中所包含的人性因素。新工业革命背景下，新技术知识的不断涌现，新技术工具与设备的产生以及"互联网+"等发展新思维的诞生，赋能人运用新技术知识和新技术工具，满足人类社会多样化、个性化、复杂化的发展需求。同时，新兴技术预期价值的实现，必须要以主体人具备支撑新兴技术应然价值功能得以实现的知识和能力为前提。因此，新工业革命背景下新兴技术持续发展与相应价值功能的发挥必

---

[1]　卡尔·米切姆. 通过技术思考：工程与哲学之间的道路[M]. 陈凡，朱春艳，等译. 沈阳：辽宁人民出版社，2008.

[2]　李国杰. 新一代信息技术发展新趋势（大势所趋）[N]. 人民日报，2015-08-02.

[3]　乔治·巴萨拉. 技术发展简史[M]. 周光发，译. 上海：复旦大学出版社，2000.

[4]　杨青峰. 智能爆发：新工业革命与新产品创造浪潮[M]. 北京：电子工业出版社，2017.

然会对技术主体人的能力内涵提出新的要求。其中,典型的表现便是技术的融合发展,以及技术发展关系的愈加复杂化和技术设备工具的智能化,使得技术系统内的能力要素也越发凸显能力水平要求的高端化、能力范围要求的拓展化、技能结构(如数字信息素养、数据分析能力、计算思维等凸显)的再优化以及思维方式方法的变革化等特征。面对新工业革命背景下技术发展对个体能力需求的革新,施瓦布主张改变思维方式方法,通过培养新智慧来实现对新发展机遇的把握,尤其是在情境判断、情绪管理、自我激发等方面的智慧①。

(二) 技术的关系维度

(1) 技术内部要素间的关系特征。新工业革命背景下每一代表性技术的发展,均是通过内部要素的更新与要素关系的重新设计来实现功能的时代性升级,这也是技术进化内在机制的具体表现。从技术内在结构的发展来看,技术是以实现特定目的为导向的实践和元器件的集成,包含了在目的达成过程中发挥基础性功能的主集成和支持主集成正常运行的次集成,并由此形成技术的层次结构。当预期实现目的较为复杂时,也决定了问题解决所需的单个技术内部的层级以及技术体系内部的技术种类、层次结构将会更多。因此,新工业革命背景下技术内部结构要素间的关系特征主要有:①伴随着技术内部的发展深化,技术内部构成要素的层级结构不断增加;②技术内部包含要素及要素间的关系,伴随技术目的变化与新技术元素的加入,具有高度可重构与日趋复杂化特性;③技术要素之间因其关联而形成的功能定向及其在实践中的有效性,会促使技术要素间的某些发展关系予以固定。

(2) 大技术体系内部各类技术间的关系特征。以物理技术、生物技术和数字技术的彼此渗透、融合发展为根本驱动力是新工业革命与以往历次工业革命在发展动力方面的显著区别。由此也显示出在新工业革命背景下,于整个技术体系而言,不同领域技术间的发展协作、互通融合将成为技术发展的新常态。一方面,从新兴技术与传统技术的发展关系来看,新技术(如 3D 打印技术)已逐步与先进制造、医疗、建筑等多领域的技术跨界融合发展,在多行业领域的价值空间得以开辟与拓展;另一方面,从传统技术之间的发展关系来看,以互联网等基础性技术为纽带,以往相对独立的技术体系通过缔结新的发展关系来形成相互融通的技术网络,这也是新工业革命背景下技术关系发展呈现出的新特点之一。因此,技术体系内部各类技术的关系在新的时代背景下呈现出的特点具体表现为:①能够作为扮演技术发展关系桥梁的基础性技术(互联网技术、人工智能技

---

① 克劳斯·施瓦布. 第四次工业革命:转型的力量[M]. 李菁,译. 北京:中信出版集团,2016.

术等)蓬勃发展;②不同领域技术在基础性技术的支持下,可实现对原有发展范围与功能边界的打破,并更具开放性;③基于基础性技术间新关系的形成,使技术体系内部反映技术关系的发展秩序不断优化与更新,以及技术体系的内部结构更加复杂,功能空间得以拓展;④多类型技术的协作化、集群化、融合化发展趋势更加明显。

(3) 技术体系与技术支持环境的关系特征。技术的发展并非一个完全自主的过程,往往是通过一定的路径依赖和环境支持而实现发展升级的。于新工业革命背景下的技术发展而言,更须提供具有匹配性的支持环境,从而形成具有时代发展特点的"技术发展新范式"。首先,在国家制度与政策层面,先后出台了多项推动人工智能技术、智能制造技术等推动先进技术发展的方案、建设计划等。如:2017 年,国务院发布的《新一代人工智能发展规划》和工业和信息化部的《产业关键共性技术发展指南(2017 年)》等,均是从国家顶层设计和制度政策层面为新兴技术发展营造积极的支持环境。其次,在社会的发展价值与意义认知层面,面对新兴技术发展对于传统产业、商业模式和个体职业发展产生的冲击,通过把握和充分利用前沿性技术来获取发展先机,已逐步成为社会企业、个体发展过程中的基本共识。最后,当前我国产业发展过程中存在核心技术匮乏、自主创新能力不足、依靠市场主体的供给机制失效[1]等问题,因此在未来推动技术发展过程中,对于搭建相关技术研发的组织机构、形成产学研用"四位一体"的技术自主研发机制等需求也将不断提升。

(三) 技术的功能维度

(1) 基于基础性技术的价值功能空间拓展。技术发展过程中内在结构的不断深化与发展关系的不断缔结是实现其功能提升的重要机制。一方面,于底层基础技术而言,因其基础性而决定了具有较强的领域融合性、渗透性以及多领域应用的可能性,从而有助于其实现向不同应用领域的延伸发展,并有助于促使产业发展形态创新、发展模式变革。另一方面,技术发展迈向依靠互联网等基础技术,不同领域技术构成的强大技术网络,这无形之中也扩大了技术的服务范围与功能空间。以大数据为例,大数据是新工业革命发展过程中具有颠覆性的技术之一,伴随其向众多领域的融合应用,使得政府的管理和决策、教育服务、制造生产、医疗服务等众多方面的开展方式和思维方法被重新定义。[2]

---

① 朱建民,金祖晨. 产业关键共性技术创新的影响机理——基于官产学研混合博弈决策[J]. 科技管理研究,2016,36(23):11-18.

② 徐宗本,冯芷艳,郭迅华,等. 大数据驱动的管理与决策前沿课题[J]. 管理世界,2014(11):158-163.

（2）新兴技术对人的发展赋能。在人工智能技术等多种新兴技术的支持下，个体多方面价值和潜力得以发挥和挖掘，同时也使其提升生活品质、实现个体幸福的能力得到强化。

① 技术支持下个体价值发展空间的重塑。目前借助互联网平台的灵活性就业日益增多，如：滴滴车司机、外卖送餐员以及通过互联网平台参与企业的开放式创新项目等，这些为个体能力价值的最大发挥提供了机会。除此之外，考虑到老龄化对社会经济发展的负面影响，未来在新一代信息技术支持下跨空间、弹性灵活工作形式将日益盛行，这使得已退休但具有优秀技术经验的专家等，可利用此实现职业生命周期的延长。

② 优化工作生态、提升工作能力、改善工作品质。新一代信息技术的发展，以及在产业经济领域的渗透，在诱发工作世界发生数字化转型的同时，使得以往从事低技能、重复性工作的大部分从业人员将逐步被机器人所替代，从而导致"技术性失业"现象。但同时，新兴技术发展催生的新型工作岗位，即"就业补偿效应"，在为个体的就业带来了新发展机会的同时，也对个体的知识、技能和素养提出更高要求①。这也促使个体需要借助终身教育等路径，实现自身综合职业能力升级以及面向新工作世界的适应能力得以强化。此外，工业机器人的不断发展与应用，有助于以往在高压力、高危险与低品质工作环境中工作的个体得以解放，从而优化个体的工作环境，尽可能避免不良工作环境对个人的发展所造成的消极影响。

（3）满足个性化发展需求。新工业革命背景下生产模式与以往的最大不同是助推工业生产模式由大规模定制生产转向个性化定制生产②。具体而言，以产品部件的标准化生产为基础的大规模定制，通过对产品部件的批量化生产和"搭积木式"的设计思维，为客户提供多样化的产品选择。个性化定制的核心特点在于产品设计过程中用户需求的融入，以大数据、物联网、云计算等新一代信息技术为支撑，以包含智能制造装备的智慧工厂为环境，以智慧生产来实现个性化、定制化生产③。企业可以通过借助工业物联网汇聚不同客户的具体需求和求取个性化需求的最大公约数，促使现有的生产模式向个性化定制的发展预期不断逼近。这也是制造企业由"规模经济"向"范围经济"过渡的一种具体形式④。

（4）虚实融合，构建发展新空间。随着新工业革命技术的发展，虚拟现实

---

① 陈桢. 技术进步的就业效应及其形成机理[J]. 西南民族大学学报（人文社会科学版），2011（10）：93-97.

② 彼得·马什. 新工业革命[M]. 赛迪研究院专家组，译. 北京：中信出版集团，2013.

③ 杨青峰. 智变：新工业四维[M]. 北京：电子工业出版社，2016.

④ 杨青峰. 智慧的维度：工业4.0时代的智慧制造[M]. 北京：电子工业出版社，2015.

(VR)和增强现实(AR)等技术的支持,促使以往虚拟世界与实体世界二元分离的空间布局逐步转向虚实融合的世界①。并在虚实融合的新空间中拓展人们的空间活动能力。如以物理信息系统(CPS)为技术基础的德国工业4.0构架,实为通过智能机器、生产资源等在虚实空间中的协作运行,从而发展智能制造。从而也使这种新的发展空间呈现出以下发展特征:①具有较强的可重构性,即在借助虚拟技术来呈现实体世界运行机制的过程中,可在虚拟空间中对实体事物之间的逻辑关系与组合结构、事物发展情境等进行全方位的重构,这有助于对未来事物的发展进行超现实的想象、探索与设计,同时也为实体世界中事物的改革、创新提供新思路②;②具有较强的沉浸性,强化人们对抽象事物的具象化认知与理解。虚实融合空间是一种将不同时间、空间场景进行相互嵌入的混合现实场景,故而当人们借助于可穿戴设备等仪器进入虚实融合空间时,通过与虚拟世界事物和环境的交互,可强化人们对在实体世界中难以深层次剖析和观察的、有关事物内在结构与逻辑等方面内容进行认知③。

(四) 技术的发展维度

(1)技术更新频率加快与发展过程的非全周期性。新工业革命背景下技术发展与前几次工业革命不同,由于基础性技术的不断发展与成熟,技术之间新关系的建立更加普遍。由此,使得基于巨大关系网络的技术发展呈现出指数级而非线性的发展速度,在促使新技术不断产生的同时,通过组合进化的机制,又在不断地孕育更新、更强大的技术④。并在技术进化的发展方面呈现出更新频率加快的特点。另一方面,在技术发展的周期性方面也呈现出新的特点。通常某一技术在经历由研发到衰亡完整的生命周期后,相应的替代性技术开始孕育、生长⑤。而新工业革命背景下,技术发展的全周期性特点将会有所式微,即在某一技术未完全经历自身的发展周期时,便会被新兴的相关技术所替代,从而形成技术成长与发展的非全生命周期性特点⑥。

(2)技术发展的自组织性强化。德国物理学家哈肯指出:"如果某一体系在获取时间的、空间的或者是功能的结构过程中,未受到外界的特定干预,我们说

① 杨青峰. 智能爆发:新工业革命与新产品创造浪潮[M]. 北京:电子工业出版社,2017.
② 赵沁平,周彬,李甲,等. 虚拟现实技术研究进展[J]. 科技导报,2016,34(14):71-75.
③ 何聚厚,梁瑞娜,韩广欣,等. 基于虚拟现实技术的深度学习场域模型构建研究[J]. 电化教育研究,2019(1):60.
④ 克劳斯·施瓦布. 第四次工业革命:转型的力量[M]. 李菁,译. 北京:中信出版集团,2016.
⑤ 江帆. TRIZ创新应用与创新工程教育研究[M]. 北京:北京理工大学出版社,2013.
⑥ 李明斐,刘辉. 技术革新战略选择研究[J]. 科学学与科学技术管理,2004(10):42.

该体系是自组织的"。其中,这里提到的"特定干预"具体是指:这一体系某种内在结构和功能的形成,并非外界之力的强加,且外界是以一种非特定之形式来作用于该体系①。于技术发展而言,技术自组织的特性表现为:遵循技术发展进化规律以及内在要素联结的逻辑机制来形成其内在结构,并呈现出特定的功能特性。以智能制造技术为例,通过与新一代信息技术的深度融合,不仅实现了从设计到售后服务的全环节覆盖,而且具备自感知、自决策、自适应等功能②。此外,智能制造发展过程中,智能设备自我学习、自我优化能力的具备,使得整个生产流程的智能化水平与生产自主调试能力得以提升。如:部分生产设备可根据生产产品的设计参数和特性自动调整某些生产参数,以此优化制造流程,这也使得技术发展的自组织特性得以体现③。

(3) 技术发展呈现绿色化转变趋势。科学技术的快速发展,新的人口变化趋势以及全球化的诸多新挑战都影响劳动力以及工作场所的发展,并需要人们重新调整已有资源使用规划,重新设计发展战略。新工业革命将使人类对地球生态有更大和更快速的影响力,比如:更快速地获取和消耗某种资源、在人们意识到危害之前就过量排放了某种物质,甚至产出能快速灭绝某物种或人类自身的"产品"。因此,人类也意识到了可持续发展面临的多种威胁,将绿色化作为新工业革命的主要创新方向之一,要求技术发展逐渐向绿色技术转变。所谓绿色技术,即是对减少环境污染、减少原材料、自然资源和能源使用的技术、工艺或产品的总称。绿色技术既包括绿色生产工具、绿色材料、绿色能源中隐含的绿色技术,也包括应用在指导生产过程的绿色技术,还包括在产品使用或服务过程中能够减少对环境负面影响的技术。但绿色技术本身不会直接变成产品,只有先进的绿色技术与高超的绿色技能完美结合,生产和服务的绿色化才能很好地实现,才能支持绿色经济向前发展。

总的来看,新工业革命背景下的技术发展特征总体呈现为:①技术内部的多领域知识复合与新结构形成,并外显为技术设备的集成化、结构复杂化和操作智能化;②基于基础性技术桥接的技术关系重构与多类型技术的协作化与融合发展,并呈现出网状拓扑结构;③技术功能的拓展化、智能化、个性化,以及对人发展的赋能;④技术更新频率加快,以及通过机器学习、自适应等的自组织特性突显;⑤技术发展对政策支持、人才要求等环境因素提出了更高要求。

---

① 哈肯. 信息与自组织:复杂系统的宏观方法[M]. 郭治安,译. 成都:四川教育出版社,1988.
② 工业和信息化部. 国家智能制造标准体系建设指南(2018年版)[EB/OL]. (2018-10-15)[2018-10-18].
③ 波士顿咨询. 工业4.0:未来生产力与制造业发展前景[EB/OL]. (2015-04-09)[2018-09-18].

二、新工业革命技术驱动产业变革

每一次工业革命的发生均是在技术发展驱动下,通过促使一系列关键性生产要素的组合方式发生突破性变化,来实现人类工业化进程向更高水平的迈进。产业发展形态特征和作为产业领域经济活动单元的工作的发展特征①是人类处于不同工业化发展阶段的具体反映。

(一)新兴产业的诞生

在影响产业形成与发展的众多要素中,技术作为根本性驱动要素更具深刻性影响,从而也使得技术元素在产业形成、发展过程中的地位更显关键②。新工业革命区别于传统三次工业革命的重要特征在于,人和机器、信息资源与材料能源、信息技术与工业技术的不断融合,以及基于互联网和大数据的资源配置平台,为新兴产业的形成奠定了良好的要素基础③。如:伴随物联网、人工智能以及新型材料等新兴技术向各个领域的不断渗透,新兴产业也愈发成为新工业革命背景下强化我国产业发展创新能力和全球竞争力的重要方面。2016年3月"两会"发布的《中华人民共和国国民经济和社会发展第十三个五年规划纲要》④中,明确提出"瞄准技术前沿,把握产业变革方向,拓展新兴产业增长空间,抢占未来竞争制高点,使战略性新兴产业增加值占国内生产总值比重达到15%"。并通过后续相应政策与规划的制定与发布来实现战略新兴产业培育、产业发展新格局构建。

(二)新兴技术助力传统产业升级

新兴技术在催生新兴产业的同时,也逐步通过与传统的三次产业发展互动,

---

① 根据《国民经济行业分类(2017)》,行业是指从事相同性质的经济活动的所有单位的集合。从划分产业类型的经济活动依据来看,一般可基于经济活动开展过程来综合性分析,即投入——过程——结果三个阶段,投入是分析该种经济活动的生产要素有何特性,包括技术设备、资源、劳动者等,过程是分析这些生产要素在实现生产目的时的组合方式,而结果是分析该种经济活动的产出有何特性。

② 工作是个体在不同行业领域从事具体经济活动的单元,区别不同工作的具体依据也可参照划分产业类型的方式,从过程与内容的视角来进行分析。

③ 洪京一. 世界制造业发展报告(2014—2015)——战略性新兴产业[M]. 北京:社会科学文献出版社,2015.

④ 新华网. 中华人民共和国国民经济和社会发展第十三个五年规划纲要[EB/OL]. (2016-03-17)[2018-10-20].

使得传统产业的内涵得以更新与重新定义①。通过新兴技术助力国家传统产业的转型升级和现代产业体系的构建,已成为众多国家在新的时代背景下强化经济发展能力的基本策略。在我国,通过新兴技术助推传统三次产业转型升级的典型表现便是工业化和信息化的深度融合,并以此开辟新型工业化发展道路,形成产业的可持续发展模式。2011 年,在工业和信息化部等五部委联合发布的《关于加快推进信息化与工业化深度融合的若干意见》中,便已提出:积极通过对传统制造业的数字化、信息化、智能化改造,不断拓展研发设计、过程控制、工艺流程等多环节信息技术的集成应用,在提高精准制造、敏捷制造以及高端制造能力的同时,促使传统装备制造业的智能化转型和现代生产体系的构建②。基于此,为进一步通过"两化融合"实现我国工业转型升级,2013 年工业和信息化部发布了《信息化和工业化深度融合专项行动计划(2013—2018 年)》,并在其中提出:"深化物联网、互联网在工业中的应用,促进工业全产业链、全价值链信息交互和集成协作,创新要素配置、生产制造和产业组织方式,加快工业生产向信息化、智能化、柔性化和服务化转变"③,实现传统产业的升级。

(三) 产业生产方式向智能化与定制化方向发展

新工业革命发展过程中新兴技术不断向产业经济活动各方面的渗透与应用,极大地促使产业生产方式不断迈向智能化和定制化的发展阶段。首先,前三次工业革命使得产业生产方式先后经历了机械化、自动化和信息化三个阶段,而未来更是在智能化生产工具与设备、生产工艺与生产过程的全方位推动下,不断走向智能化发展阶段。以智能制造为例,制造业生产方式智能化,是在由先进制造理念与制造工艺技术、工业机器人、大数据分析与决策支持技术、物联网技术等众多智能化设备、工艺等构成的复合型技术系统的支持下得以实现的④。其次,新兴技术对产业生产方式变革性影响还体现为使产业方式逐步走向大规模定制化的发展阶段。彼得·马什在其著作《新工业革命》一书中指出⑤:从第一次工业革命到当前的新工业革命,人类的工业生产方式历经了

① 韩顺法,李向民. 基于产业融合的产业类型演变及划分研究[J]. 中国工业经济,2009(12):67.
② 工业和信息化部等. 五部委联合印发《关于加快推进信息化与工业化深度融合的若干意见》[EB/OL]. (2011-04-20).
③ 工业和信息化部. 工业和信息化部关于印发信息化和工业化深度融合专项行动计划(2013—2018 年)的通知[EB/OL]. (2013-09-05).
④ 余东华,胡亚男,吕逸楠. 新工业革命背景下"中国制造2025"的技术创新路径和产业选择研究[J]. 天津社会科学,2015(4):100.
⑤ 彼得·马什. 新工业革命[M]. 赛迪研究院专家组,译. 北京:中信出版集团,2013.

小规模的定制化生产阶段—小规模的标准化生产阶段—大规模的标准化生产阶段—大规模定制的生产阶段。伴随着新工业革命发展程度的不断加深,以及人类发展过程中需求的越发多样和个性化,未来产业生产方式将在智能化生产设备、可重构生产系统以及工业物联网等支持下,越发呈现出个性化定制生产的特征。

(四) 产业组织形式向网络化、集群化发展

新一代信息技术的不断发展,推动产业融合发展的"互联网+"生态体系逐步形成。于企业发展而言,以往企业内部的纵向生产链条,可基于互联网进行环节切割,分由不同服务商根据生产需要提供相应的产品或服务,使企业间的协同共生发展趋势更加明显①;在业务驱动和技术连接下,原来同一产业内的不同企业或是不同产业领域的企业,在横向层面逐步形成新型的网络化合作发展关系。此外,未来产业的发展也在原有地缘集聚的同时,显现出基于网络的虚拟集群化发展趋势,并以集聚化、资源整合来提升整体竞争优势②。如:2016 年 12 月,国务院发布的《"十三五"国家战略性新兴产业发展规划》中,在支持、推动国家战略新兴产业发展的五大原则中,坚持产业集聚便是其中之一。具体指出:"以产业链和创新链协同发展为途径,培育新业态、新模式,发展特色产业集群,提升产业集群持续发展能力和国际竞争力,并带动区域经济转型,形成创新经济集聚发展新格局。"③

(五) 产业发展边界日益模糊与融合发展趋势

新工业革命背景下,技术发展关系越发呈现融合化、复杂化以及基于基础技术的发展关系网络化的特点,使得以往相对分立的产业类型,因所依赖的不同类型技术之间关联的加强,以及不同产业发展过程中所使用共性技术的增多,逐步发生产业交叉、渗透和重组,并逐渐呈现产业融合发展的趋势④。在此发展机理的影响下,使得原本较为清晰的产业领域边界逐步变得模糊,如服务型制造便是在技术支持下制造业与服务业融合发展形成的一种新的产业

---

① 中国社会科学院工业经济研究所课题组. 第三次工业革命与中国制造业的应对策略[J]. 学习与探索,2012(9):95.

② 胡金星. 产业融合的内在机制研究——基于自组织理论的视角[D]. 上海:复旦大学,2007:28-30.

③ 国务院. 国务院关于印发"十三五"国家战略性新兴产业发展规划的通知[EB/OL]. (2016-12-19)[2018-10-20].

④ 邹昭晞. 北京市产业升级与协调发展研究[M]. 北京:经济管理出版社,2014.

形态。

此外,伴随着信息化与工业化发展的深度融合,也必然使得产业融合发展的关系构架成为现代产业体系的一大特点①。以我国农村产业发展为例,2015 年,国务院在中央一号文件中,首次提出推动农村一、二、三产业融合发展的战略导向②。并在 2016 年的《关于推进农村一二三产业融合发展的指导意见》中,提出了以新型城镇化推进农村二、三产业逐步向重点乡镇或是产业园区等集中;通过发展农业生产性服务业,不断延伸农业产业链;借助"互联网+现代农业"的发展模式,推进新一代信息技术对传统农业的升级和改造等多种推进农村一、二、三产业融合发展的具体方式,实现现代农业产业体系建设③。

三、新工业革命技术驱动下工作的发展趋势

新工业革命发展背景下,技术不仅对产业发展样态、发展模式产生了深刻影响,而且诱发工作内容,以及工作开展过程中的工具设备、组织形式、能力要求等多方面协同发生深刻变革。

(一) 工作内涵的分析

工作是产业经济活动开展过程中的具体组织单元。新工业革命发展背景下,新兴技术发展对产业变革产生巨大影响,这也对工作世界的发展形成连锁反应,并诱致新的发展变化和新的特点呈现。

对工作内涵的剖析,并以此形成理论分析框架是明确新工业革命背景下工作发展特点的具体思路。姜大源在论述工作过程系统化课程的相关内容时,指出工作一般包括工作的对象、内容、组织形式、方式方法以及工具等要素,而工作的过程就是通过基于一定行动逻辑来组织各方面的要素从而完成工作任务的流程④。DACUM 工作分析方法被广泛地应用于职业教育的课程开发之中。该方法在工作分析过程中主要关注职责与任务(duties and tasks)、一般性知识(general

---

① 唐德森. 科业变革和互联网渗透下的产业融合[J]. 科研管理,2015,36(S1):454.
② 新华网. 中国提出农业发展新举措·推动一二三产业融合发展[EB/OL]. (2016-12-19)[2018-10-20].
③ 国务院. 国务院办公厅关于推进农村一二三产业融合发展的指导意见[EB/OL]. (2016-01-04)[2018-10-20].
④ 姜大源. 工作过程系统化:中国特色的现代职业教育课程开发[J]. 顺德职业技术学院学报,2014,12(3):2.

knowledge)、工作中的重要技能(important skills)、工作行为(work behaviors)、工作工具和设备(work tools and equipment)、工作材料(materials)等内容,从而也使得工作的内容构成要素得以反映。赵志群在系统阐述工作过程系统化课程的开发过程中如何进行典型工作任务分析时,介绍了 BAG 工作分析法,并着重从工作过程、工作岗位(工作条件等)、工作内容、工具、工作方法、劳动组织形式等方面对工作的要求以及不同工作之间的关系等内容进行了说明①。此外,根据美国职业信息网络(The Occupational Information Network,O * NET)对工作的描述维度可知,工作主要包含:能力、知识、技能、工具和技术、工作情境、工作活动和工作价值等因素。

除此之外,Gough 则是基于对工作过程的分析,认为工作包含五方面因素:生产过程中的技术(技术设备、最终产品等)、雇佣关系、劳动者之间的关系、劳动过程中的组织管理(劳动分工、劳动过程管理等)以及工作任务。同时,陈宇在对工作过程中的劳动进行分析时,根据劳动过程是以体能为主还是智能为主,以及劳动活动中的任务是规则性的还是非规则性的两个维度来进行分析。并据此将工作过程中的劳动划分为四种类型②:①规则性体能劳动;②规则性智能劳动,该类型劳动者在文化水平、技能水平等方面与第一类型相比有明显提升;③非规则性智能劳动,该类型劳动的劳动者既需具有专业性要求,又需要具有复杂问题的解决能力,当前我国高端产业发展过程中对于从事此类型劳动的人员需求不断增加;④非规则性体能劳动,严格来说不存在纯粹的这类劳动,所以陈宇认为该种类型的劳动只具有理论分析的意义。同时,四种类型的劳动伴随着技术变革与工作世界发展特点的变化,会呈现出由第一类型劳动向后迭代进入第二类型劳动,以及第二类型劳动向上迭代进入第三类型劳动的内在发展机制与特点。

因此,基于以往不同专家对工作及工作劳动的研究成果,以及前文对新工业革命发展背景下技术发展特性的分析,本研究主要从五个方面来对新工业革命背景下的工作发展特征进行分析,即:工作主体、工作环境与设备工具、工作任务以及工作开展的组织形式与组织管理结构。具体按照工作主体在工作过程中的能力特征是以体能为主还是智能为主,能力的复合性要求高还是低,以及工作能力的更新频率要求高还是低;工作开展的环境与运用工具是越显智能化特征,还是非智能特征;工作开展过程中的劳动组织形式是以独立完成为主,还是以团队协作为主;工作的组织管理结构是更显层次化,还是扁平化;工作过程中的工作任务是以规则性任务为主,还是愈加趋向非规则性任务,构建本研究中新工业革

---

① 赵志群. 职业教育与培训学习新概念[M]. 北京:科学出版社,2008.
② 陈宇. 中国就业和教育:2030[J]. 中国就业,2016(5):4-7.

命背景下工作发展特征的理论分析框架。

（二）新工业革命背景下工作特点的分析

（1）工作任务的非规则性特征更加突出。人工智能、智能机器人等新兴技术在工作中的应用，使得原有工作中常规性、重复性工作任务被机器替代的同时，也促使工作任务呈现出新的发展特征。一方面，未来制造业将由以往的大规模标准化生产逐步转向个性化定制、智能化的生产。定制化生产的典型特点便是客户需求的不确定性、产品设计与质量的高标准性、客户思想的全流程渗透等。与传统的大规模标准化生产相比，个性化定制的生产模式使得工人所面临的生产任务与生产难题更具非规则性、多样化、个性化的特点[1]。另一方面，体力型、重复性的常规工作向机器人和其他先进技术系统转移，未来也越发呈现人与机器基于彼此优势和工作任务特点的人机互动协作的工作情境。而对工作者来说，工作任务也逐步转移到需要灵活反应、非常规、具有创新性等特点的内容上面。如：技术发展催生的"机器人协调员"主要负责监督生产车间中机器人的工作开展情况，并及时处理机器人及其他生产线组成单元出现的功能异常和错误信号，从而开展常规性维护、非常规性与紧急维修任务等统筹性的工作任务[2]。此外，外部发展需求的多样与不确定，以及急剧变化的工作环境，对个体胜任不同工作任务与适应不同工作环境的能力提出更高要求，也亟须个体不断提升自己适应变化的能力[3]。

（2）工作组织结构的扁平化、灵活性和边界开放性。面对外部世界不断变化的发展形势，企业亟须通过革新内部结构以及工作组织形式来提升组织和个体发展的灵活性和适应性。尤其在组织内部结构方面，以往企业内部金字塔式的组织结构，在任务完成方面呈现出由上至下的驱动方式，工作活动更多是以部门内部的协作或者是部门间的协作来开展。由此带来的是多层级间交流导致的信息损耗与时间延迟，封闭性导致的对外部环境变化敏感度不高、底层员工自主性不足与创新潜力难以充分发挥等问题。因此，为适应未来技术、市场变化以及日益多变的生产规划，企业内部组织结构将在传统层级结构革新的基础上形成具有结构设置灵活、部门边界淡化、开放与共享的网络型、个体工作空间拓展、有利于基于跨工作空间协作的扁平化"灵活组织体"。

（3）工作组织方式的协作化、平台化、自主化和去分工化。一方面，企业内

① 赵凯.基于个性化产品定制的参数化设计系统研究[D].沈阳：东北大学,2009.
② Michael Rüßmann, Markus Lorenz.工业4.0时代的人际关系：到2025年,技术将如何改变工业劳动力结构？[R].维也纳：波士顿咨询公司,2016.
③ 神田昌典,若山阳一.未来工作法[M].朱悦玮,译.北京：北京时代华文书局,2018.

部组织结构的变化,将促使工作组织方式越发趋向团队协作、基于管理授权和工作自主性提升的协作性特点得以形成。另一方面,以互联网为平台的灵活性就业蓬勃发展。灵活性就业具有自雇佣、工作时间与地点灵活及可以基于兴趣来选择工作任务的特点。从而突破了传统物理性工作空间的一维性,形成物理空间—虚拟信息空间二元工作空间融合的特点。雇主与雇员之间是以项目为纽带、以契约为保障开展的业务合作,雇主与雇员、雇员之间的组织关系具有动态性、松散性、临时性的"碎片式雇佣(fractional worker)"特点①。于就业者而言,可通过不同时段为不同雇主完成不同的业务,以最大可能将适合的经济机会与个人能力优势相匹配,从而实现其价值创造能力的充分发挥。于企业而言,通过生成无边界、跨企业组织内外、多元融合的新兴人才池,可最大限度地从全球范围内获得自身项目完成所需要的创意与方案。由此,使企业的工作组织方式形成了包括企业内部固定员工的工作和企业外临时员工工作的"混合型工作组织方式"。此外,伴随制造业智能化发展趋势的推进,以往个体驻扎于某一工作环节的工作方式逐步由于智能生产线的集成性、系统性,而呈现出个体工作去分工化、工作涉及扩大化等特点②。

　　(4) 工作环境与工具的超联通与智能化特点。工作任务、工作组织方式的变化,需要适宜的工作环境与工具来支持,从而确保工作效率的提升。不管是办公环境还是生产环境,在新一代信息技术等的支持下,均彰显出超联通和智能性的特点。如思科利用新一代信息技术为未来团队协作开发了智能化工作平台。以其开发的 Cisco Webex Teams 智能协作工作系统为例,借助于包含虚拟会议空间、视频通话等功能的集成协作平台,使员工可摆脱地域和设备限制,随时面对面沟通,且平台可根据用户的地点和使用智能设备的特点自行适应用户的工作风格。并通过集成各种常用的办公工具,与用户日常开展工作的应用场景轻松融合,尽可能以理想的方式完成工作,并具有高度的信息安全性。

　　(5) 强化工作主体"人"的工作能力。面对新兴技术在工作世界的渗透与发展,以及工作任务、环境、工具等方面的深刻变化,使工作主体完成工作任务时所需要的职业能力也呈现出了新的特点:①非常态化、非规则性工作任务的驱动,使得新工业革命背景下个体工作开展不仅需要借助集成多领域技术与知识的智能化设备,而且需要通过与不同领域、不同文化背景以及不同代际个体的合作来共同完成工作任务,由此必然要求个体能力范围的不断拓展与更新,从而更具跨

---

　　① 赖安·库纳提,杰里米·纽纳. 工作的未来——移动办公及创业的另一种可能[M]. 林秀兰,译. 北京:中国人民大学出版社,2016.
　　② 徐国庆. 智能化时代职业教育人才培养模式的根本转型[J]. 教育研究,2016(3):72-78.

专业领域、跨工作区域的复合性特征;②工作组织形式的变化,导致由以往注重个体工作能力发展逐步向注重个体团队性工作能力的建设与强化转变,通过协作、共享实现创新能力、工作效率的双提升;③智能化时代对人自身独特发展价值的强调,有助于个体形成"个人品牌",它是区别于智能机器优势的本体性能力,如:追求个性化、意义的感知与创生、想象力与创意等的重要性更加突显;④对个体专业知识和专业技能、创新、谦卑、忠诚度等综合素质水平的要求日益提升,使技能结构越发呈现"软技能"+数字技能的混合结构特点;⑤赋能协作智能的不断发展,包括智能化技术与设备的运用能力、与智能化机器的互动协作能力、基于智能技术实现自我持续发展的能力等。

四、新工业革命与高职人才培养模式互动机制特征

本研究在技术—工作—高职人才培养模式三者构成的三元网络结构中,对技术与高职人才培养模式之间的直接性互动机制以及以工作为媒介的间接性互动机制进行具体解析。

(一) 技术与高职人才培养模式直接性互动机制分析

技术与高职人才培养模式作为三元网络中的一对发展关系,二者作为两个异质性的行动者,技术具备自然和社会的双重属性特点。自然属性具体表现为技术原理与技术运行的合自然规律性,以及技术活动在某种程度上可看作是自然的过程。尽管技术活动的开展需要技术主体人的干预,但技术活动的实质是技术原理自然开展来获取自然后果的过程,而这种"自然"也因人为因素在不同环节的渗透成为一种人工自然。正是由于技术发展的自然后果为人的发展所需要和利用,故而也赋予了社会属性于技术。技术的社会属性表达了技术在创生之初便服务于人的发展需要,不管是技术的研发,还是技术的应用,均服从这一目的指向的安排,并且技术在其发展过程中受制于社会因素的巨大影响[1]。而对高职人才培养模式而言,其本质属性是教育性,且是面向、服务工作世界发展的实践范式。同时,从职业教育体系内部纵向的层次特点与高等教育体系内部的横向分布特点来看,高职人才培养又具有高等性的发展特点,并呈现出教育性、职业性和高等性三性合一的复合属性特征。由此也体现出了高职人才培养的三

---

① 远德玉,陈昌曙. 论技术[M]. 沈阳:辽宁科学技术出版社,1986.

个服务面向,即服务于个体职业与生活的发展、服务于社会经济政治文化的发展①,以及基于这两方面功能的发挥来实现自身的持续、优质发展。

职业教育从诞生便显现出与技术发展关联的紧密性,甚至有学者以职业教育的技术性来反映技术在职业教育属性生成过程中的重要角色,并认为职业教育的职业性更是技术性的派生属性。从二者关联形成的机制上来看,在最终的服务功能指向层面,均是服务于人类社会发展的多样性需求。技术是技术主体根据发展经验和情境分析,动态组合并应用技术知识、技能和工具等,实现技术目的的过程②。单纯就技术自身而言,技术不具有领域属性。技术领域差异性的形成更多是由于其被广泛应用于不同领域,并被所在应用领域打上彰显其特色的符号标签。因此,在本研究中,之所以将技术看作与高职人才培养模式具有异质性的行动者,是因为这里所提到的技术是指在教育领域以外,尤其是被应用于产业经济各领域不同种类技术的总称,由此也使二者的异质性特征更为明显。对不同产业领域的技术与高职人才培养模式而言,持久性、有效性发展关联建立的关键在于二者如何通过各自能动性的发挥,成功"转译"互动过程中彼此的兴趣关注点与在关键问题上存在的异议,在彼此发展观照的同时,实现双赢。

首先,从技术的角度来看,在技术发展过程中对高职人才培养过程中利益兴趣点与发展需求的观照,主要体现在高职人才培养环境和人才培养实践活动两个方面,即在与高职人才培养的互动过程中,技术凭借不同形式直接性地融入作用于高职人才培养的各环节、各方面,并可通过要素投入效应、结构优化效应、价值拓展效应来得以体现。具体如下:

(1)要素投入效应。要素投入主要是指技术发展过程中自身体系内部的组成要素通过向高职人才培养体系流动,从而实现高职人才培养实践得到特定的信息和能量支持。本研究中对技术内部结构要素的分析,主要集中于知识性要素(技术原理、技术规范等)、物质性要素(设备、工具等)和能力性要素(经验、技能、思维方式和意志等)三个方面。不同历史发展阶段高职人才培养模式所面向的工作世界,归根到底是技术发展驱动并革新的工作世界,技术体系内部要素及时性融入高职人才培养的全过程,是高职人才培养有效性和社会认可度提升的重要保证。新工业革命背景下,技术发展繁荣的背后是技术理论知识的不断发展。以智能制造技术为例,从传统制造技术向自动化、数字化和智能化制造技术的发展演进,预示着包括智能制造技术原理、新一代信息技术等与制造技术的融合应用理论等的制造技术理论不断进步与成熟。此外,多领域技术的融合发展

---

① 姜大源. 职业教育思想的功能说[J].中国职业技术教育,2006(25):卷首语.

② 徐国庆. 职业教育原理[M].上海:上海教育出版社,2007.

与新的技术体系发展框架的构建,深层次的是不同领域技术知识结构的重新组合和发展关联的形成。对高职人才培养而言,课程内容与未来工作世界内容的有效对接是确保人才培养内容"合目的性"的关键。同时,具有时代性特点的新兴技术原理、技术理论以及技术操作规范等新技术知识及时地融入高职院校人才培养的课程教学内容①,是赋予学生在真实工作世界中操作、维护技术设备,完成工作任务所需理论知识;灵活处理工作情境中非常规性、复杂性工作难题所需的理论知识;个体进行技术改进、技术创新以及职业晋升所需理论知识的前提。

同时,在技术发展过程中不断产生的新型技术设备、技术应用软件、技术平台等,无不对高职院校的人才培养环境产生显著的影响。如:2015 年,面对信息化发展浪潮对职业教育发展的影响,为通过数字校园建设来促进职业教育人才培养质量提高、教师专业发展能力的强化和职业院校现代治理水平提升,教育部发布了《职业院校数字校园建设规范》②。以此来对职业院校数字校园建设的目标、原则、内容指向以及具体实施过程等内容进行了具体安排,并强调通过营造更具智慧化的人才培养环境来全面推动职业教育现代化进程。此外,当前技术发展过程中融合性、协同性的发展特点,直接导致传统产业边界的逐步消融与集群发展,以及工作世界中原有工作岗位业务范围的交叉化、扩展化③。对高职院校的人才培养而言,更需要未来高职院校的人才培养模式,突破以往专业划分过细、专业就业岗位范围过窄、职业能力素质培养维度过于单一等局限。并通过注重学生的可持续发展、拓展高职院校专业就业范围、培养"硬技能" + "软技能"全面发展的完满职业人等路径,更新高职人才培养的理念与实践④。

(2)结构优化效应。技术发展过程中的动态性特点,不仅是技术内部要素结构的不断调整和优化,也是技术要素之间、技术体系内部的各类技术之间发展关系的动态演变。技术革新发展诱发产业发展形态与模式的变革,继而导致支撑产业经济活动高效开展的各级各类技术技能人才的需求发生变化,尤其表现在人才需求的数量、结构以及人才的内涵特点等方面。由此,也必然使高职人才培养实践在人才培养中的目标定位、数量结构和质量内涵等方面发生深刻变革。具体来看,一方面,在技术发展过程中,不管是内部结构要素优化,抑或是外部关

---

① 唐锡海,张宇. 技术知识对高等职业教育教学的规定性[J]. 职教论坛,2016(3):7.

② 教育部. 教育部关于发布《职业院校数字校园建设规范》的通知[EB/OL]. (2015-01-19)[2018-11-01].

③ 柯玲. 以产业链为导向的集群式技术技能人才培养模式探析[J]. 中国职业技术教育,2016(17):5-11.

④ 陈鹏,庞学光. 培养完满的职业人——关于现代职业教育的理论构思[J]. 教育研究,2013(1):101-102.

系结构的重塑,都势必反映出技术体系所蕴含的知识体系结构的动态变化性。这也使高职人才培养过程中人才培养内容的主要载体——课程的内容和结构相应发生变化,并促使课程知识的构成和结构进行更新和调整。另一方面,产业结构和发展特征的变化是技术(体系)发展变迁过程中结构与特征变化最为直接和显著的体现。对高职的人才培养而言,专业结构与产业结构的高默契度、动态适应性是确保高职人才培养有效性的重要方面。因此,在高职人才培养过程中,及时对技术发展诱致下产业发展变化的感知,是其把握发展机遇、拓展发展空间的重要途径。如:新工业革命背景下,高新技术簇的融合协同发展,孕育了新一代信息技术产业、新能源产业、新材料产业等新兴产业。面对国家社会经济发展过程中对新兴产业领域复合型、创新型技术技能人才的巨大需求,亟须在高职人才培养过程中通过及时调整、优化现有专业结构如淘汰、停招人才供给过剩的专业;合理转型升级传统型,但仍有发展潜力的传统专业;及时开设物联网应用技术、工业机器人等新兴专业①。因此,技术发展过程中通过新知识、新工艺等直接性地进入或影响高职人才培养的内容结构、人才培养规模等方面,促使高职人才培养的动态适应能力、发展机遇的主动把握能力等不断得到强化。

(3) 质量改善效应。借助互联网、人工智能技术等,通过变革高职人才培养过程中学生的学习方式、教师的教学方式等多元途径来促使人才培养质量的改善,是技术发展对高职人才培养赋能的具体体现。

一方面,在新兴技术支持下学生学习生态得以重构,如 MOOCs 等多样化的数字学习资源、基于移动互联网的数字化学习平台、基于 VR/AR 的学习新空间等,有助于学生根据自身学习内容掌握情况、学习习惯以及学习环境特点来选择最适合自己的学习方式。对高职院校学生而言,在学习过程中学习环境与工作世界真实情境的相似度、学习任务与真实工作任务的一致性程度、在技能学习过程中学习指导的个性化程度、学习结果分析的精准度等越高,就越有助于学生学习效果的改善。

以高职院校学生的实训为例,在理论学习阶段,学生通过集体性理论学习、小组合作式学习以及自主探究式学习等多元途径,为基于真实工作世界而设计的实践性学习任务的开展奠定扎实理论基础。在具体的实操阶段,通过运用VR/AR、全息投影等技术,可营造具有沉浸性、可交互性、真实情境性特点的学习场景。同时,学生通过可穿戴设备等在混合现实学习场景中开展实操训练②,教

---

① 潘荣江,姬瑞海,伍红军. 高职院校专业结构调整优化研究[J]. 高等工程教育研究,2014(3):186.

② 刘海韬,尚君,吴旭. 可穿戴技术对智慧教学环境构建的启示[J]. 中国电化教育,2016(10):59-60.

师可通过后台的实时监测设备,观察学生的实操开展情况,并在关键时刻给予特定提示来帮助学生实操训练的顺利进行①。与此同时,佩戴在学生身上的无线传感器等会将学生整个操作流程的操作情况(操作的规范性、任务完成的完整度、任务完成的达标度等)、操作过程中生理和心理方面的数据进行实时采集,并上传至云端予以存储。最终会对每一个学生的实操训练情况生成个性化的测评分析报告,从而为学生有针对性地改进学习过程提供具体指导和帮助②。

另一方面,也使得高职院校教师的教学方式日益呈现出新的发展样态。例如,高职院校教师借助于数字化教学平台,对学生的学情分析由以往基于课堂教学过程中学生对教师关于新教学内容提问的反馈以及课后的检测来实现,逐步过渡为课前通过数字化教学平台,将学生对新教学内容学习数据的伴随式收集、分析与反馈,帮助教师在教学过程中有针对性地对教学内容的难点、易错点和关键点进行重点讲解,以及针对教学内容适应性地安排组织形式和教学方法③。并在课后根据学生学习情况的差异性和数字化教学资源平台的支持,实现对个性化问题的答疑,推送复习巩固任务及其拓展性的学习任务,由此在促使高职院校教学个性化特征不断彰显的同时,实现教学质量的提升④。

其次,从高职人才培养过程中对技术发展支持的角度来看,高职人才培养过程中对技术发展最具直接性地促进体现在高职院校参与技术研发、技术改进、技术创新应用以及技术产品升级等方面。高职院校的技术研发具体是指对产业经济各领域的新设备、新产品、新工艺、新材料以及新设计等方面的研发⑤。高职院校开展技术研发不仅是其作为高等教育,发挥人才培养、社会服务和科学研究三大基本功能的具体体现⑥,更是通过与企业合作开展面向产业前沿技术应用或者是现有技术功能改进的研发活动,巩固、强化校企合作关系,促进高等职业教育与地区产业发展的统筹融合,并在双方的良性互动中实现技术技能人才供给侧和需求侧的有效对接。以往高职院校的人才培养主要是依据产业、经济和劳动力市场显现出的需求,来进行人才培养活动各方面内容的调整和设计,但这易导致人才培养的滞后性。技术发展周期的不断缩短以及高职人才培养的周期性,

---

① 何聚厚,梁瑞娜,韩广欣,等. 基于虚拟现实技术的深度学习场域模型构建研究[J]. 电化教育研究,2019,40(1):59-65.
② 闫广芬,张栋科."互联网+职业教育"体系架构与创新应用[J]. 中国电化教育,2016(8):11-12.
③ 李冀红,王怀波,杨现民. 进化性学习资源支持的高校智慧教学研究[J]. 中国远程教育,2018(12):58-68.
④ 散晓燕. 基于智慧教学的高职院校网络学习空间设计与实践[J]. 中国职业技术教育,2018(2):66-70.
⑤ 孟新社. 高职院校应用技术研发能力培育途径探析[J]. 陕西教育(高教版),2012(Z2):141.
⑥ 潘懋元. 高等教育学[M]. 福州:福建教育出版社,1984.

决定了高职院校在推动、参与技术发展方面应更显积极态度。借助于校企合作的渠道,高职院校主动进入技术发展周期的上游阶段,即技术的研发、设计阶段,以此来获得技术、产业发展的前沿信息,并将技术研发阶段的成果及时转化为人才培养的内容,尽可能地避免人才培养的滞后性。

在高职院校开展技术研发的过程中,有学者指出应倡导"立地式"的技术研发①,具体是指以地区产业经济发展的实际需求为出发点,关注地区产业和企业发展过程中的关键性技术发展、共性生产问题的解决以及核心生产工艺改进等方面的具体需求,努力实现与企业的技术需求相对接。同时,积极利用高职院校在推动技术发展方面的技术积累和理论优势,不断提升自身在研发新技术、开发新产品、探究技术应用新方法等方面的能力和水平②。并及时地将技术的成果转化为支持高职人才培养改革创新的新思维、新内容,在实现高职院校产业技术发展能力和显性贡献力水平提高的同时,提升产业发展所需人才和服务的供给能力。因此,在高职人才培养过程中对技术发展的促进,主要是通过智力资源的流入与支持,推动技术知识发展、技术设备的改进以及技术方法的优化,并由此对技术发展形成反哺效应。

(二) 工作与高职人才培养模式互动机制分析

在技术与高职人才培养模式的发展互动过程中,并非只是技术体系结构中的知识性要素、物质性要素以及能力性要素向高职人才培养实践的单向渗透,以及高职院校通过直接性地参与技术发展各环节,从而以智力资源反哺来推动技术进步等线性的内在互动机制。此外,以工作作为中介的三元互动机制更是全方位揭示技术发展与高职人才培养模式内在互动机制的关键方面。

1. 从技术与工作的互动机制来看

一方面,技术的发展目的伴随着人类社会发展需求的变化而不断演进,而工作岗位是个体在不同产业经济领域中,借助具体技术手段,开展满足自身和社会发展需求的不同经济活动的具体组织载体。因此,从技术发展的角度出发,分析技术发展对工作世界发展的典型作用时,可以发现:这种作用不仅体现在技术发展对工作内涵结构革新呈现出的直接性促进作用,即通过技术内在结构新要素向工作内部结构的转移,促使工作内部发展结构得以更新与再构的同时,实现工作效率与效益的提升。同时,技术自身发展属性的变化又会诱致工作模式、形态

---

① 王向红. 立地式研发:高职院校产教深度融合的新途径[J]. 中国高教研究,2018(12):98.

② 刘松林. 高职院校科研的内涵与定位研究[J]. 河北师范大学学报(教育科学版),2013,15(9):61-65.

及相关内容的变化。面对个体和社会经济发展需求的日益多样化、个性化和复杂化,不同产业经济领域的工作也在新生要素的注入下促使自身的内部发展结构升级,并使工作对个体和社会经济发展需求实现的服务功能得以提升。正如前文中所提到的,新工业革命发展背景下,新技术理论知识、新技术设备与技术工具、新的技术规范与方法、技术发展关系新特点等的产生,在流向、融入不同产业经济领域企业的现有工作时,对工作任务特点、工作组织结构、工作组织形式、工作环境与工具以及工作主体人的能力素质要求等均产生了深刻影响。

从技术发展对工作发展规模等方面的影响机制来看。技术伴随着人类社会的发展也呈现出动态变化的发展趋势,并在与社会的互动选择中不断实现自身的进化与发展[①]。在已有关于技术进化发展的研究成果中,学者邓树增[②]、星野芳郎[③]以及根里奇·阿奇舒勒[④]等人均指出技术发展具有周期性,由此也必然导致技术发展过程中新兴技术的不断萌生与新旧技术之间更替现象的发生。而新旧技术之间的更替,必然导致原有基于旧技术的部分工作因为要素替代等原因,在技术进化过程中的数量逐步减少,甚至是消失,并形成经济学中所说的"技术性失业"[⑤]。而这实质上也是在人类社会发展需求变化与新兴技术发展过程中,对现有工作发展功能、价值空间及其发展潜力的一次再审视与再筛选。

伴随着新兴技术的研发与推广,必然带动一批新兴产业,以及从事新兴产业业务活动企业的兴起和发展,由此导致不同产业领域新工作的产生,并形成技术发展对工作的"补偿效应"。如:Maximiliano Osório de Vargas 在《工业4.0时代的人与机器:到2025年,技术将如何改造工业劳动力》一文中,以德国为例,在探究工业技术的数字化是如何影响23个行业中的40个工作群的发展时指出:相比消失的工作,更多工作岗位将被创造,但是需要工人掌握完全不同的技能。到2025年,德国将增加350 000个工作岗位。机器人和计算机化的发展会减少610 000个生产线上的工作岗位,但是大部分将被新产生的960 000个工作岗位所抵消。

另一方面,从工作自身发展过程中对技术发展的作用机制来看。工作不仅是工作主体借助于各种技术形式开展产业经济活动的组织载体,更是实现技术发展所需各类支持资源汇聚的平台。①工作主体在具体的工作情境中,基于对技术内在知识结构与基本原理、功能特性与发展缺陷的熟知,通过自主性或团队式协作的形式,在完成具体工作任务的过程中也伴随着对提升工作效率、优化工

① 李宏伟. 技术进化的社会选择[J]. 自然辩证法研究,2002(8):49.
② 邓树增. 技术学导论[M]. 上海:上海科学技术文献出版社,1987.
③ 裴晓敏. 技术发展模式的研究与启示[J]. 科学技术哲学研究,2012,29(04):70.
④ 江帆. TRIZ 创新应用与创新工程教育研究[M]. 北京:北京理工大学出版社,2013.
⑤ 程永宏. 技术性失业:虚构还是现实[J]. 经济学家,2003(5):11-18.

艺等内容的思考,久而久之必然会促使现有技术的发展升级(应用创新、融合式创新等)或者是新兴突破性技术的研发①;②新兴技术在具体工作情境中应然价值功能的展现,需要以工作为组织平台,以创设包含其应然价值功能实现所需的人力、物力和制度性条件的适宜性环境为前提,并在工作主体人对相关条件进行有机组合和灵活应用的基础上,实现新兴技术功能与对比优势的显现②。因此,在技术变迁过程中,通过工作来供给和组织技术发展所需的技术技能人才和相关条件,是推动技术变迁以及加速推广应用具有发展潜力的新兴技术的关键,这也反映出技术变迁具有"技能偏向性"特点③。

以我国为例,在新工业革命技术发展浪潮与我国未来社会经济"两化融合"等战略布局的推动下,为提升我国经济社会转型升级过程中战略性新兴技术的自主研发和产业应用能力,培育、引进大量助力战略性新兴产业的高技能人才队伍成为一条重要路径。当前我国经济发展过程中新兴行业领域人才短缺以及高技能人才严重短缺,由此也说明在我国的经济社会全面转型升级过程中,对新兴技术的支持和发展具有明显的技能领域偏向性和高技能偏好的特点。

通常解决新兴技术发展过程中的技能短缺问题,可通过以下几种方式:①利用高薪资水平牵引的市场调节手段来提升短缺领域技能人才和高技能人才的供给数量,并形成工资价格调节效应。例如,以"中国制造2025"重点产业领域为例来看,据《中国劳动统计年鉴2017》统计数据显示:2016年我国制造行业的年平均工资为59 470元,而通过观察"中国制造2025"重点产业领域的平均工资可以发现,均高于制造业平均工资,且超出幅度为6.5%~27.3%。同时,通过对比重点领域与传统制造业细分行业的工资水平也可发现,传统制造业细分行业的年平均工资水平均处于制造业整个行业平均水平,且与重点领域的年平均工资水平差距在2万元左右。②利用国家制度、政策、管理的推动,来提升行业短缺人才与高技能人才的供给能力。国家层面的宏观调控主要是通过对技能人才的供给侧发力,使得产业发展过程中的人才供需实现平衡。尤其对教育与培训的相关机构而言,国家通常通过及时发布产业发展过程中的人才需求信息,对产业技术技能人才的培养和培训形成方向引领。如教育部、人力资源和社会保障部以及工业和信息化部2017年发布了《制造业人才发展规划指南》,从而对我国"中国制造2025"发展进程中人才急需产业领域、需求数量以及培养要求等内容进行

① 宋艳,银路. 基于不连续创新的新兴技术形成路径研究[J]. 研究与发展管理,2007(4):32-34.
② 宋艳. 新兴技术的形成路径及其影响因素研究——基于中国企业实际运作调查[D]. 成都:电子科技大学,2011.
③ 杨飞. 市场化、技能偏向性技术进步与技能溢价[J]. 世界经济,2017(2):78-79.

了具体的阐述和规定①。同时,利用国家对普通高等院校和高职高专院校专业设置的管理权,在审批源头,对高校的专业设置结构进行调整,从而确保与国家产业结构的发展规模相匹配。③通过构建有效的教育与培训机制来满足战略新兴产业领域的人才需求。教育与培训相较于其他路径而言,对战略新兴产业领域以及重点产业领域所需人才的培养最具直接性、有效性,也是产业发展过程中所需各级各类人才培育的主要路径。因此,产业转型升级与新兴产业发展所需技术技能人才有效供给得以实现的重要方面,便是通过国家、社会等外部环境的不断优化,以及教育与培训体系内部通过自主发展优化与革新,从而形成强大、持久的技术技能供给体系。如:2017 年,国务院办公厅发布的《深化产教融合的若干意见》中明确指出:"深化产教融合,促进教育链、人才链与产业链、创新链有机衔接,是当前推进人力资源供给侧结构性改革的迫切要求"②。因此,亟须深化职业教育和高等教育的人才培养改革,突出企业的重要主体作用,努力实现人才培养供给侧与产业需求侧的全方位融合,培养大批量的高素质创新型技术技能人才,为现代产业体系建设、产业核心竞争力增强以及发展新动能提供有力支撑。

2. 从工作与高职人才培养模式的互动机制来看

职业教育是面向工作世界、服务工作世界,与工作世界联系最为紧密的教育形式。而工作世界在不同时代背景下所呈现出的发展新样态、新模式与新趋势,又无不对高职院校的人才培养具有重要的引领、指导作用。这也决定了高职院校对工作世界发展的核心功能是:为其培育优质高效开展工作活动以及实现技术研发、技术应用创新、技术设备改进所需的高素质现代产业劳动者。而这一目标的实现,对高职院校的人才培养而言,必须恪守以下基本原则:以实现社会经济发展需求和个体职业持续发展、生活幸福需求的平衡关注与协同实现为人才培养理念;以培养产业发展所需的高素质技术技能人才为目标定位;以产教融合、校企合作为根本规律;以优质专业建设为抓手的人才培养实践载体动态优化;以工作岗位(群)所需综合职业能力为依据的人才培养内容;以工作活动特征与开展逻辑为参照,践行工学结合的人才培养方法与过程;以职业资格证书要求为依据的人才评价标准等,在不断增强高职人才培养服务于社会经济发展、个体的体面工作和生活幸福的能力的同时,实现高等职业教育的可持续发展能力、社会认同度和社会经济发展显性贡献力的不断提升。

---

① 教育部,人力资源和社会保障部,工业和信息化部. 三部委关于印发《制造业人才发展规划指南》的通知[EB/OL]. (2017-02-24)[2018-11-04].

② 国务院办公厅. 国务院办公厅关于深化产教融合的若干意见[EB/OL]. (2017-12-05)[2018-11-04].

（三）新工业革命与高职人才培养模式的互动机制

通过对新工业革命背景下技术、工作与高职人才培养模式发展互动逻辑全面、透彻解析，可以发现三者之间的互动逻辑呈现以下具体特点：

（1）彼此之间的发展互构性。正如行动者网络理论中所说的，行动者之间的相互作用并非是充当功能媒介，仅仅发挥能量传输的作用，而是发挥彼此之间的能动性，从而使其他行动者发生变革，并以此强化各个行动者对于网络共同目标的实现能力。在技术、工作与高职人才培养模式的互动机制中，彼此内在发展互动的实质是各自体系结构内部优势知识、新元素等通过共享、流动，促使各自内部发展结构和价值功能的更新。在新工业革命发展背景下，新兴技术体系内部突破性和时代性元素的注入，不仅促使技术体系的发展结构、功能形态呈现出了新的特点，同时，在技术向工作世界、高等职业教育领域逐步渗透的过程中，也将促使这些新元素逐步融入工作世界和高职人才培养的各方面，从而使二者的内在构造与发展形态得以再构，并与新兴技术一道形成具有时代发展特点和新兴功能的发展网络。此外，高职院校培养高质量的技术技能人才，通过在工作岗位的钻研学习与精益求精，同样会凭借新技术的研发、技术设备的改进等形式对技术体系进行优化，从而使其发展功能和生产效能得以改善。

（2）持续改进性。技术、工作与高职人才培养模式的根本发展目的是满足个体和人类社会整体在不同历史发展阶段的发展需求。这不仅决定了这三者自身具有发展的动态性，而且三者之间的发展关联也具有动态调整性。面对人类发展过程中需求的不断变化，技术、工作与高职人才培养互动互构的本质是不断解决三者自身内在发展结构赋予的功能特性与外在社会经济发展显现出的新要求之间的矛盾。而这一矛盾的解决不仅需要三者各自通过借助内生性和外生性力量，来实现自我发展能力的提升；同时，需要三者在自我改进的基础上，彼此之间的协作关系以及基于此关系形成的发展网络彰显出与以往时代不同的功能特性。因此，技术、工作与高职院校人才培养模式三者互动机制的持续改进性并非遵循单一时代平面的闭环巡回式的发展路径，而是伴随人类社会发展需求的进化，呈现螺旋上升的发展轨迹与趋势，而这也是确保三者所构成的行动者网络具备持续生命活力的根源。

（3）边界与思维的开放性。行动者网络理论的一大特点是倡导行动者的异质性和多元性，而保证这一特点的前提便是行动者网络具有边界和思维的开放性。对于由高职人才培养模式、技术和工作构成的行动者网络而言，同样具有边界和思维的开放性，且这种开放性具体表现为：首先，从网络内部行动者之间的关系特征来看，对三者所构成的行动者网络的功能改进，可从三者之中的任意一个行动者入手。通过对其进行内在发展结构的革新和功能改进，并凭借行动者网络内部所包含的行动者自身边界的开放性与共享性，使其他两个行动者因吸收新的发展要素，而实现某些发展属性得以改进或是升级。其次，从三者所构成的行动者网络与外部发展环境之间的发展特征来看，行动者网络与外部发展环境的互动同样具有开放性。开放性是确保各种有助于行动者网络发展活性和发展能力强化的能量、信息和物质得以进入的前提，同时，也是向外部的发展环境发挥适宜功能与物质支持的途径。以此确保三者所构成的发展网络能够持续、及时地获得给养，形成新的发展动力。

（4）发展共生性。德国生物学家德贝里于1879年提出的"共生"概念，本质上是指不同种属物质在一起生活的现象，并呈现出延伸性的物质关联①。具体表达的是不同种属的物质因为生存发展的需要，以某种特定的方式来实现彼此间的发展依存与作用，并由此形成协同进化以及共同生存的发展共生关系，且发展共生具有自组织特性。共生关系通常是由发展共生单元、发展共生模式以及发展共生环境三部分构成，共生单元是发展共生关系中的能量生产与交换的基本单位，共生模式具体描述了共生单元之间彼此作用的方式、形式，而共生环境则是共生单元之间发展关系得以形成和维系所需要的内部与外部的条件②。而由技术、工作与高职人才培养模式所构成的行动者网络，实质上是三者因为彼此间发展联系的密切性而形成的发展共同体，三个行动者也即三大共生单元，它们在发展过程中彼此间进行贡献和交换能量，从而形成发展网络得以持续的基础。而基于技术、工作和高职人才培养模式所形成的行动者网络成为三者互动共生的具体发展模式，且行动者网络整体发展功能和实力的提升依赖于网络内部不同行动者发展水平的协同提升和外部相应支持条件的提供，从而形成对称式的发展状态。但凡任何行动者因自身的发展滞后性与功能的过时性，或者是外部发展环境建设的不完善性等均会因行动者网络内部的关系，而对其他行动者的发展带来限制，不利于行动者网络整体的发展进化。由此也使技术、工作以及高职人才培养模式之间的互惠共生、发展协同的关系特征格外突显。

五、新工业革命背景下高职人才培养模式分析框架构建

在对技术、工作与高职人才培养模式三者之间内在互动机制分析的基础上，

---

①　袁纯清. 共生理论——兼论小型经济[M]. 北京:经济科学出版社,1998.

②　姚奇富. 高职院校与县域发展的共生模式研究[J]. 教育发展研究,2016,36(Z1):120.

我们可以发现:高职人才培养在推动技术与产业经济发展的过程中,因其与由技术、工作世界等所构成的发展环境的协同共生的发展关联,而被赋予了极其重要的角色。与此同时,技术、工作世界日益呈现出的变革性发展趋势,不仅使高职人才培养面临着新的发展形势,而且亟须高职院校的人才培养通过吸收技术与工作世界发展过程中的新元素,实现三者的对称性发展,并由此为推动技术和工作世界的持续发展和创新改革输出更具时代特性的能量流和提供更大的动力支持,亟须厘清高职人才培养模式的内涵与内容边界。

高职人才培养模式的核心是在明确"需要培养什么样的人(目标层面)"的前提下,重点关注"怎么培养这一类的人"以及"培养这一类的人需要什么条件"。通过分析样本文献中有关高职人才培养模式的内涵界定,并参照已有学者对高职人才培养维度的分析、归纳与总结,从而获得本研究中有关高职人才培养模式内容的主体维度。如有学者认为:高职人才培养模式包括了指导高职人才培养实践开展的教育理念与思想,是通过明确人才培养目标、合理安排人才培养过程以及科学开展人才培养评价等环节的一体化过程[1]。刘红明通过比较江苏省 15 所国家示范性高职院校(含骨干高职院校)的人才培养模式,指出:高职人才培养模式应具体涵盖以下五个方面的内容:指导高职人才培养的教育思想与教育观念、高职人才培养的定位与具体目标、高职人才培养过程中的教学内容及其课程体系结构、人才培养过程中所使用的教学方法及其具体实施过程、高职人才培养的管理机制及其评价制度[2]。有学者认为,对于高职人才培养模式应该把握以下四个方面:高职人才培养的目标、内容、方式与方法以及具体机制[3]。

基于以上学者的研究观点与思想,本书将高职人才培养模式主要归纳为高职人才培养的指导理念、高职人才培养的目标定位、高职人才培养的内容、高职人才培养的方法与过程、高职人才培养的评价 5 个维度,并辅之以高职人才培养的保障机制来进行相关内容的分析和说明,从而得出本书中对于高职人才培养模式内容维度分析的三阶理论结构模型。

通过对新工业革命与高职人才培养模式互动逻辑的分析和澄清,有助于明确未来的高职人才培养在新兴技术发展与工作世界变革的形势下,如何通过从外部发展环境中汲取有助于人才培养水平和品质提升的能量、信息与物质,从而使高职院校服务个体、社会经济以及自身实现可持续发展的能力得到强化。

---

[1] 曾令奇,张希胜. 我国高等职教人才培养模式理论研究综述[J]. 职教论坛,2006(5):27.

[2] 刘红明. 江苏 15 所国家示范性(骨干)高职院校人才培养模式比较研究[J]. 教育与职业,2013(14):26.

[3] 徐兵,盛丽梅,胥加美. 高职院校"多元发展、项目学习、协同创新"人才培养模式实践研究[J]. 高等工程教育研究,2017(02),180-183.

　　因此,本书在构建面向新工业革命的高职人才培养模式理论分析框架时,以新工业革命背景下技术发展驱动下的产业、工作与劳动力需求的发展特征与趋势作为现实出发点,以新工业革命与高职人才培养模式的互动共生机制作为逻辑基础。通过对高职人才培养模式具体内容维度的分析、归纳与总结,从而形成本书后续各部分内容研究开展的理论支点。以上内容构成了本研究理论分析框架构建的理论基础,并由此形成本研究的"一个内容研究核心、六个内容分析维度(含保障机制)",和统领各章节内容布局和逻辑设计的理论分析框架,如图1.1 所示。具体包括:围绕高职人才培养模式这一内容核心,对新工业革命背景下,当前我国高职人才培养模式现状的考察、高等职业教育培养模式的绿色化变革、创新创业教育与人才培养模式、科教研融合创新与人才培养模式、新工业革命背景下的实习、实训模式等专题进行分析,最终构建面向新工业革命的高职人才培养新模式,并基于当前高职院校的改革探索实践对未来高职人才培养新模式的具体内涵与特征进行分析。

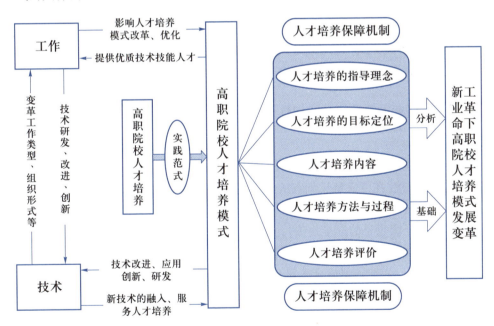

图 1.1　新工业革命背景下高职人才培养模式的理论分析框架

第二章

高职人才培养模式现状与问题

本章运用德尔斐法等方法重点考察当前高职人才培养模式各内容维度面对新工业革命背景下产业劳动力新需求所呈现出的现状与存在的主要问题。并以此为"高职院校如何有效培养新工业革命背景下产业发展所需的技术技能人才"这一核心问题的解决,以及构建面向新工业革命、具备新内涵与新特征的高职人才培养新模式奠定现实基础。

一、高职人才培养模式现状考察的研究设计

(一) 研究方法选择与适切性分析

1. 德尔斐法

德尔斐法是由美国的兰德公司的达尔基(N. Dalkey)和赫尔默(O. Helmer)于20世纪50年代,在专家意见调查法的基础上发展而来的一种研究方法。该方法通过开展数轮的调查以及向专家反馈的形式,实现调查专家之间的间接沟通以及达到最终反馈意见的逐步收敛,并最终获得解决问题所需要的结论性意见。

德尔斐法的开展通常包括以下步骤[1]:①明确研究问题,并遴选、邀请符合研究需要的专家。首先需要研究者对自身的研究问题进行斟酌和思考,并将研究问题划分为若干可进行测量的内容点,并由此形成编制调查问卷的理论依据,继而转化为调查问卷。通过对研究问题属性的分析,明确参与专家的特征,并以此来遴选合适的专家参与研究调查。通常遴选标准主要关注专家对研究问题的熟悉程度、专家成员间的异质性[2]、在研究问题所属专业领域内具有代表性以及时间和精力

---

[1] 威廉·维尔斯马,斯蒂芬·G.于尔斯. 教育研究方法导论(第9版)[M]. 袁振国,译. 北京:教育科学出版社,2010.

[2] 孙丽冰. 德尔斐法在高职校就业质量评价体系研究中的运用[J]. 人力资源管理,2012(11):110-111.

能够保证全程参与研究等方面。一般认为专家数量保持在 15~25 人即可。②德尔斐法的第一轮通常是向专家征集关于调查问卷在内容维度设计与覆盖范围、语言表述以及维度类属关系等方面的意见,研究者据此对调查问卷进行修订和完善。③第二轮是向专家发放第一轮修订后的调查问卷或量表,并请专家对此进行作答。参与专家根据自己的专业判断来对调查题目进行程度评分或是排序。通过统计方法来对专家之间观点看法的一致性等进行呈现,并形成反馈报告,然后与下一轮的调查问卷一同发送给参与调查的专家。④第三轮的德尔斐法往往是为研究问题最终解决答案的获取奠定基础。参与专家可通过对前几轮反馈结果的获得,也可对比自身观点与其他专家的异同,促使最终的一致性看法或结论在第三轮得以形成。

本书选择运用 E-德尔斐法作为当前高职人才培养模式发展现状部分的研究方法,原因如下:第一,研究本部分内容的目的在于获得来自不同地区、不同高职院校的教师、管理者、研究者,普通高等学校的职业教育研究者及企业人员,对"当前高职人才培养模式面对新工业革命背景下产业劳动力新需求所呈现的现状及存在主要发展问题"的一致性看法,并以此作为反映当前高职人才培养模式整体发展现状的依据。第二,E-德尔斐法的一个显著特点在于其最终为研究结论得出所提供的论据是经过专家多轮协商后形成的一致性观点。每一轮调查结束后,研究者向各个专家反馈前一轮调查结果,为各个专家了解其他专家看法以及在此基础上反思、再确认和修订自身观点提供了机会①,且确保其在下一轮调查开展过程中恰当表达自身看法,实现在多轮调查后不同参与专家对研究问题所表达的观点和看法逐步趋于一致。这一过程不仅是参与专家个体基于自身专业经历对研究问题发表自我观点的过程,更是在与他人观点间接接触、协商、迭代之后,迈向集体观点一致的过程。

2. 访谈法

访谈法作为社会科学研究中的一种重要方法,具体是指研究者自身作为研究开展的工具,通过与访谈对象开展关于特定主题的交流、对话,获取受访者有关访谈问题的观点、看法和相关研究资料的一种研究方法②。此种方法有益于研究者从微观层面对受访者心理特征、观点看法进行深入、细致的探查和分析,继而在双方的思维碰撞、思想交流中,实现对研究问题深入的见解以及共同对相关研究事件进行意义的建构③。因此,本研究还通过访谈法对通过 E-

① 威廉·维尔斯马,斯蒂芬·G. 于尔斯. 教育研究方法导论(第 9 版)[M]. 袁振国,译. 北京:教育科学出版社,2010.

② 斯丹纳·苟费尔,斯文·布林克曼. 质性研究访谈[M]. 范丽恒,译. 北京:世界图书出版公司,2013.

③ 王亚南. 高职院校专业带头人能力模型构建及发展研究[D]. 上海:华东师范大学,2018:105.

德尔斐法获得的结果进行印证和背后原因的深入探析。具体的访谈对象信息见表 2.1。

表 2.1 参与本研究访谈的人员情况

所在单位	人员	工作部门	任教专业	职务
北京 DZKJ 职业学院	L 老师	电信工程学院	通信技术	专业负责人
	L 老师	机电工程学院	机电一体化技术	专业骨干教师
	Z 老师	机电工程学院	机电一体化技术	专业骨干教师
	Y 副院长	电信工程学院	物联网应用技术	副院长
	D 老师	电信工程学院	计算机应用技术	专业负责人
	J 处长	教务处	无	处长
NJGY 职业技术大学	M 副院长	计算机与软件学院	计算机应用技术	副院长
	W 院长	机电工程学院	工业机器人技术	院长
	Z 副处长	国际合作与交流处	无	副处长
	W 副处长	学工处	无	副处长
	Y 处长	教务处	物联网应用技术	处长
	W 副处长	教务处	无	副处长
	W 书记	校办公室	无	校党委书记
HW 技术有限公司	L 老师	云计算和大数据事业部	云计算技术与应用	培训工程师
	L 老师	云计算和大数据事业部	云计算技术与应用	培训工程师
SZ 职业技术学院	Q 副处长	教务处	无	副处长
	W 副院长	电信工程学院	通信技术	副院长
	S 副院长	电信工程学院	电子信息工程技术	副院长
	C 副院长	机电工程学院	能源工程	副院长
	S 老师	机电工程学院	机电一体化技术	专业负责人
	L 院长	机电工程学院	电气自动化技术	专业负责人
	X 教授	技术与职业教育研究所	无	研究员
全国机械职业教育教学指导委员会	C 主任	—	无	主任

（二）研究设计

在 E-德尔斐法实施之前，首先基于已有研究明确高职人才培养模式的内涵及其构成维度，形成调查量表的初稿。继而通过专家咨询和所在研究团队多次的个别意见征询和集中性讨论，对调查量表中所反映的高职人才培养模式的内容维度进行调整、优化，形成第二轮测量新工业革命发展背景下劳动力需求变化对高职人才培养模式各维度影响程度的量表。第二轮的专家调查是以李克特 5 点量表的形式，从 1 分至 5 分，1 分代表基本不受任何影响，5 分代表受影响极其显著。调查量表包括专家背景信息和具体调查题目两部分，具体调查题目共计 61 个，其中 8 道题目是对高职人才培养模式一级内容维度受影响程度进行评价，53 道题目是对高职人才培养模式的具体内容点和保障机制的受影响程度进行评分。根据第二轮专家调查的统计结果，即以专家观点的一致性系数和每个内容点受影响程度评分均值为筛选指标，确定出 33 个内容维度作为第三轮调查量表的测量维度。并由 5 点式程度评价量表进一步调整为以评价问题和以简练语言逐条陈述观点为作答形式的评价问题式量表，以此探究这些受影响最为显著的内容。面对新工业革命发展诱致劳动力新需求方面存在的主要问题，遴选参与调查的专家。高职人才培养相关主体的多元性和复杂性，决定了当前高职人才培养模式发展现状调查过程中，参与调查专家的来源背景应具有多元性和广泛性，从而全方位、多视角对新时代背景下高职人才培养模式的发展现状进行审视。因此，遵照前文遴选专家的基本原则和对现实研究条件与可能的综合考虑，本研究通过主要文献的作者筛选、熟人介绍、自主联络等途径，确定备选专家共计 27 人。通过邮件、短信或是微信的途径，向备选专家发送参与专家调查的《参与意向问询函》，最终获得 25 位专家的回复，并确认其能完整参加两轮调查。所选专家基本情况见表 2.2。

表 2.2　参与 E-德尔斐法的专家基本情况

所在单位	人员	任教专业	职称	职务	现任主要工作
北京 DZKJ 职业学院	L 副教授	通信技术	副教授	专业负责人	教学科研
	L 老师	机电一体化技术	讲师	专业负责人	教学科研
	Z 老师	机电一体化技术	讲师	专业骨干	教学科研
	Y 院长	物联网应用技术	教授	电信工程学院副院长	教学科研、教育行政管理

续表

所在单位	人员	任教专业	职称	职务	现任主要工作
北京 X 大学	Z 教授	职业教育课程与教学论	教授	无	教学科研
	Y 学者	无	无	无	科研工作
SZ 职业技术学院	X 教授	教育学	研究员	无	科研工作
	Q 副处长	无	副研究员	教务处副处长	教育行政管理
NJGY 职业技术学院	L 副教授	机电一体化技术	副教授	专业负责人	教学科研
	L 副院长	机械制造与自动化	中级	机械工程学院副院长	教育行政管理
	W 院长	工业机器人技术	教授	机械工程学院院长	教学科研
	X 副教授	物联网应用技术	副教授	专业负责人	教学科研
	Y 院长	电气自动化技术	教授	继教学院院长	教育行政管理
	L 老师	物联网应用技术	讲师	专业骨干	教学科研
	Y 处长	物联网应用技术	副教授	教务处处长、专业负责人	教育行政管理
	W 书记	无	教授	校党委书记	学校管理
JH 职业技术学院	Z 副教授	课程与教学论	副教授	研究人员	教学科研
TJ 职业技术师范大学	Z 教授	劳动经济学	教授	科产处处长	教育行政管理
HW 技术有限公司	L 工程师	云计算技术与应用	培训工程师	无	教学科研
	L 工程师	云计算技术与应用	培训工程师	无	教学科研
北京 HS 智造科技有限公司	L 副经理	工业机器人技术	高工	副总经理	产品总监
	C 经理	机械工程及自动化	讲师	总经理	公司管理
QD 职业技术学院	Z 副院长	电气自动化技术	讲师	海尔学院副院长	教学科研、教育行政管理
	Q 教授	无	教授	校学术委员会主任	教学科研
	Z 院长	无	教授	海尔学院院长	教育行政管理

（1）来自企业界的专家,其所在企业必须满足与高职院校具有深度的校企合作关系,且熟悉、正在参与高职院校的人才培养方案制定、专业建设、课程开发等人才培养活动。同时,已多次招聘高职院校毕业生作为该公司人力资源的补充。本研究中来源于企业界的专家共计4人,主要分为两类:第一类是企业的经理和副经理,参加过百余所高职院校的工业机器人专业建设或实训室建设研讨,对工业机器人专业人才培养定位、人才培养实践和人才就业方面具有深刻的研究;第二类是常驻于企业建立在高职院校的技术研发和业务培训部门的技术工程师,同时承担高职人才培养方案制定、课程开发、专业课程教学等活动。

（2）来自普通高等学校职业教育研究所的专家2人。选择的专家代表均从事职业教育研究超过5年,且对高职人才培养研究领域具有高度的关注和深入的研究,并已在此方面发表了一定数量的学术论文。从专业知识储备、对本研究问题的熟悉程度和研究积累度等方面综合考虑,满足本研究对专家的遴选要求。

（3）来自职业技术师范大学的专家。本次遴选的来自TJ职业技术师范大学的Z教授,不仅在劳动经济学领域具有深厚的专业功底和研究基础,近期对新工业革命背景下的产业变迁、劳动变革、职业培训以及技能培育方面进行了大量深度的研究,而且对职业教育教师培养体系等方面的内容非常熟悉。

（4）来自高职院校职业教育研究所的专职研究人员。扎根于高职院校一线的职业教育研究者具有熟悉高职人才培养实践的发展与改革现状,和利用高职人才培养实践场域提供的优势条件来开展职业教育研究的双重优势。同时,研究者在高职院校从事职业教育研究均已超过10年,此类研究者较普通高等学校的研究者,对高职人才培养模式在新工业革命背景下的发展现状和未来发展策略的思考更具独到性。

（5）来自高职院校的专业负责人/专业骨干教师,及其负责人才培养和教育教学的教育管理者。新工业革命发展浪潮使产业经济领域成为受影响最大的领域之一,经济发达地区也成为第一批受此浪潮影响的地区,并且开展产业经济改革的速度相较于经济发展水平一般和落后地区也更快。经济发展水平和产业发展特点是高职院校发展的重要基础。因此,在此次调查开展过程中,所选高职院校主要在东部经济发达地区,且均属于国家级示范高职院校。这一类专家直接参与高职人才培养活动各环节,且对新工业革命发展背景下高职人才培养模式发展现状中的发展成就、发展痛点以及未来的发展潜力点最具切身感受和直观认知,由此他们也是占专家总体数目比例最大的一类群体,共计16人,占总体专家人数的64%。当前,我国正处于新一轮科技革命和产业经济发展方式转变的历史交汇期,制造业是社会经济发展的主体,因此在对高职院校内部专业负责人选取的过程中,主要是以《中国制造 2025》中列出的十大重点领域作为目标产业领域选择的基础,并重点选取隶属于新一代信息技术产业的高档数控机床和机器人和隶属于装备制造业的云计算技术与应用、通信技术、物联网应用技术、机械制造与自动化、工业机器人技术等领域的专业负责人/专业骨干教师作为调查对象。此外,还包括了高职院校主管教育教学、人才培养的教务处处长和副处长、调研专业所在学院的院长和副院长。

(三) 研究的信度与效度

在任何研究中确保信度和效度是整个研究有效开展的前提。信度通常是指研究结果的可重复性①。其中,内部信度是指研究者在相同研究情境和条件支持下,运用同一研究方法多次开展研究,并实现研究结果一致的程度;而外部信度是指不同的研究者在相同或相近情境中,在同一时间段内,根据研究者的研究设计开展研究,并获得一致结果的程度。效度具体是指研究者运用研究工具准确、真实、客观地测量、揭示研究对象不同方面发展属性的程度②。在研究中用于反映研究效度的有结构效度和内容效度。结构效度是指研究过程中的测量对于研究对象理论构想的结构或者是发展特质反映和揭示的程度③;内容效度是指研究者运用研究工具所测量到的研究对象的属性,与研究对象所包含真实属性的一致程度④。

在本研究中,为了确保研究信度,在内部信度方面,主要是通过选取多个符合研究所需的专家,运用针对本研究问题所开发的调查量表作为统一的调查工具,从多个视角和内容方面来对"新工业革命背景下产业劳动力的新需求对高职人才培养模式的哪些内容维度影响程度最大,且这些内容方面存在的主要发展问题为何"进行评价和观点表达。具体是通过观察专家返回的调查量表中哪些因素的受影响程度系数得分较高,并通过专家观点的共识度来衡量一致性程度。专家共识度是对研究问题持相同观点和评价的专家数目与参与调查的专家总人数之间的比值,是 E-德尔斐法中衡量不同专家协商一致性水平的具体指标,但对这一指标的取值范围却无权威的界定。如:McKenna 基于 Loughlin 和 Moore 的研究,认为这一指标应至少达到 51%,而 Green 等人则主张这一指标为 80%。此外,在外部信度方面,一方面,主要是通过对本研究过程中的研究情境,研究问题

① 陈向明. 质的研究方法与社会科学研究[M]. 北京:教育科学出版社,2000.
② 林聚任,刘玉安. 社会科学研究方法[M]. 济南:山东人民出版社,2004.
③ 王忠军,龙立荣. 评价中心的结构效度研究[J]. 心理科学进展,2006,14(3):426.
④ 艾尔·巴比. 社会研究方法(第十一版)[M]. 邱泽奇,译. 北京:华夏出版社,2018.

的确定与表述,测量维度划分以及研究工具的开发等内容进行尽可能详尽的描述和介绍;另一方面,是对研究开展过程、调查数据的分析过程以及最终调查结论的得出过程进行回顾性描述和说明,为后来的研究者再开展相关研究提供研究设计和分析策略参考①。

同时,在研究效度方面。首先,在内容效度方面,对高职人才培养模式的理论分析及结果,为本章高职人才培养模式发展现状调查量表的编制,提供了充分、扎实的理论依据。在编制过程中通过专家咨询、研究团队探讨等方式,对调查量表的内容维度结构进行反复论证和多次修订,以尽可能确保调查量表的内容结构与高职人才培养模式应然的理论结构形成高度的吻合,并作为有效反映、测量高职人才培养模式发展现状的工具。其次,为确保德尔斐法能有效地对当前高职人才培养模式在新工业革命背景下发展现状进行揭示,本研究中通过严格确定参与调查专家的具体要求,包括地域分布、任职年限、职位分布、专业特长等。且在确保专家选择具有代表性的同时,通过多轮专家调查以及向专家反馈每一轮调查结果的形式,实现专家观点的自我反思,并判断自我观点与整体观点相比是否具有反映整体发展现状的代表性。形成彼此对照与观点验证的作用,以此来确保通过专家调查所获得信息能够全面、深刻、准确地揭示新工业革命发展背景下我国高职人才培养模式的现状。

(四) 统计指标的说明

本研究应用 E-德尔斐法的目的在于明确不同专家对于高职人才培养模式发展现状及存在主要问题的共识性看法。通常在德尔斐法的具体实施过程中,常以专家对研究问题提供答案的共识程度作为衡量研究是否可以结束的指标。但通过文献梳理可以发现,对这一指标的具体取值范围却未形成一致看法。在以往研究中,较多的是将平均数、标准差以及众数等统计指标作为专家观点共识度的替代参数②。在本研究中,为了确定作为衡量指标的专家共识度,借鉴了斯坦福大学教育研究院 Osborne 教授等人对专家共识度的计算方法,即在李克特 5点量表中,若有 2/3 或是 66.7%的专家对某一题项的评分为 4 或是 5,则可认为在此方面已达成共识,66.7%便是共识度的最小值,并可以此作为指标来筛选已达成共识的内容维度。同时,该研究团队在德尔斐法实施过程中,为确保参与专家对调查量表内容填写得翔实,在第三轮专家调查表的制定过程中,通过对第二

　　① 威廉·维尔斯马,斯蒂芬·G. 于尔斯. 教育研究方法导论(第 9 版)[M]. 袁振国,译. 北京:教育科学出版社,2010.

　　② 万延岚. 中学理科课程的适切性研究——基于社会发展的视域[D]. 济南:山东师范大学,2016.

轮专家调查量表 28 个题项的专家评分均值进行排序,决定选取排名前 18 位的题项作为第三轮专家调查表制定的内容来源,且排序第 18 位题项的均值不仅作为临界值来剔除位于临界值以下的题项,而且是反映该题项专家共识度水平的指标。

因此,在本研究中,以 66.7% 的专家共识度水平来甄别高职人才培养模式中哪些内容维度受新工业革命发展影响较为显著。同时,在确定专家共识度的临界值水平时,按照 Osborne 教授等人的思路,研究之初将调查量表中所有二级维度的平均值进行了排序,且以处于共识度 66.7% 位置的题项的均值作为具体的共识度临界值,即 3.92。但由于本研究中向专家发送的第二轮调查量表题项数量较多,故而想通过提高临界值水平的形式删除部分题项,保留共识度更高的内容选项作为下一轮调查量表编制的内容来源,以此尽可能使下一轮调查量表返回的信息更聚焦,并获得反映当前高职人才培养模式发展现状的具有高共识度的结论性观点。因此,本研究以 66.7% 的共识度这一指标作为筛选具有高共识度题项的同时,通过计算得出第二轮专家调查量表中所有二级维度的受影响程度均值 4.1,并将其作为参照,从而综合性地确定高职人才培养模式中受新工业革命发展影响最为显著的内容方面。

此外,第三轮的专家调查表为评价问题式量表,主要收集专家对通过第二轮调查表筛选出的高职人才培养模式中受新工业革命产业劳动力需求变化影响最为显著的内容方面,且在新的发展背景下存在哪些主要问题的观点和看法。并通过研究者的内容归纳与提取,形成主要问题点。同时,为确保研究信度和效度,研究者在对调查专家返回的第三轮调查表进行问题点提取的过程中,通过另外寻找一名本研究团队的成员,且随机选取 15 份第三轮已填答调查表中的 3 份,分别对此 3 份调查表进行独立问题点提取,最终两人问题点提取的一致程度(一致程度=提取相同或相近问题点的数目)/(相同或相近问题点的数目+相异问题点的数目)达到 83%,且对提取问题点不一致的内容进行了协商和讨论,并最终确定了具体的提取方式,并由研究者按此要求继续对剩余部分调查表进行问题点提取。继而通过统计每个问题点在各个专家第三轮返回调查表中的出现频次,以出现频次作为专家共识度的计算依据,且同样是以 66.7% 作为第三轮专家调查量表筛选结论性内容的依据,即至少有 2/3 的专家一致认为高职人才培养模式中的某一内容方面存在该问题点,便可认为该问题是当前高职人才培养模式发展过程中存在的主要问题,并可将其作为反映当前我国高职人才培养模式整体发展现状的具体支撑内容。

二、我国高职人才培养模式的现状

（一）人才培养模式的整体现状

高职人才培养模式各内容维度受影响程度的专家评分均值分布如图 2.1 所示。具体分项的专家评分均值为：人才培养理念 4.38、人才培养定位 4.46、人才培养内容 4.25、人才培养保障机制 4.50、人才培养过程 3.80、人才培养评价 3.96。

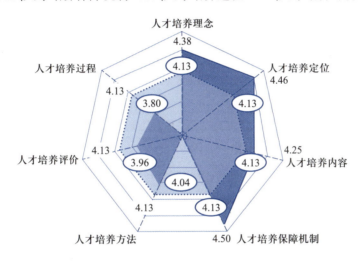

■ 人才培养模式维度受影响程度强区域　　■ 人才培养模式维度受影响程度弱区域
⋰⋰ 人才培养模式整体受影响程度系数值

图 2.1　高职人才培养模式各内容维度受影响程度的专家评分均值分布图

对比高职人才培养模式整体受影响程度的评分均值与各个一级内容受影响程度的专家评分均值可知：人才培养理念、人才培养定位、人才培养内容、人才培养保障机制四个内容维度的专家评分均值均超过了整体受影响程度的专家评分均值，故而属于受产业需求影响程度较强的强区域；而剩余的人才培养方法、人才培养评价、人才培养过程成为相对受影响程度较弱的弱区域。

（二）人才培养理念与目标定位的现状及主要问题

对我国高职人才培养理念与目标定位发展现状的考察，主要是从高职人才培养过程中的价值诉求与原则、产业企业文化在高职人才培养理念中的融合以及当前我国高职人才培养的目标定位三个方面入手。通过对第二轮专家调查表反馈结果的统计结果可以发现:24 位专家一致认为这三个内容维度受新工业革命发展的影响程度较大,且专家共识度依次达到 95.8%、83.3%、95.8%。由此也反映出高职人才培养模式在面向新工业革命发展的过程中,须及时明确产业经济在技术技能人才数量结构、质量结构等方面的需求特征,从而及时更新与重塑高职人才培养理念与目标定位,实现自身应然时代价值的发挥。

根据第三轮专家调查表的内容分析和结果统计可以发现:各个专家对当前高职人才培养理念与高职人才培养目标定位存在的问题主要可提取 7 个问题点(见表 2.3)。

表 2.3 高职人才培养理念与目标定位的主要问题及专家共识度

提取的典型问题点	专家共识度
产业变革过程中衍生出的对复合型人才日益扩大的需求与当前高职院校人才培养定位更新的滞后性	93.3%
以学生为中心和可持续发展能力等理解的模糊性及其实践体现的形式化	86.7%
对学生自我认知、发展调试、社会适应等内容的关注不足	80.0%
学生道德品格、文化修养和职业规范意识的关注不足	66.7%
人才培养理念中对于社会经济需求与学生个体发展需求观照的失调	40.0%
人才培养目标表述的概念化、空洞化和宽泛化	40.0%
具有国际化视野和在国际劳动力市场就业能力的技术技能人才的定位缺乏	20.0%

其中"以学生为中心和可持续发展能力等理解的模糊性及其实践体现的形式化""对学生自我认知、发展调试、社会适应等内容的关注不足""学生道德品格、文化修养和职业规范意识的关注不足"以及"产业变革过程中衍生出的对复合型人才日益扩大的需求与当前高职人才培养定位更新的滞后性"4 个问题点的专家共识度达到 66.7%及其以上。由此,这四方面的问题便成为反映当前我国高职人才培养理念和目标定位现存的主要问题。

(三) 人才培养内容的现状及主要问题

对高职人才培养模式中人才培养内容发展现状的考察,主要以专业和课程为抓手,考察高职院校对新工业革命发展背景下传统产业转型升级与新兴产业逐步成长过程中衍生出的技术技能人才新要求的满足状况。首先,专业作为高职人才培养过程中对接产业结构和产业发展需求,专业结构布局与产业结构特征的吻合度是衡量产教统筹融合发展水平的重要指标,并以此为根据培养产业发展所需人才的组织载体。其次,高职院校不同专业人才的培养过程中,人才胜任未来工作所需综合职业能力的生成,关键在于课程内容的甄选和课程体系的搭建是否与产业领域内部不同工作岗位的工作内容、流程、组织形式等实现无缝对接。由此也使课程内容及其结构体系成为赋予人才产业发展所需职业能力和自身可持续发展能力的另一关键方面。

（1）专业方面的现状及主要问题。

在对当前高职院校专业层面发展现状分析时,主要是从专业的设置与种类、结构体系、就业范围、专业建设的国际合作四个方面来开展。通过第二轮的专家调查可以发现:专家们一致认为这四个方面受新工业革命背景下产业劳动力新需求的影响程度很显著,且专家共识度均超过了 66.7%。通过对三轮专家调查表的统计、分析和问题点提取,得出"针对新技术、新产业开设的专业数量不足""专业更新速度慢、前瞻性不足,且对于传统专业的改造升级不足""当前专业的就业涉及面较窄,学生跨领域就业及后续发展能力弱""专业划分过细,在新的技术和产业发展背景下还须进一步整合、优化""与其他相关专业领域的融合性还须加强"5 个问题点,且专家共识度均在 66.7% 以上(见表 2.4)。

表 2.4　高职院校专业层面各维度存在的主要问题及专家共识度

专业内容维度	提取的典型问题点	专家共识度
专业的设置与种类	针对新技术、新产业开设的专业数量不足	86.7%
	专业更新速度慢、前瞻性不足,且对传统专业的改造升级不足	86.7%
	新专业开设的跟风性和盲目性,专业设置、更新缺乏科学有效的论证方法和机制	53.3%
	新开设专业的主要服务方向和发展特色不凸显,领域跨度大,存在泛化现象	26.7%
	传统专业划分方法的时代不适性	20.0%
开设专业的就业范围	当前专业的就业涉及面较窄,学生跨领域就业及后续发展能力弱	86.7%
	专业的专业性不强,导致对口率不高	26.7%
	在国际劳动力市场就业的能力与竞争力不足	13.3%
专业的结构体系	专业划分过细,在新的技术和产业发展背景下还须进一步整合、优化	93.3%
	与其他相关专业领域的融合性还须加强	80.0%
	专业标准、专业评估制度、动态调整机制还须持续完善	53.3%
	专业结构缺乏地区、学校和行业的发展特色	26.7%

（2）课程方面的现状及主要问题。

对课程现状的探讨,主要是从课程内容的选择与更新、课程的开发方法、课程的开发主体以及课程的结构体系四个内容维度来进行。根据第二轮调查表的统计结果发现四个维度受影响程度的专家共识度均达到66.7%及其以上的水平,并可根据专家共识度的大小,由大到小排序为:"课程结构体系"(87.5%)>"课程内容更新与选择"(83.3%)>"课程开发主体"(70.8%)>"课程开发方法"(66.7%)。在第三轮专家调查中,通过对专家有关受影响最为显著两方面现存问题的观点进行整理和问题点提取,得到主要问题点共计7个(见表2.5)。

表2.5　高职院校课程层面各维度存在的主要问题及专家共识度

课程的内容维度	提取的典型问题点	专家共识度
课程内容更新与选择	课程内容(包括实训内容)中对新技术、行业新标准融入的及时性、有效性不足	100%
	统一性课程标准缺乏,且课程内容缺乏有效的更新机制和更新方法	66.7%
	现有教材的形式,对课程内容的更新以及学生个性化课程的生成有所限制	26.7%
课程结构体系	对培养学生创新能力、沟通交流等方面的通识课程不够重视	66.7%
	课程结构体系与产业贴合度不高、灵活性不足	46.7%
	允许跨领域选修课的课时量和学分量,以及与企业真实工作任务一致的综合性实训课程不足	40.0%
	公共基础课安排的硬性要求,以及课程结构中部分专业课程课时受压缩和安排不合理	26.7%

其中,具有高专家共识度,且已达到66.7%及其以上水平的主要问题点有"统一性课程标准缺乏,且课程内容缺乏有效的更新机制和更新方法""课程内容(包括实训内容)中对新技术、行业新标准融入的及时性、有效性不足""对培养学生创新能力、沟通交流等方面的通识类课程不够重视"。由此,与其他主要的问题方面相比,这三方面的问题点在高职人才培养模式面向新工业革命发展过程中尤为突出。

（四）人才培养过程与方法的现状及主要问题

高职人才培养的过程与方法是在人才培养理念与目标定位的引领之下，以各个专业为人才培养的基本组织单位，对人才培养内容按照产业工作的开展逻辑来予以组织和实施，继而向人才培养最终目的达成的实践历程及其具体实践方式。因此，本研究通过对教师的课程教学、学生的学习、企业在高职人才培养过程中的参与以及实训和顶岗实习这四大方面的分析，来对高职人才培养过程和方法的发展现状进行考察。

（1）课程教学的发展现状及主要问题。

课程教学是高职人才培养在教师层面开展的具体过程，且课程教学的质量对高职院校整体人才培养质量的提升具有基础性作用。对新工业革命背景下高职院校课程教学发展现状的考察，主要集中于教学方法、教学安排、教学组织形式、教学设备及工具、专业教学资源、课程教学质量评价六个方面。通过第二轮专家调查结果的统计分析，专家们认为课程教学层面受产业劳动力需求变化影响最为显著的方面主要集中于：教学设备及工具、教学方法、教学资源三个方面，且这三方面的专家共识度依次达到 83.3%、79.2%、87.5%。

通过第三轮有关教学设备及工具、教学方法、教学资源面向未来发展过程中存在典型问题的调研，可得到 14 个具体的典型问题点。首先，在新工业革命产业劳动力需求变化的背景下，高职教学设备及工具存在的典型问题有：现有教学中新兴技术在学生学情分析、课堂教学质量监控与评测等方面应用不足的问题最为突出。其次，在教学方法方面，共提取的主要问题有 6 个（见表 2.6）。

表 2.6　高职院校教学方法存在的主要问题及专家共识度

教学的内容维度	提取的典型问题点	共识度
教学方法	当前教学方法中传统讲授法的主导与借助新一代信息技术手段来革新教学方法的不足	93.3%
	教学方法选择和运用过程中学生主体性地位体现的不足	80.0%
	现有教学方法对抽象性概念和原理性知识的讲解缺乏直观性，不利于激发学生学习兴趣	66.7%
	现有教学开展的去情境化特点显著以及学生对真实工作场所的具体感知、沉浸体验不足	66.7%
	现有教学方法对学生个性化、分层性特点观照不足	40.0%
	符合"双创教育"等通识类课程特点的有效教学方法欠缺	13.3%

在教学资源方面,基于各个专家对此方面存在问题的反馈,认为优质数字化教学资源不足,且老师开发数字化教学资源的动力及学校投入均不足的问题尤为突出,专家共识度达到80%。

(2) 企业参与人才培养的现状及主要问题。

职业教育发展过程中的跨界属性,决定了高职人才培养主体多元构成的应然特征。新工业革命背景下,面对产业劳动力新需求的显现,更需要深化产教融合、校企合作来培养未来产业发展所需的优质人才。本研究对企业主体在人才培养过程与方法环节参与现状的考察,主要以"企业参与高职人才培养的动机与态度如何""企业具体通过何种形式参与人才培养"以及"企业参与人才培养的哪些环节"为思考逻辑。在三轮有关"企业参与人才培养的方式与途径在产业劳动力需求变化背景下存在哪些主要问题"的调查过程中,专家明确指出:当前企业参与高职人才培养的方式和途径存在参与面广,但深度不足;基于学校角度对企业参与人才培养方式和途径的设计,缺乏对企业利益的关照,影响其参与积极性;再加上企业参与高职人才培养的制度与机制僵硬,综合导致其参与路径仅限于浅层次、形式化地参与课程开发、人才培养方案制定、接受实习等方面,以及"企业真正成为人才培养主体的路径缺乏"等问题,且这两方面的专家共识度分别达到73.3%、66.7%。

(3) 高职院校学生学习的现状及主要问题。

学生学习作为高职人才培养过程中极其关键的一方面,学生学习兴趣激发、学习方式的改善与优化等是确保教师教学质量和高职人才培养质量优质的重要方面。本研究对高职人才培养过程中学生学习发展现状的考察,主要是从学生学习兴趣与发展需求、学生的学习方式、学生学习指导的获得方式、学生学习情况的个性化分析与反馈四个方面来开展。第二轮专家调查表的统计结果显示:新工业革命背景下新兴技术的不断成长与融合发展对高职院校学生学习的影响中,学生学习兴趣和发展需求挖掘、学生学习方式两个方面最为显著,并表现出了较高水平的专家共识度,依次为75%、79.2%。通过三轮的专家调查,尤其是在对"学生发展需求、学习兴趣与学习方式"这一内容维度存在问题的整理过程中,提取主要的问题点6个。其中,"学生学习兴趣激发与学习需求诊断的有效途径缺乏""学生学习的自觉性、积极性、自主性较差"以及"学生线上线下结合的混合式学习能力有待提升"三个问题点的专家共识度最高,依次为80%、86.7%、66.7%。

(4) 实训和岗位实习的现状及主要问题。

实训和岗位实习是高职院校正式教学安排中的重要组成部分,更是学生强化工作实践能力,将所学专业理论知识在模拟工作场所的实践情境或是在真实工作场所中进行结构再组和意义重新渲染的重要环节,并在培养胜任未来工作世界的技术技能人才过程中扮演着重要的角色。本研究对实训和岗位实习发展现状的分析主要聚焦于实训环境(实训基地、实训教室等)、实训设备、实训的教学方式和组织形式、岗位实习四个方面。

在第三轮的专家调查中,通过对专家反馈观点的提取和统计分析,共提取主要的问题点 9 个。其中,专家共识度最高、最为凸显的问题主要有:受管理机制影响,高职院校产业新型设备采购效率较低,易导致实训设备的滞后性;实训环境与企业真实生产情境还存在较大差距,如在文化氛围、环境设备布局、技术设备等方面,共识度均达到 66.7% 的临界值水平。

(五) 人才培养质量评价的现状及主要问题

人才培养质量是衡量高职人才培养预期目标达成度的重要指标。对高职人才培养质量评价发展现状的考察,主要是从人才培养质量的评价理念、评价主体、评价标准以及评价方式四个方面来诊断。由第二轮专家调查表的统计结果可知:参与调查的专家认为,新工业革命背景下产业劳动力的新需求对高职人才培养质量评价的理念、标准以及方式的影响程度最大,且专家共识度均超过了共识度临界值 66.7%。

基于第三轮关于高职人才培养质量评价的理念和评价方式存在问题的专家意见,共提取主要问题点 7 个(见表 2.7)。

表 2.7　高职人才培养质量评价方面存在的主要问题及专家共识度

人才培养质量评价的内容维度	提取的典型问题点	专家共识度
人才培养质量的评价理念	单纯以就业为导向的人才培养质量的评价理念依旧很明显,不具时代性	46.7%
	对于体现职业教育特点的实践性考核和过程性考核重视不足	20.0%
人才培养质量的评价方式	借助于新兴技术,创新人才培养评价方式的能力还须加强	40.0%
	评价方式单一,有的仅以就业率作为人才培养质量的核心体现	40.0%
	课堂教学质量诊断的通用性评价标准欠缺	20.0%
	人才培养评价的持续性、追踪性不足	20.0%
	国际化水准的人才培养评价体系、标准还有待完善	6.7%

其中,有关人才培养质量评价的理念存在的主要问题主要有:单纯以就业为导向的人才培养质量评价理念依旧很明显,不具时代性以及对于体现职业教育特点的实践性考核和过程性考核重视不足两个方面,但二者的专家共识度均未达到临界值 66.7%。

同时,人才培养质量的评价方式的 5 个选项均未达到临界值水平。因此,在一定程度上可解释为:当前我国高职人才培养质量的评价机制方面的问题并不突出。

三、高职人才培养模式的保障机制现状

保障机制是人才培养模式的组成要素,是保障高职人才培养过程中各项活动有序、有质、有效开展的重要支撑。本节对保障机制的分析维度,重点选取了高职院校的师资队伍建设、组织管理机制、校企合作机制、资源平台建设以及相关法律制度与政策等方面。

(一) 高职院校师资队伍建设的现状及主要问题

师资队伍是职业教育改革的第一资源。本研究中对高职院校师资队伍发展现状的分析,主要聚焦于教师专业能力、专业带头人的培育、教师的选聘标准与机制、教师队伍的结构以及教师的专业发展支持机制五个方面。

具体而言,通过对第三轮专家调查表反馈信息的统计和问题提取,分析高职院校师资队伍发展的具体问题点。

首先,在高职院校教师专业能力方面,高职院校教师自身对新技术和新知识学习、更新的动机和能力有待加强;高职院校教师对运用新兴技术进行教学模式创新的认知和能力有待强化;高职院校教师专业实践能力、应用型科研能力、为企业提供技术研发和服务的能力还有待提高;高职院校教师自身的团队协作能力、创新能力等关键性能力有待加强。这四个问题点的专家共识度均达到或超过 66.7% 的临界值。由此反映出:当前我国高职院校发展过程中,师资队伍专业能力的现代化升级有所欠缺,并呈现上述的种种问题。

其次,针对高职院校的专业带头人发展现状的分析,专业带头人对专业对应行业的技术发展现状与趋势的敏感性不足;专业带头人的组织领导力和变革力、社会资源汇聚、责任担当等能力有待提升。这两个问题点在当前高职人才培养过程中尤为突出,且专家共识度分别达到 86.7%、66.7%。专业带头人作为高职院校专业建设具有引领性和号召性的关键人物,自身兼具专业教师和专业建设

管理者的双重身份,对其专业能力的要求自然也更高。面对新技术和新产业发展新特征的不断显现,未来高职院校专业建设过程中也亟须提升专业带头人对产业发展趋势的敏感性以及汇聚社会资源、组织教师开展专业建设等能力。

再次,在对当前高职院校教师选聘标准方面存在问题的调查过程中,得到的主要问题点有 3 个,具体包括:招聘标准中以学历为导向的问题很突显、对师资来源的企业一线工作经历和专业实践能力的要求淡化、对专业教学实践能力要求不足。其中,前两个问题点的专家共识度水平均超过 66.7%的临界值,并分别达到 80%、86.7%。

最后,在教师的专业发展支持机制方面,参与调查的专家在以下两个问题点上的共识度较高:具有针对性、持续性的专业发展支持机制还须完善;高职教师参与行业企业的新技术培训、企业挂职锻炼的激励机制不完善,且专家共识度分别为 86.7%、66.7%。

(二) 高职院校内部组织结构和管理机制的现状及主要问题

在对高职院校内部组织机构和管理机制发展现状的调查过程中,着重从高职院校的整体战略发展规划、高职院校的校企合作发展机制、高职人才培养的国际合作机制、高职院校内部的组织管理机构、高职院校内部管理机制五个内容方面来进行考察。第二轮的调查结果显示:前三个内容维度受影响程度最为明显,且专家共识度依次为 91.7%、83.3%、66.7%。后两个内容维度——高职院校内部的组织管理机构、高职院校内部管理机制受影响程度的专家共识度依次为 50%、62.5%,且未达到 66.7%的水平。

通过对第三轮关于高职院校内部组织管理机构和管理机制发展现状中存在问题的调查,可发现有关高职院校未来发展战略和规划的主要问题点包括:学校缺乏及时、敏捷地针对新工业革命下产业劳动力新需求而制定整体性的人才培养实践变革规划;学校整体战略布局的理念性强,但因缺乏实际、具体的行动措施和行为指导,以及全员基于发展共识的协同参与而落地不够;高职人才培养的国际化水平,尤其是涉外的技术培训、技术服务、境外职业教育办学等"走出去"的能力还有待加强;国内与国外的专业融合度、学分互认率较低;当前人才培养国际化较为形式化,合作的领域较窄、深度浅显。但从专家共识度方面来看,有 5 个问题点未达到 66.7%的临界值水平。故而也体现出了当前高职院校在学校整体性战略规划和发展布局方面的能力还须加强和完善,须以更高的站位、更高的定位、更宽阔的视野来对高职院校发展和高职院校人才培养进行前瞻性的部署和创新性的改革。此外,在当前高职院校的校企合作机制方面,校企合作整体发展现状不积极、校企合作程度不深入等问题不仅是职业教育长期发展过程中的

"老问题",更是在新的时代背景下越发需要改善和激发新样态的改革抓手,专家调查统计结果的具体指标分布也反映了这一点。

(三) 职业教育法律制度体系的现状及主要问题

职业教育的法律制度体系,尤其是促进产教融合、校企合作方面的专门性制度和政策是高职人才培养模式有效供给产业发展所需技术技能人才的根本保障。本研究对当前我国高等职业教育发展过程中有关法律、制度、政策等方面内容发展现状的考察,主要集中在 7 个内容方面(见表 2.8)。

表 2.8 职业教育法律、制度等内容维度各项统计指标的分布情况

	受影响程度专家评分均值	标准差	变异系数	专家共识度
产教融合校企合作制度、法律、标准	4.42	0.776	0.176	91.7%
本科及其更高层次职业教育的建设	4.29	0.624	0.145	91.7%
职教教师的职前培养体系	4.17	0.868	0.208	79.2%
国家资格框架制度	4.04	1.083	0.268	75.0%
高职院校的经费投入机制	4.17	0.816	0.196	75.0%
终身教育体系	3.83	1.167	0.305	70.8%
高职院校的招生考试制度	3.71	1.398	0.377	66.7%

第二轮专家调查中对各内容维度受新工业革命影响程度的调查,实质上是分析新工业革命发展背景下高职人才培养模式改革创新的实现,对职业教育法律、制度等方面内容的需求。具体来看,各内容维度受影响程度的专家评分均值越高,说明当前该内容的时代适应性不足,改革和优化的需求度也更高。通过第二轮专家调查的统计结果可知:以上各内容维度受产业劳动力需求变化影响均较为显著,且均已达到或超过专家共识度 66.7% 的基准水平(见表 2.8)。其中,产教融合、校企合作的制度法律和本科及更高层次职业教育的建设是面向新工业革命背景下高职人才培养模式革新需求度最高的两个方面。

基于对第三轮专家调查的内容分析和问题点提取,可得到有关如下四个内容维度的主要问题点。

首先,在高职院校的经费投入机制方面,呈现出:高职院校在新型设备采购方面应加大投入力度(如购置先进设备的补贴不足);对于职业教育校企合作过

程中的优秀企业、行业技能大师等的奖励、激励机制不完善;高职院校的经费投入机制不完善、来源渠道单一;高职院校学生的生均经费标准的制定依据和水平还需进一步完善和提高。但四个内容维度的专家共识度均未达到66.7%的临界值水平,且高职院校在新型设备采购方面应加大投入力度以及高职院校的经费投入机制不完善、来源渠道单一两个内容方面的问题尤为突显,专家共识度达到46.7%、40%。

其次,在产教融合、校企合作法律及相关配套制度方面,专家团队在以下三个方面共识度较高:产教融合、校企合作的法律制度仍旧不完善,以及具体实施细则缺乏;企业校企合作的利益反哺机制不健全;校企合作等相关法律制定过程中行业企业角色的弱化。专家共识度依次为93.3%、93.3%、67%,均已达到或是超过66.7%的临界值水平,由此也表明了这三方面的问题在当前高职人才培养模式发展过程中的重要性。

再次,在职业教育教师培养体系方面,根据各个专家的观点,存在的主要问题点可归纳为:当前我国职业技术师范教育体系的不完善、职业教育教师缺乏国家层面的认证标准与机制,专家共识度均达到66.7%。由此,这两个问题点也成为反映职业教育教师培养体系存在问题的主要方面。

最后,在现代职业教育体系方面,存在最为显著的问题是当前职业教育体系内部缺乏本科及以上层次的职业教育形式,且这一问题的专家共识度达到80%。

(四) 职业教育教学资源和平台建设的现状及主要问题

对当前职业教育教学资源和平台建设发展现状的考察,主要包括为高职人才培养目标厘定、各类型教学开展提供信息依据和条件支持的资源与平台,故而调查集中于产业与劳动力市场的信息公开平台、地区公共实训实习基地与平台、全国和地区性的职业教育发展信息统计平台与机构、国家级优秀职业教育数字教学资源库与互联网平台四个方面。通过第二轮专家调查结果的统计,可知:新工业革命背景下,这四个内容维度受影响的专家共识度依次为79.2%、70.8%、70.8%、83.3%。由此也显示出这四个内容方面受影响程度的显著性,以及未来高职人才培养模式改革创新对持续完善这四个方面内容的高需求。同时,通过计算各内容维度的受影响程度专家评分均值可得:仅有"地区公共实训与实习基地与平台"一项的受影响程度的专家评分均值未达到4.1,且该项标准差(0.908)和变异系数(0.208)均比所有二级维度的标准差(0.642)和变异系数(0.156)水平高。故而结合两方面统计指标的情况,在确定第三轮的专家调查表内容范围时将此内容维度排除在外。

通过对第三轮专家调查表反馈内容的分析和整理,识别出的主要问题点具体有:缺乏第三方机构来开展产业与劳动力市场需求信息的统计与发布;具有互动性、符合职教学生教学特点的数字化教学资源不足且更新较慢。同时,专家对这两个问题的共识度均为 66.7%。由此也凸显出这两方面问题在当前职业教育教学资源和平台建设过程中的凸显性。

第三章 创新创业教育与高职人才培养模式

进入 21 世纪以来,在以信息技术革命和可再生能源革命为主要内容的新工业革命的推动下,作为新工业革命发展动力和基础的创新创业能力成为举世瞩目的研究课题,作为培养创新创业能力途径之一的创新创业教育更是成为当今社会发展关注的重点。自 1989 年联合国教科文组织召开的"面向 21 世纪教育国际研讨会"上首次提出创业教育后,创业教育的浪潮便席卷了全球。我国也早在 20 世纪 90 年代初便开始关注创业教育,江泽民在 1993 年第八届全国人大一次会议闭幕式上的讲话中提出了 64 字的创业精神。2002 年 4 月,教育部高教司在普通高等学校创业教育试点工作会议中指出,把培养具有创新精神及创业能力的高素质人才作为高等学校的重要任务。2015 年《国务院办公厅关于深化高等学校创新创业教育改革的实施意见》中提出:"深化高等学校创新创业教育改革,是国家实施创新驱动发展战略、促进经济提质增效升级的迫切需要,是推进高等教育综合改革、促进高校毕业生更高质量创业就业的重要举措"。

虽然创业教育十分受重视,创业教育形式多样,但学生创业参与度、创业成功率低①。本章从新时代国家发展、社会进步、学生终身发展等新需求出发,探究在已有创新创业教育模式基础上的思维创新,尝试构建新型创新创业教育模式。创新型创新创业人才培养模式不同于以往多形式组合教育,而是从创新创业工作流程出发,重组创新创业教育活动,达到学即所用,理论指导实践的教育目标,切实培养学生创新创业精神,为学生终身学习奠定基础。

---

① 王涛. 高职院校创新创业教育模式探索——以成都创业学院为例[J]. 职业技术教育,2015(2):53-56.

一、高职创新创业教育时代内涵

（一）高职创新创业教育内涵

　　研究高等职业院校创新创业教育,厘清其教育定位和培养目标是前提,只有这样才能在研究中探索出符合高等职业教育的独特育人路径。

　　学界对高等职业教育的培养目标定位进行了大量的研究讨论,针对职业教育领域的技术技能、高技能等表达方式有较为全面的论述。自古以来,职业教育便与"技术技能""高技能"等概念相伴而行,最早关于这些概念的研究可以追溯到 1984 年,严雪怡在《技术教育概论》一书中,将工程技术人才分成"工程师、技术员、技术工人、半技术工人和无技术工人"五个层次,并指出五个层次人才应当分为两大类,即工程师类——以脑力劳动为主、技术工人类——以体力劳动为主。① 随后严雪怡与杨金土、孟广平在翻译"联合国教科文组织国际教育标准分类"的过程中,参照国外人才分类模式,提出了技术型、技能型、工程型、科学型职业教育人才分类。② 自此,"技能"成为人才类型的一个主要标准。③

　　"高技能"这一概念较早的论述可见于 1995 年:"高技能人才是技术精湛的劳动者,具体来说就是指高级技术工人和技师,他们属于技艺型、操作型人才,其职责是直接动手操作。"④此后,国家在教育领域基本上沿用了"高技能"这一表述方式。如 2006 年,《教育部关于全面提高高等职业教育教学质量的若干意见》中指出:"高等职业教育作为高等教育发展中的一个类型,肩负着培养面向生产、建设、服务和管理一线需要的高技能人才的使命,在我国加快推进社会主义现代化建设进程中具有不可替代的作用"。

　　2005 年,温家宝在全国职业教育工作会议上的讲话中也提到:"必须培养大批掌握新技术、能操作最新机床、有创新精神的高技能人才,这类人才现在是最缺乏的"。这一讲话开启了教育界关于"创新型高技能人才"概念的讨论。"创新型高技能人才不光是熟练的高级技术工,还应该具有创造性地使用所学技能

---

① 严雪怡. 技术教育概论[M]. 上海:华东师范大学出版社,1984.
② 严雪怡,杨金土,孟广平. 联合国教科文组织国际教育标准分类(ISCED)[J]. 机械职业教育,1997(10):41-45.
③ 张振元. "创新型高技能人才"相关研究综述[J]. 职业技术教育,2013,34(10):23.
④ 高必道. 高技能人才急需培养[J]. 职业技术教育,1995(8):9.

的能力"。① 多位学者阐述了相关称谓,如"高素质高技能创新型人才"②"创新型技能人才"③"高技能创新型人才"④等。随后国家的相关政策中又提出"创新型技术技能人才"这一称谓。2012 年《国家教育事业发展第十二个五年规划》也指出:"高等职业教育重点培养产业转型升级和企业技术创新需要的发展型、复合型和创新型技术技能人才"。2017 年《国务院办公厅关于深化产教融合的若干意见》进一步明确要"建立复合型、创新型技术技能人才系统培养制度",高等职业教育培养"创新型技术技能人才"有了一系列政策依据。高职创新创业教育工作蓬勃发展起来。

综上所述,目前学界对高职院校创新创业教育的培养目标定位在"创新型技术技能人才",认为这类人才是"为生产一线和工作现场服务的,承担将设计、规划、决策、规范等转化为现实产品或其他物质形态以及对社会产生具体作用的高级技术应用型专门人才"⑤。基于这样的人才培养目标,高等职业院校创新创业教育成果也极具自身特色。"由于高职教育一头连着产业,一头连着教育,既有产业属性,又有教育属性;同时,创新既有山尖上的顶天型、领军式的技术革命,也有山脚下的立地型、应用式的技术改良和更新,而后者是高职院校大有用武之地的舞台"。高职院校创业教育的价值取向着眼于促进学生实现全面自由发展,这就决定了高职院校创业教育目标要统筹考虑"小众"学生创业需求和"大众"学生发展需要,既要培养小部分学生创办企业的能力,更要培养大部分学生岗位创业的能力。⑥

(二) 创新创业教育相关概念界定

高等职业院校创新创业教育源于创新与创业,探析创新、创业等概念的源头,为教育者设计开展创新创业教育活动提供理论基础与实践经验支持,达到事半功倍的教育效果。

1. 创新与创新分类

对创新内涵和分类的阐述往往不可分割,学界较为认可并一直沿用的创新

---

① 文益民,周劲松,彭跃湘,等. 创新型高技能人才培养的探讨[J]. 湖南工业职业技术学院学报,2006(1):100-101,108.

② 陈向平. 工学结合背景下高素质高技能创新型人才的培养路径探索[J]. 教育与职业,2010(27):29-31.

③ 于学甫,房磊. 高职院校创新型技能人才培养模式的构建[J]. 职教探索与研究,2010(3):36-38.

④ 张桂春. 校企合作产学研结合培养高技能创新型人才的实践[J]. 职教通讯,2010(2):62-64,71.

⑤ 王玲仙. 高等职业教育的培养目标和特征[J]. 机械职业教育,2002(7):12-18.

⑥ 和震,祝成林. 高职院校创业教育的价值取向、目标及其实施策略[J]. 国家教育行政学院学报,2018(3):83-89.

的内涵便是经济学家熊彼特在其著作《经济发展理论》中的定义,包括以下五个方面,一是引入一种新的产品或提供一种产品的新质量;二是采用一种新的生产方法;三是开辟一个新的市场;四是获得一种原料或半成品的新的供给来源;五是实行一种新的企业组织形式。① 伊莱恩·丹敦提出创新的四个核心部分,即创造性、战略性、执行性及利益性,并在此基础上提出创新的定义是"赢利的战略性创造力的实施"。② 归根结底,"创新就是将熟悉的东西变得陌生,而将陌生的东西变得熟悉"。③

　　基于以上创新的定义,学者对创新的分类也大有不同。根据创新内容分类,如 Knight(1967)提出产品或服务创新、生产过程创新、组织结构创新、人员创新的创新分类;Drucker④ 将创新分为以下三类:一是产品的创新,即产品或服务的创新;二是管理的创新,即制造产品与服务,并且将它们推出市场需要的各种技能与活动的创新;三是社会的创新,即市场、消费者行为和价值的创新。根据创新特征分类,如美国学者兰登·莫里斯(Langdon Morris)⑤在《持久创新》一书中从竞争角度出发,阐述了四种创新形式,即渐进式创新、产品及技术突破式创新、商业模式创新及新事业创新,其中,渐进式创新使企业能够与竞争对手保持同步发展,而后三种创新则可以实现领先。

2. 创业与创业教育

　　目前,国内外对于创业的含义主要有广义和狭义两种观点。狭义上的创业是创办新企业。Low(2001)用其 1988 年所发表的文章对创业定义时说明,创业就是指新企业的创造。风险投资家弗瑞德·威尔逊则将创业定为"将创意转化为企业的艺术"。吴国新等(2013)提出创业是指社会上的个人或群体开展的以创造财富为目的的社会活动。⑥ 广义的创业既包括创办新企业,也包含在现有企业内的创业,即内部创业。国内外已有关于创业教育的论述较为一致地基于创业的广义定义展开,不局限于为了创业知识和技能,更加提倡对创业精神的陶冶。

　　创业教育之所以存在,前提是创业是可教的,或其具有可教的部分。创业教育创始人之一彼得·德鲁克指出:"创业不是魔法,也不神秘。它与基因没有任

---

① 熊彼特. 经济发展理论[M]. 邹建平,译. 北京:中国画报出版社,2012.

② 伊莱恩·丹敦. 创新的种子-解读创新魔方[M]. 陈劲,姚威,等译. 北京:知识产权出版社,2005.

③ 查尔斯·汉普登-特纳. 创新与创业教育-基于新加坡教育实验的分析[M]. 武晓哲,吴瑕,译. 北京:商务印书馆,2017.

④ Drucker,P. F. 创新与企业家精神[M]. 蔡文燕,译. 北京:机械工业出版社,2007.

⑤ Langdon Morris. 持久创新[M]. 林均烨,译. 北京:经济科学出版社,2011.

⑥ 吴国新,刘极霞. 大学生就业与创业指导[M]. 成都:电子科技大学出版社,2013.

何关系。创业是一种训练,而就像任何一种训练一样,人们可以通过学习掌握它"。当然不得不承认,即使处于相同创业环境、接受同样的创业教育,个体创业行为和效果还是将存在巨大差异。因此,教一个人成为创业者,就如同教一个人成为艺术家一样。我们不能使他成为另一个梵高,但是我们却可以教给他色彩、构图等成为艺术家必备的技能。同样,我们不能使他成为另一个乔布斯,但是一个成功的创业者所必需的技能、创造力等却能通过创业教育而得到提升。李成彦等认为大学创业教育的目的不在于使大学生马上创业,而是启迪其创新意识。①

20世纪60年代末创业研究开始兴起,在国外,创业教育在大学开展已有半个多世纪的历史,国外发达国家的创业精神培育模式大致分为三种,即以美国为典型代表的北美模式、以日本为典型代表的东亚模式和以英国为典型代表的西欧模式。

在美国,开展创业教育已成为共识,1947年哈佛大学首开创业教育先河,至今已经有70年的历史,美国考夫曼创业领导中心1999年的报告显示,在美国有91%的人认为创业是一项令人尊敬的职业,而每12人中就有一人希望开办自己的企业。② 美国创业教育的发展离不开其先进的创业理念的指导,被称为"创业教育之父"的帝蒙斯提出了"设定创业遗传代码"的创业教育理念,主张通过特定的教育方式,将优秀企业家的创业特质传承给受教育者,使之内化为一种特有的创业素质,使之影响美国乃至全球的经济。在此理念的指导下,美国已经建立起创业学专业,并授予相应的学位。并且已经形成了从初中到高中到大学的各级各类学校完善的课程体系。总体来看,在美国,评价高等教育质量的标准之一就是考量大学生的创业精神与创业能力。

日本尽管从20世纪50年代起就出现广义上的大学生创办企业,但日本的大学生创业活动发展较慢,真正的大学创业教育始于1990年。相比欧美的发展程度较为落后,形式较为单一,但发展态势较为乐观。日本强调在校园中营造积极的创业环境,创业动机是以挑战自我为中心,与美国企业家的"追求个人与家庭幸福"有所不同。日本还有一个为人称道的创业教育特点在于其技术转移机制比较成熟,创业成功率较高。许多学校都设立了技术转移组织,来促进产学联合、技术转移。技术转移组织对于大学创业活动具有非常显著的正面影响。③

① 李成彦,张坤. 我国创业教育的未来走向:自我效能的视角[J]. 现代大学教育,2011(6):105-108.

② 熊飞,邱菀华. 中美两国创业教育的比较研究[J]. 北京航空航天大学学报(社会科学版),2005(4):73-77.

③ 王云鹏. 中日创业教育比较研究[J]. 长春工业大学学报(高教研究版),2008,29(4):111-113.

英国政府在 1987 年提出了"高等创业教育计划",这个计划的宗旨不仅是传授创业知识、技能相关的课程,还要将社会实践也纳入课程体系中,培养大学生综合创业能力。英国高校主要是通过开设"创业启蒙教育""创业通识教育"和"创业专业教育"三类创业课程培养大学生创业精神。创业启蒙教育就像我国许多高校开展的"大学生职业规划"课程一样,主要是帮助大学生树立正确的就业、创业观,是面向所有学生开设的;创业通识教育面向所有专业学生开展,主要内容是创业知识和技能培训,是通过大学内专门的创业培训机构实施的,使非商科的学生也能比较系统地学习创业知识;创业专业教育是系统化与专业化的创业教育,主要在商科和管理学科专业中开设,甚至内置于创业学位课程中。

近年来,我国关于高等职业院校创业教育的研究热点主要包括创业教育模式、课程、保障体系以及区域特色创业教育等方面。创业教育模式方面,杜海东(2010)以广东科学技术职业学院为例,构建出了创业教育模式的理论指导框架,包括创业课程、创业模拟(创业模拟软件、企业经营管理模拟软件)、创业实践、创业孵化、创业大赛、创业辅导与咨询以及创业论坛 7 个方面。[①] 在创业教育课程方面,研究者提出将创业教育融入普通课程之内,如姜春英(2015)提出在"互联网+"视域下创新创业教育通过改变课程模式、构建实践平台以及建设实践成果转化机制的途径融入高职思政课程。[②]

纵观国内高等职业院校创业教育研究情况,可以看出研究已经逐渐从理论走向实践,由之前的创业教育概念界定、国外经验介绍、创业教育实施必要性等宣传性研究走向创业教育模式、课程、评价体系、保障体系等实践研究。研究方法也从义理阐发转向实证研究。但研究中仍然存在很多问题,概念层面的阐述偏多,研究集中于要做什么,但对怎样做交代得不够具体。例如提出应将创业教育渗透到专业教育之中,但究竟如何渗透,如何实施却缺乏说明和论证。多数高职创业教育研究的论文虽然主题是研究高职创业教育,但研究内容,提出的方案、措施并非专门针对高职学生,缺乏高职教育特色,与专业关联性不大。在创业教育实践方面做出了有益探索,但目前未能形成广泛传播运用的教育模式,缺乏与学生创业精神、创业心理等理论相结合的研究与实践。

---

① 杜海东. 创业教育模式构建的理论框架与实证研究——来自广东高职院校的分析[J]. 辽宁高职学报,2010,12(1):4-6,12.

② 姜春英."互联网+"视域下创新创业教育融入高职思政课径探究[J]. 职教论坛,2015(35):31-34.

二、高职创新创业教育新要求

（一）肩负知识经济时代国家竞争力提升重任

21 世纪将是人类依靠知识创新和可持续发展的世纪,世界将进入全球化知识经济时代,创新是知识经济的本质。国家的创新能力包括知识创新和技术创新两方面,是决定一个国家在国际竞争和世界总格局中地位的重要因素。2017 年,在世界经济论坛发布的《2017—2018 年全球竞争力报告》中,中国排名第 27 位,"创新"成为表现最为突出的指标之一,报告指出创新投资虽然不少,但没能像人们期待那样带来生产力的大幅提升,原因在于技术研发与推广应用两者间存在失衡现象。科技创新要"顶天立地","顶天"就是要在认识客观世界、探求客观真理上有所突破,有所创新;"立地"就是应用转化,产生效益,为发展生产力做出贡献。① 创新人才是科技创新成果形成的主体,教育与训练是培养创新人才的重要途径。高职院校作为提供教育与培训的主体,是国家知识创新和技术创新的重要基地,肩负着培养创新人才的重责。因此,积极探索科技创新人才培养与科技创新成果形成转化是教育界亟待研究的重要课题,也是提高我国国际竞争力的必由之路。

（二）承载学生职业生涯与个人可持续发展重责

以信息技术革命和可再生能源革命为主要内容的新工业革命的到来引发了劳动力市场的巨大变革。在未来十五年内,传统职业的消失与新兴职业的产生将会成为新工业革命要应对的真正挑战。一系列的变化对人才素质提出了更高要求,工作环境将变得愈加复杂,个体自我雇用将大幅增加,要求个体具备更为灵活的综合能力,尤其是自我管理能力、社交能力和创造性思维。创新是新工业革命发展的动力和基础,创新、创造能力的培养被置于重要位置。这就要求高等职业院校毕业生在学校不仅要学习知识、技能,满足现阶段的就职需要,同时应该获得日后在工作岗位上继续发展的能力。拥有可持续发展能力的毕业生才能在现如今大学毕业生数量不断增加,就业难度不断加大的就业市场中立于不败之地。相关报告中指出:"高职毕业生就业质量持续提高,毕业半年后就业率达

---

① 田原,王凡,田建国. 创新观念与创新人才培养[M]. 济南:山东教育出版社,2015.

到 90%，毕业生月收入增长'跑赢'通货膨胀，创业比例达到 3.3%，'机会型创业'①约占 85%，成为大众创业、万众创新的一个亮点"。新时代，"斜杠青年"②已经成为年轻人热衷的生活方式，该种生活方式具有双重性，对个人的创新思维与创新精神提出更高要求。高等职业院校应继续积极探索技术技能型创新创业教育路径，引导学生运用自身技术优势进行科技创新和自主创业来缓解就业压力并实现个人可持续发展。

（三）承担高职创新创业教育实践效果检验使命

国家经济的可持续发展，不仅需要科学家和高级工程师，大量的创新型技术技能人才同样必不可少。麦肯锡预测，中国人才供应缺口将会巨大，创新型技术技能人才更是供不应求。高等职业院校作为培养创新型技术技能人才的重要主体，日渐成为社会关注的重点。2002 年教育部确定了清华大学、北京航空航天大学等 9 所高校为我国创业教育试点院校，有步骤有层次地在这些高校进行创业教育的探索，创业教育正式纳入高校专业教育和文化素质教育教学计划体系。2011 年教育部将"创业教育"更名为"创新创业教育"，创新创业教育进入了教育行政部门指导下的全面推进阶段。党的十八大提出"进入创新型国家行列"和"促进以创业带动就业"的发展战略，"大众创业、万众创新"已成为推动经济社会发展的引擎。2015 年 10 月，教育部颁布《高等职业教育创新发展行动计划（2015—2018 年）》，明确要求加强创新创业教育，将学生的创新意识培养和创新思维养成融入教育教学全过程。面向一线生产、技术、管理和服务的高技能创新创业型人才的培养，是高职创新创业教育担负的艰巨使命。在 2015 年 3 月 5 日召开的第十二届全国人民代表大会第三次会议上，李克强在作政府工作报告时明确提出了"互联网+"行动计划，并进一步阐释了将云计算、移动互联网、物联网、大数据等互联网技术与现代服务业、制造业相结合的必要性，从而促进互联网金融、工业互联网、电子商务等行业的健康发展，鼓励并积极引导互联网企业进军国际市场。③ 在"互联网+"时代背景下，各种竞争日益激烈，尤其体现在人

---

① GEM(全球创业观察)在 2001 年的报告中第一次提出了生存型创业和机会型创业的概念，是依据创业动机对创业所作的一种分类。相比生存型创业，机会型创业不仅能解决自己的就业问题，而且能解决更多人的就业问题。另外，机会型创业着眼于新的市场机会，拥有更高的技术含量，有可能创造更大的经济效益，从而改善经济结构。

② 斜杠青年指的是一群不再满足"专一职业"的生活方式，而选择拥有多重职业和身份的多元生活的人群。来源于英文单词 Slash，出自《纽约时报》专栏作家麦瑞克·阿尔伯撰写的书籍《双重职业》。

③ 黄楚新，王丹."互联网+"意味着什么——对"互联网+"的深层认识[J]. 新闻与写作,2015(5)：5-9.

才创新创业能力的需求方面。因此,高职院校以新时期新需求为出发点开展创新创业教育改革迫在眉睫。高职院校应当关注教育资源的整合优化,积极探索符合国家发展需要、行业人才需求、学校实际情况以及学生发展特点的创新创业教育体系。根据高职院校创新创业教育的现状和普遍存在的突出问题,构建"分级递进式"创新创业教育体系,主要包括通识教育体系、专业教育体系、实践教育体系和创业服务体系,并对该教育体系的实施提出建议。① 此外,转变教与学理念,引入关联主义学习理论、新建构主义学习理论,主动进行学习方式的调整与适应,打造"互联网+产业"的教育模式,促进高职创新创业教育资源的开发与共享。② 基于这样的培养创新型技术技能人才的目标,高等职业院校应当反思现行的创新创业教育教学效果,探索具有自身特色的创新创业教育模式。此外,高职学生应当如何看待自己的未来发展、如何在高职院校成长为创新型技术技能人才等都成为需要深入探讨的问题。

三、高职创新创业教育模式革新

(一) 我国高职创新创业教育最新实践成果

我国高等教育中的创业教育起步较晚,以 1999 年创业计划竞赛推向全国为起点,创业教育也开始走进高等院校的课堂。2001 年联合国劳工组织与我国劳动社会保障部合作将 SYB("创办你的企业")培训体系引入我国,也有少数高校参与其中。2005 年,全国青年联合会与国际劳工组织开始在全国 6 所高等学校开设了"大学生 KAB 创业基础"课程,把国际劳工组织为培养大学生创业意识和创业能力开设的课程(KAB)引入高等学校,并且在全国进行 KAB 教育的教师培训认定。经过十多年的实践,国内高职院校的创业教育逐步形成了五种较为典型的模式。

1. 以建立模拟公司为创业训练平台的虚拟创业教育模式

这种模式由创业教育的目标体系、内容体系、实践体系等构成,其作为创业训练平台的模拟公司有以某些真实公司业务与经营为背景的,也有由某些真实公司为经费支持或公司参与的。如广东工商职业学院,其邀请了一批肇庆市的

---

① 李隽,曹玉平 . 高职院校"分级递进式"创新创业教育体系构建研究[J]. 职教论坛,2016(26):27-30.

② 白广申 . "互联网+"时代背景下高职院校创新创业教育改革探索[J]. 广州职业教育论坛,2016,15(2):1-5,42.

公司参与,建立以校园经营活动为主要形式的虚拟公司。比较这两种不同类型的模拟公司,前者让学生感到真实性强些,后者给学生的灵活性多些。在这种创业教育模式中,不少高职院校加入了项目培训的内容,如世界劳工组织推荐的SYB 培训体系,中国共青团中央推荐的 KAB 等,而且这些培训项目还得到了政府部门的资金支持。

2. 以社会经营实体为样板,建立全真训练环境的创业教育模式

广东中山火炬职业技术学院等许多高职院校建立了"全真环境下创业教育"模式。在完成必要的创业知识传授的基础上,由学校提供创业经营场所(学生创业园),学生以创业方案/项目设计投标,竞争获得经营权。学生还要按照国家工商、税务管理有关规定进行注册登记,所创办企业在经营活动中完全按照市场化运作,依法纳税,优胜劣汰,同时接受政府有关部门的监督管理。在这种创业教育模式中,学生体会深刻、收获良多,也创造了许多生动活泼的公司经营活动方式。

3. 以创业教育融入专业教育的教学通融式创业教育模式

对于实践性特别强的专业或课程,采用这一创业教育模式是能够取得成功效果的。广东岭南职业技术学院将创新创业教育融入部分专业的人才培养全过程。该学院充分利用优越的地理位置,坚持"产教融合"的办学理念,以广州科学城园区为依托,走出了一条以政府主导、学校主体、企业参与,办"园中校"建"校中园"的创业教育发展之路,形成了学院"三三融合"的办学特色(即通过"政府、学校、企业"融合实现"区位融合、校企融合、工学融合")。该学院引入广州科学城园区内拥有强大技术与资金实力的公司,合作举办创意公司和软件开发公司,让学生从一年级开始就进入这些公司,成为公司职员,承担研发任务,享受研发带来的成果利益,让学生在学校阶段或毕业后以此为起点自主或合作创办企业或公司,这种模式无疑较有利于学生的专业知识学习和发展能力形成。

4. 以学历教育为基础,开设"创业专业"或"创业班"专业化创业教育模式

义乌工商职业技术学院于 2009 年在全国首开"创业班"。广东中山市的中山职业技术学院,同样开设了创业管理专业,每年招两个班。这些"创业班"基本上以管理学、经济学、法学与人文科学等学科知识为基础,以实用专业知识与专业能力为主的原则组织课程体系与制定教学实施方案。由于对学历教育模式的创业教育持有较多不同的看法,从全国范围来看,专业化创业教育模式发展不多也不快。当然,也有一种"创业专业班"或"创业专门化班",如浙江经贸职业技术学院"2+1"创业教育实践模式,即面对全体大一、大二学生,采用普及型创业教育,通过渗透、结合的方式,将专业教育与创业教育有机融合,以培养创业意识、提高创业素养为教学目标;另外,专门设立创业学院,专门吸收大三年级中有创业意向且有创业条件的学生,开办以培养自主创业者为教学目标的专业型创业班①。

5. 榜样教育,以创业竞赛为核心的创业教育模式

浙江工贸职业技术学院 2007 年依托两名创业学子成功当选浙江省大学生"创业之星"的契机,举办了包括大学生就业创业大讲坛、创业计划大赛、创业金点子大赛、沙盘模拟大赛、创业名人展等一系列活动在内的创业文化节。温州职业技术学院结合专业知识开展以创业教育为主题的系列活动,如举办创业计划书设计、沙盘演练、模拟公司组建等各种创业竞赛,丰富校园第二课堂活动。

(二) 以创新过程为触点的创新创业教育模式研究基础

创新作为一种人类实践活动,自然有其需要遵循的章法。自 20 世纪 20 年代初,英国心理学家沃勒斯对创新思维进行系统分析开始,学界对创新活动的过程开始进行深入研究,学者们的研究主要从经济管理学、心理学、教育学视角出发,对此具体研究综述如下:

经济管理学领域的众多学者对创新过程进行了分类叙述。Lemaitre 和 Stenier (1988)提出由活动阶段与决策阶段相结合的创新模型,它由感性阶段、概念化阶段、开发阶段和作业阶段组成。Twiss(1992)提出将部门模型和活动模型相结合的综合过程模型,这种模型一方面认为创新是由企业内部一系列活动耦合形成的,另一方面又认为市场需求和科学知识的影响是通过部门实现的。Roth(1994)将前人提出的创新过程模型归纳为第一至第四代创新过程模型,并统称为传统创新过程模型,并根据五代行为过程阐述了"五代创新"演化过程,即创新-科技推动、创新-需求拉动、创新-结合型、创新-整合型以及创新-系统整合与网络型。伊莱恩(2005)在《创新的种子　解读创新魔方》中提出创新三环节—九步走,即理解,包括收集信息、界定真正的问题、设定创新门柱;想象,包括寻找创意激发源、激发灵感、鉴别创意;行动,包括发展创新路线图、寻求认同、实施创新路线图等。②

国内经济管理学领域的学者对创新过程的阐述主要是从生产视角出发,著名经济学家厉以宁(1998)认为创新作为经济学概念,是指经济主体为了获得潜在的利润而进行的体制上或手段上的改革。③ 宫元娟(2008)将技术创新的过程分为六个阶段,即创意思想的形成阶段、研究开发阶段、中试阶段、批量生产阶段、市场营销阶段、创新技术扩散阶段,在创新实践中,各阶段的划分并不十分清

①　陈烈强. 高职创业教育与实践[M]. 广州:华南理工大学出版社,2013.

②　伊莱恩·丹敦. 创新的种子　解读创新魔方[M]. 陈劲,姚威,等译. 北京:知识产权出版社,2005.

③　厉以宁. 厉以宁九十年代文选[M]. 北京:北京大学出版社,1998.

晰,并非严格按照序列递进开展,有时存在循环和交叉并行的情况。①

教育领域专家学者在经济管理学理论的基础上,对教育领域创新教育进行探讨,研究多集中于高等教育阶段创新的研究。如于志军(2016)将高校科技创新活动分解为知识创新和成果转化两个子过程,第一个为高校的知识产出过程,它是科技创新资源投入、产出知识成果的重要环节,反映高校利用创新资源进行知识生产的能力;第二个是高校主导的知识成果转化过程,它是实现知识成果的学术价值或经济价值的重要环节,主要反映高校知识成果的学术或经济转化能力,同时检验知识成果本身的应用价值。②

(三) 以科技创新成果形成为指导的创新创业教育模式探索研究

(1)研究问题。

扎根理论不建议研究者带着过于明确的研究问题进入研究现场,而是提倡在头脑中有一个感兴趣的研究领域。因此,起初只是根据研究背景,将研究领域定位在从学生角度出发,研究高等职业院校科技创新教育。随后,在与研究对象进行多次交流后,逐渐明确了本研究的核心研究问题。需要说明的是,通过对三位研究对象科技创新成果——专利获得与转化情况的了解,发现三位研究对象虽然拥有一定数量的已授权专利,但在专利转化方面的比例并不高,且在高等教育阶段成果转化并非教育重点。因此,本研究将研究重点放在高等职业院校科技创新成果形成及其教育性影响因素研究上,对科技创新成果转化方面不过多关注,只在科技创新成果形成的最后阶段中涉及少许论述。

本研究关注的问题有两个,即高等职业学校学生的科技创新成果形成是否具有规律性较强的过程? 科技创新成果形成的教育性影响因素有哪些?

(2)研究过程。

本研究遵循经典扎根理论程序,研究经历了产生研究问题、数据收集、数据处理、理论建构及理论解释与应用五个环节。

(3)研究对象。

本研究采取目的性抽样的方式,即"按照研究的目的抽取能够为研究问题提供最大信息量的研究对象"③。选取入选国务院"第二批大众创业万众创新示范基地"的某高等职业院校④作为研究对象所在院校,通过创新创业负责教师的推

---

① 宫元娟. 技术经济学[M]. 北京:中国农业出版社,2008.
② 于志军. 创新价值链视角下高校科技创新效率研究[D]. 合肥:合肥工业大学,2016.
③ 马晓琳. 儿童家庭艺术教育的个案研究[D]. 南京:南京师范大学,2011.
④ 国务院. 国务院办公厅关于建设第二批大众创业万众创新示范基地的实施意见[J]. 中华人民共和国国务院公报,2016(15):30—35.

荐联系到三位在创新创业方面具有一定成果的学生作为研究对象,见表3.1。

表3.1　研究对象基本信息

研究对象	性别	出生年份	年级/专业	科技创新成果	备注
T	男	1995	2014级电子信息工程技术	自动感知遥控暖箱、外墙清洗机器人控制系统、便携式即插即用半音阶口琴加热器等	毕业
W	男	1997	2015级航空电子设备维修	多功能家居智能感应开关窗装置、智能光感防潮湿自动风干调节式晾衣架、农业飞机用遥感器旋转升降装置等	在读
Y	男	1996	2015级应用电子技术	基于蓝牙的在岗查询系统、智能燃气阀门旋钮、超市无墨可循环式存储柜等	在读

首先,本研究所选取的对象具有"最好的访谈对象"的特征,研究者所选取的三位研究对象符合本研究关于拥有科技成果的界定,即三位研究对象均具有至少三项已授权的实用新型专利,且均有专利转化经历。三位研究对象符合本研究关于高等职业院校创新型技术技能人才的培养目标定位,在此基础上,他们有时间接受访谈,并且愿意参加研究。[①]　其次,研究者选取的这所高等职业院校在创新创业教育方面的探索基本处于国家高等职业院校前列,通过了国家关于"顶层设计、管理机制、课程建设、教法改革、实践训练、教学管理、教师队伍、资金保障、特色示范共九个一级工作指标"[②]的考察,成功入选全国第二批深化创新创业教育改革示范高校,体现了该校在全国范围内的示范引领作用,其自身创新创业教育的发展以及创新人才培养成果的丰富为本研究探讨创新成果形成及教育性影响因素提供了可能性。最后,研究者了解到这三位研究对象与学校保持着紧密的联系,包括从创新成果形成到转化都是在学校环境下或学校扶持下完成。因此,能够为本研究探索教育性因素提供最大信息量。

(4)研究方法与资料收集。

本研究以访谈法为主要资料获取方式,同时辅以实物收集法及观察法来全面收集研究所需资料,具体方法及步骤如图3.1所示。

---

① 伍威·弗里克.质性研究导引[M].孙进,译.重庆:重庆大学出版社,2011.

② 国务院.国务院办公厅关于建设第二批大众创业万众创新示范基地的实施意见[J].中华人民共和国国务院公报,2016(15):30-35.

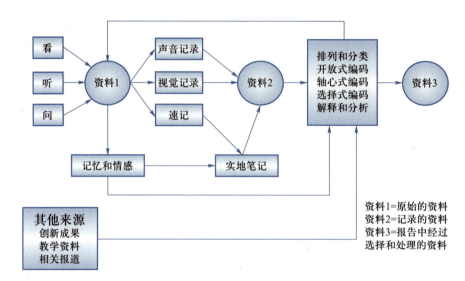

图 3.1 实地研究中的资料搜集过程

1）访谈法。

本研究采用访谈法作为获取资料的主要方法,通过非结构式访谈及半结构式访谈对三位研究对象及与其成长密切相关的教学人员进行调研。访谈具体开展情况见表 3.2 和表 3.3。

表 3.2 核心访谈对象访谈情况统计表

访谈对象	日期	时长/min	类型	访谈地点	录音	文字转录/字
T	2017.12.27	20	非正式	微信	否	无
	2017.01.18	70	正式	学院工作室	是	15 163
	2018.01.26	20	正式	微信	是	3 200
Y	2018.01.17	20	非正式	微信	否	无
	2018.01.18	60	正式	视频会议	是	12 114
	2018.01.24	20	正式	微信	是	3 800
W	2017.12.27	20	非正式	微信	否	无
	2018.01.15	120	正式	学生校内店铺	是	22 978
	2018.01.25	20	正式	微信	是	3 680
合计	—	370	—	—	—	60 935

表 3.3 核心访谈对象相关人员访谈情况统计表

访谈对象	日期	时长/min	类型	录音	文字转录/字	备注
WXM	2017.04.07	40	非正式	否	无	校党委书记
	2017.11.14	20	非正式	否	无	
	2018.01.16	30	正式	否	5 100	
SQ	2018.01.15	60	正式	是	13 156	招生就业创业管理处创业实践平台管理教师
NY	2018.01.17	60	正式	是	12 234	电子科技协会指导老师 Y、T、W 的导师
WYH	2018.01.17	30	正式	是	6 115	机械制造及自动化学院创新课程教师
合计	—	240			36 605	—

本研究对三位研究对象的第一次访谈是基于收集到的个人事迹及相关报道为基础的,随后的每次访谈则是在前一次访谈的基础上,根据搜集信息的情况来确定下一次的访谈侧重点。

2)实物收集法。

本研究收集的实物是研究对象相关资料及学校创新创业教育文本两类材料,其中研究对象相关资料部分包括学生获得的科技创新型成果的文本描述及图片、媒介的相关视频及文字报道、学生在各种场合中的个人陈述等;学校创新创业教育文本包括学校的政策文件、报告总结以及新闻报道等。研究对象相关材料收集整理情况见表 3.4。

表 3.4 研究对象相关材料收集整理情况

研究对象	日期	主题	来源	转录文字/字
T	2017.12.22	事迹介绍	自荐	2 460
	2016.12.02	高职生 3 年拿下近 20 个专利"专利墙"吸睛	新华报业网	260
	2016.05.26	学生发明"机器蜘蛛人"获全国物联网大赛二等奖	人民网	380
	2016.12.11	不服不行,某高职院校学生 3 年拿下 20 个专利	课程资料	789

续表

研究对象	日期	主题	来源	转录文字/字
Y	2017.12.23	事迹介绍	自荐	1 247
	2017.12.22	事迹介绍	自荐	2 307
W	2017.12.27	霞客说,创业梦	新浪新闻	448
	2017.10.11	创新课程宣传片—人物介绍	课程资料	400
合计		—		8 291

学校创新创业教育文本收集整理情况见表 3.5。

表 3.5 学校创新创业教育文本收集整理情况

名称	类型	来源	转录文字/字
创新创业平台管理办法	教育教学资料	平台负责教师	1 270
电子科技协会管理办法	社团管理文件	社团负责人	670
入选国家第二批双创示范基地的背后	新闻报道	南京日报	1 217
国务院办公厅关于建设第二批大众创业万众创新示范基地的实施意见	国务院文件	中华人民共和国中央人民政府网站	320
合计	—		3 477

3）观察法。

本研究的观察主要是通过对研究对象参与学校创新创业教育活动的表现以及与创新团队成员交流协作情况的观察,结合访谈情况,以研究对象及其团队获得的科技创新成果为载体,分析创新成果形成路径以及在此过程中教育性因素的作用情况。

4）资料收录与整理分析。

研究者在每次访谈结束后,都立即亲自将访谈录音转录为文字,并回顾访谈过程中研究对象的情感及肢体语言。对语调及情感态度相关信息加以标注,如神情、语调以及是否沉默等。在保证研究对象语义和语调不变的前提下,对访谈文字稿进行语序、去口语化的微调,保证阅读的顺畅,为下一阶段的资料分析做准备。

本研究以 Nvivo 数据分析软件为工具,以扎根理论为指导,通过开放式编码、轴心式编码、选择式编码三级编码对研究收集到的访谈资料及各类文本资料进行编码与分析,并构建创新成果形成过程及教育性影响因素理论模型。

● **开放式编码**

研究者根据收集到的 10 份访谈资料、8 份研究对象相关资料及 4 份学校教学情况资料,对原始转录文稿进行初步的主题化处理后共得到 48 个初始概念。

以感知创新需求——准备期的开放式编码过程为例,研究者使用 Nvivoll 软件对收集的原始资料中的与感知创新需求——准备期主题相关的部分资料进行开放式编码,如图 3.2 所示。

图 3.2　感知创新需求——准备期开放式编码图示

由于研究者是在完成全部编码后撰写本研究论文,所以无法呈现开放式编码的初始概念图,特此说明。如图 3.2 所示,兴趣导向、生活积累、人力积累、专业储备、生活事件、参观实习、课程启发、赛事培训、初级功能设定以及初级方案设计等节点构成了感知创新需求——准备期的开放式编码。

● **轴心式编码**

研究者根据开放式编码得到的初始概念节点进行归纳,得到 26 个范畴。

以"教育性事件"为例,研究者通过对文字进行再次分析,总结出在"参观实习"("参观实习"初始概念如图 3.3 所示)中学生提及的参观经历触发了他进行设备创新改进的想法,而本次参观是由学校统一组织的,应当归属于教育性事件。同理,在"赛事培训"("赛事培训"初始概念如图 3.4 所示)中学生也提及自己通过参与学校组织的赛事培训,产生对设备改进创新的想法。因此,这两类材料通过开放性编码的节点归类同属于"教育性事件",与个体自发体验的"生活事件"并列同属于"感知创新需求——准备期"的"事件触发"。

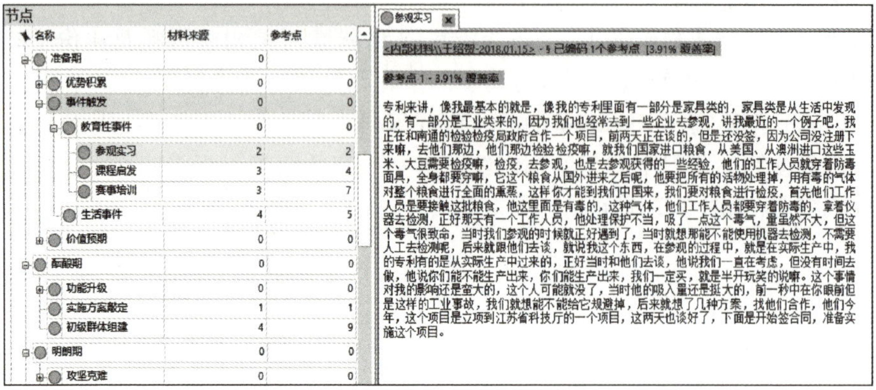

节点		
名称	材料来源	参考点
准备期	0	0
优势积累	0	0
事件触发	0	0
教育性事件		
参观实习	2	2
课程启发	3	4
赛事培训	3	7
生活事件	4	4
价值预期	0	0
酝酿期		
功能升级	0	0
实施方案拟定	1	1
初级群体组建	4	9
明朗期		
攻坚克难		

〈内部材料\\王绍慧-2018.01.15〉 - § 已编码 1个参考点 [3.91% 覆盖率]

参考点 1 - 3.91% 覆盖率

专利来讲，像我最基本的就是，像我的专利里面一部分是家具类的，家具类是从生活中发现的，有一部分是工业类来的，因为我们也经常去一些企业去参观，讲最近的一个例子吧，我正在和两道的检验检疫局政府合作一个项目，前两天正在正在收的，因为在公司没注册下来嘛，去他们那边，他们那边检验检疫嘛，就我们国家进口粮食，从美国、从澳洲进口这些玉米、大豆需要检验嘛，检没，去参观，就是参观获得的一些经验，他们的工作人员在就穿着防毒面具，全身都穿完嘛，它这个粮食从国外进来之后呢，他要把所有的活物处理掉，用有毒的气体对整个粮食进行全面的熏蒸，这时候才能到我们中国嘛，因为参观现场的一些经验，首先他们工作人员是要接触这粮食，他这里面是有毒的，这种气体，他们工作人员都穿着防备的，拿着仪器去检测，正好那天有一个工作人员，他处理保不到位就对谈，说我这个小东西，吸一点这个东西，量最低下去，一下子毒气会致命，当时我们参观的时候其实是好遇到了，当时就是不能够用机器去检测，不需要人工去检测，后来就觉他们去谈，说我这个小东西，在实际生产中，正好当时和他们去谈，他说我们一直在寻找，但没有时间去做，他说你们不能生产出来，你们就生产出来，我们一定谈，就是半开玩笑的说嘛，这个事情对我的触动还是蛮大的，这个人可能就没了，当时他的吸入量还挺大的，前一种中作后呼吸但是这样的工业事故，我们就想能不能给它规避掉，后来就想了几种方案，找他们合作，他们今年，这个项目是立项到江苏省科技厅的一个项目，这两天也谈好了，下面就是开始签合同，准备实施这个项目。

图 3.3 　"参观实习"初始概念图示

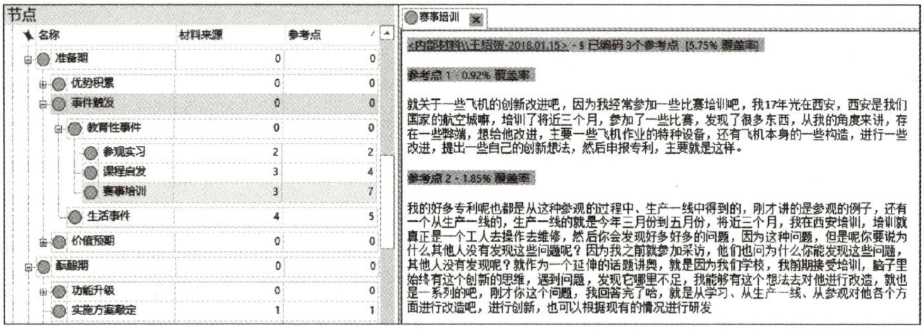

节点		
名称	材料来源	参考点
准备期	0	0
优势积累	0	0
事件触发	0	0
教育性事件		
参观实习	2	2
课程启发	3	4
赛事培训	3	7
生活事件	4	4
价值预期	0	0
酝酿期		
功能升级	0	0
实施方案拟定	1	1

〈内部材料\\王绍慧-2018.01.15〉 - § 已编码 3个参考点 [5.75% 覆盖率]

参考点 1 - 0.92% 覆盖率

就关于一些飞机的创新改进吧，因为我经常参加一些比赛培训嘛，我17年光在西安，西安是我们国家的航空城嘛，培训了将近三个月，参加一些比赛，发现了多多东西，从我的角度来讲，存在一些问题，想给他改进，主要一些飞机作业的特种设备，还有飞机本身的一些构造，进行一些改进，提出一些自己的创新想法，然后申报专利，主要就是这样。

参考点 2 - 1.85% 覆盖率

我的多数专利吧也都是从这种参观的过程中、生产一线中得到的，刚才讲的是参观的例子，还有一个从生产一线的，生产一线的数是今年三月份的及月，将近一个月，我在西安培训，培训感觉真正是一个工人去操作去维修，然后你会发现好多好多的问题，因为这种问题，但是呢你要说为什么别人没有发现这些问题呢？因为我之前跟参加过几次，他们够应会看你一些想法去对他进行改造，就是说一系列的吧，刚才你这个问题，我回答为了啥嘛，就是从学习、从生产一线、从参观对他各个方面进行改造嘛，进行创新，也可以根据现有的情况进行研发。

图 3.4 　"赛事培训"初始概念图示

● 选择式编码

以"教育性事件"为例，它的根本属性归类在创新成果准备初期想法显现的"事件触发"，与个体自发体验的生活事件相同，均属于达成创新灵感爆发的范畴，二者的区别在发生场域的不同。由"教育性事件"和"生活事件"组成的事件触发与由"人力积累""生活积累""兴趣导向""专业储备"组成的优势积累和由"初级功能设定""初级方案设计"组成的价值预期共同构成了"感知创新需求——准备期"。

通过开放式编码、轴心式编码以及选择式编码，研究者获得主范畴，同时辅以对已获得的研究对象访谈资料、研究对象相关资料及学校教学情况资料的分析，构建出由"准备期——酝酿期——明朗期——验证期""必要支持、关键事件、重要他人"七个维度构成的创新成果形成过程及其教育性影响因素概念模型，该模型涵盖了 48 个初始概念及 26 个初始范畴。创新成果形成过程包括①准备期，

②酝酿期,③明朗期,④验证期;创新成果形成过程教育性影响因素包括①必要支持,②关键事件,③重要他人。

四、创新创业教育模式的研究结果及构建策略

(一) 科技创新成果形成的发展阶段

科技创新成果得以形成与转化不是一蹴而就的,需要经过一定的流程,经历一定的周期,并由一系列人、事、物对学生的认知和行为产生影响后才能实现。本研究发现,三位研究对象在获得科技创新成果的道路上经历了多个不同阶段。通过对原始资料的三级编码,研究者最终获得了关于高职学生科技创新成果形成与转化的三级共 119 个参考点,通过对 119 个参考点的不断提炼,最终获得科技创新成果形成与转化的 4 个核心范畴,13 个主范畴。如图 3.5 所示,在末端编码中多次出现重复编码,基于此,研究者判定核心范畴的编码已经达到理论饱和。

本阶段研究提出了高职院校学生科技创新成果形成理论模型。有一定生活经历的研究对象依照自己的学习兴趣选择到高职院校就读,通过实践活动和专业学习,积累人脉和专业知识,经由一些特定的教育和生活事件,研究对象的创新兴趣被激发,进而开始形成初步的成果价值预期;出于满足成果价值预期的需要,研究对象开始寻求可以合作的个人组成团队,充分发挥团队全体成员的专业知识储备,敲定实践方案;按照设计好的实践方案开展活动,对实践过程中遇到的技术性问题和适切性问题进行研讨解决,而后立即进行专利申请设置技术壁垒保护研究成果,并制作能够实现功能的实物;研究对象保证对产品进行足够的稳定性测试,随后通过参加赛事或小规模试用的方式对产品的实用价值进行检验,并且对检验中发现的问题进行修改,最终通过合作或独立转化的形式进行产品的市场化,高职学生科技创新成果形成理论模型如图 3.6 所示。

本研究的高职学生科技创新成果形成理论模型是基于访谈资料分析与编码的基础上提出的,与以往的创新过程相关研究相比照,对从本土资料中提炼出的结论进行讨论十分有帮助。

(二) 科技创新成果形成的教育性影响因素及作用情况

研究对象科技创新成果的形成与转化基本都是在学校环境内完成的,在访谈中,研究对象也多次提及校内的人、事、物对其科技活动的重大影响,因此,研

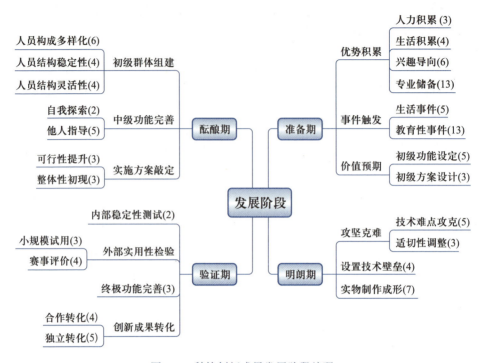

图 3.5 科技创新成果发展阶段编码

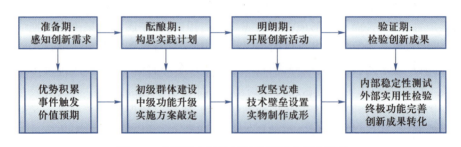

图 3.6 高职学生科技创新成果形成理论模型

究者重点剖析学校这个场所内产生的对研究对象科技创新成果形成有影响的教育性因素。通过资料编码,研究者共得到 3 个核心范畴,11 个主范畴,共 148 个参考点,如图 3.7 所示。

本阶段研究重点讨论了高职院校学生科技创新成果形成的教育性影响因素,形成高职院校科技创新成果形成过程及教育性影响因素理论模型。鉴于研究对象的高职学生身份,他们进行的科技创新活动发生场所基本为校内,发生时间为就读期间。因此,其科技创新活动的影响因素以学校场域内的因素为主,研

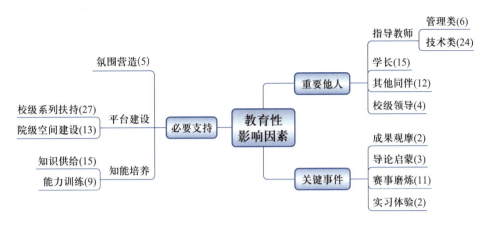

图 3.7　科技创新成果教育性影响因素编码

究者将其概括为教育性影响因素。包括重要他人、关键事件和必要支持三类。在研究对象进行科技创新活动过程中,学长、指导教师等人在支持和指导方面提供了重大帮助。其中,学长可以说是研究对象创新的入门"导师",在技术和资源方面为研究对象提供了重要支持。通过调查研究,研究者发现三位研究对象已经形成了一个互帮互助的小团体,在需要时积极完成自己擅长领域的任务,为整个创新成果的实现提供保障。研究对象在完成科技创新成果的过程中经历了四类关键事件,即导论启蒙、成果观摩、实习体验和赛事磨炼,这四类事件之所以能够被选为关键事件,是因为它们的发生促成了创新活动的质变。导论启蒙激发了他们从事科技创新活动的意识;成果观摩使得他们在有了参与科技创新活动的热情后,能够有学习和模仿的对象,保证了科技创新活动的顺利开展;实习体验是研究对象在进行了一定的科技创新探索之后对自身优劣势的反思;赛事磨炼对研究对象所形成的科技创新成果的检验,是整个科技创新活动的终结,也是孵化下一个科技创新成果的经验积累。必要支持这类教育性影响因素所包含的内容相对庞杂,研究者将知能培养、氛围营造、平台建设的相关内容均归类到必要支持。其中,需要说明的是,国家、省级乃至学校的创新创业选拔扶持政策是研究对象的科技创新成果得以顺利成形的重要保障,如图 3.8 所示。

　　本章所提出的高职院校科技创新成果形成过程及教育性影响因素模型是基于研究资料分析和编码的基础上获得的,与以往的相关研究进行对比,有利于反思本研究的结论。

（三）基于科技创新成果的创新创业教育模式构建策略

　　关于高等职业院校科技创新成果的本研究不仅仅是为了理论的生成,更加

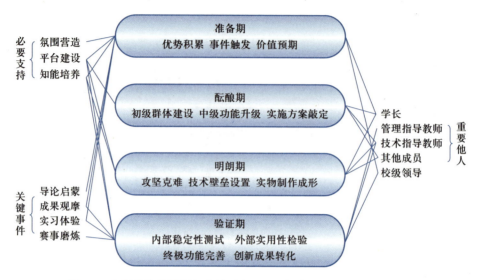

图 3.8　高职院校科技创新成果形成过程及教育性影响因素理论模型

希望从扎根理论方法以行动为导向的特征出发,通过对具体情境的界定和描述,为特定主体日后的行动提供一定的借鉴。根据本研究关于高等职业院校科技创新成果形成与转化路径以及教育性影响因素的研究结论,针对教育性影响因素施加者学校和科技创新活动的发起者高职学生两个主体提出发展建议,以期对其行为和发展起到借鉴作用。

1. 对教育性影响因素施加者——学校的建议

(1) 发挥重要他人作用:培养"以老带新"的科创传统。

通过对研究对象科技创新成果形成路径的了解和分析,研究者发现在整个科技创新成果孵化过程中以及研究对象个人成长过程中,产生最深刻影响的是"学长"这一群体。三位研究对象均多次提及"学长"在技术、资源方面对自己的支持和指导,在所选取的这所高职院校中基本上形成了"老生带新生"的优良传统。"学长"对研究对象的指导和帮助与指导教师有很大差异,更多情况下是经验分享型指导,包括技术指导、项目经验分享、资源共享等方方面面。相较于"一对多"的教师与学生关系,"一对一"的学长与学弟关系更有利于科技创新成果的孵化和学生的个人科创能力培养,而且能够缓解高等职业院校创新创业教育师资压力。

(2) 加强必要支持供给:扩大学生发展自由空间。

高等职业院校作为高等教育的重要组成部分,应当为学生提供适当的自由发展空间,这里的空间包括时间和资源两种。研究对象在访谈中多次提及自己在时间上的大量投入以及学校在人力、物力、财力方面的完备支持是能够顺利完成科技创新成果孵化的关键。因此,高等职业院校应当以自身教育目标为出发点,在学业方面尽量给予学生较多可自主安排的时间或制定一系列具有科创特色的学分管理制度,保证学生在时间方面的自由度。另外,学校还应当为学生营造一个"科创空间",可以是以二级学院为单位的一个实验室或工作室,学生可以在这个空间里尽情地钻研、讨论和分享,并且赋予学生相关的大型设备使用权,使学生能够"知行合一"。最后,学校还应当注重对科创成果资金方面的支持,资金支持的即时性、合理性是科技创新成果顺利形成的必要保障,能够消除学生在资金方面的后顾之忧。

（3）促成关键事件发生:鼓励学生尝试科创之路。

纵观三位研究对象首次接触科技创新活动都是源于学校在入学之初科创氛围的营造以及适当的鼓励和引导。研究对象 W 表示入学之初,学校开展的一系列宣传教育活动,让他接触到了许多往届学生完成的科技创新案例,通过了解这些案例,他才萌生了尝试从事科技创新创业的想法。学校在入学教育时能够将科创作为学生发展的一个方向提到培养目标上,既能够为学生发展多提供一条可供选择的路径,也是在第一时间进行科创人才的挖掘,具有双重意义。尽管大部分学生可能在尝试之后发现自己不适合进行科创研究进而放弃,但能够勇于尝试,发现自身发展的多种可能性正是高等教育应当培养学生的一种能力。因此,学校除了要完善科创管理制度体系,同时应当将科创教育作为入学教育的一部分,重视在第一时间对学生进行科创活动的鼓励与引导,鼓励高等职业院校学生参与科技创新创业。

2. 对科技创新活动发起者——高职学生的建议

（1）学生应当养成"刻意训练"的习惯。

研究对象在反思自己现在能够高效地进行科技创新活动,形成科技创新成果,实现成果转化都是源于早期的"模仿学习"和"刻意训练"。例如研究对象 W 在访谈中提到"我是怎么学会写专利的,就是最开始先有了想法先模仿学长成功申请了授权的专利格式和内容,然后再通过和学长、老师不断讨论、不断修改完善。我觉得写专利就和写作文一样,只要核心的思想清晰,通过不断地训练,你的表达和措辞一定会越来越好,写起来也越来越顺手。"专业知识能力和科创知识能力的积累是学生日后能够较为顺利形成科创成果的保障,学生应当清楚地认识到这一点,积极主动地养成"模仿学习"和"刻意训练"的习惯。

（2）学生应当保证时间和精力的投入。

三位研究对象能够拥有众多的专利授权、大赛获奖很大程度上源于他们对科技创新的热爱与投入。时间精力方面的投入在前期积累、科创研究和成果孵化等各个环节都是必不可少的。研究对象 T 曾在访谈中提到:"我们这边工业中心不赶人,你想几点走就几点钟走,所以我们一般都待在这里研究项目,做东西,然后晚上十一点、十一点半的时候,我们才会回寝室去洗个澡睡觉。宿舍也不会断电,但是我们宿舍同学有一个共同的约定就是 11 点钟熄灯。像这样能够有一个长时间做东西的场地,而且要用到的设备都在一块真的非常方便。"三位研究对象在访谈中都曾提及科技创新创业这条路非常艰苦,前期要学习的知识和技术有很多都是教学计划之外的,必须自己主动地去学习、去积累、去训练才能达到研发科技创新成果的水平。因此,从事科技创新创业的学生应当培养自己的自律性,保证自己完成学校学习任务之余,在科技创新方面学习的时间精力投入。

(3) 学生培养自己感知科创需求的能力。

通过对三位研究对象的访谈,研究者发现他们的科技创新成果想法都是源于对日常生活中一些问题的观察与反思。研究对象 W 曾说道:"有时候我也会反思为什么我能发现这些问题,别人发现不了。归根结底,还是之前看过了很多科技创新创业的案例,知道可以从哪几个方面来改进,比如安全性、环保性或者从用户体验角度出发来提出改进的点子。当然,这是后来有了积累之后才梳理出来的,起初可能就是愿意去观察,去记忆一些自己感兴趣的问题,在后期跟老师或学长交流到某项技术的时候突然发现能够解决这些问题,就还是多积累、多观察、多记录吧。"学校组织的各项参观实习活动也是科创想法的重要源头,通过参观实习和赛事培训,学生能够接触到一线工作场所的设备和人员,对工作过程的了解是进行改进的基础。此外,学生还应当养成关注新闻事件的习惯,在新闻事件中寻找可改进、可完善的技术缺陷。及时的记录和反思也十分重要,对脑海中一闪而过的想法要立即记录下来,及时与指导教师和学长沟通,每一次的灵光一现都可能孕育出一个优秀的科技创新成果。

第四章 科教融合创新与高职人才培养模式

新工业革命背景下的智能化时代需要高度复合的专业型技术技能人才以支撑未来工业发展,其对劳动生产领域的变革,对职业教育人才培养体系的影响是全面和根本的,将带来职业教育人才培养模式的根本性变革。其中,智能化时代带来职业世界工作方式的研究化倾向,将内在地要求技术技能人才进行研究性的工作,创新成为工作内容的应有成分,对特定产品与工艺的深入研究与创新能力成为技术技能人才能力结构的重要组成部分。[①] "研究"与"创新"应成为高等职业教育改革发展的关键词。

高职院校的科研项目既具备一般科研的性质和功能,又具有很强的应用性和技术性特征,对学生的技术技能提升和研究创新能力提升具有不可替代的重要作用。"促进科研与教学互动、科研与人才培养紧密结合""促进科教融合、协同创新、合作育人"等已成为国家教育改革支持的方向。党的二十大报告进一步提出了"科教融汇"的要求,为职业教育改革指明了新的方向。发挥科研育人功能,以科教融合促进创新型人才培养是当前高等职业教育的主流发展趋势。本章以科研制度创新为着力点,聚焦高等职业教育的科研育人制度创新,旨在构建科教融合的科研制度,从理论和实践层面探索高等职业教育科教融合创新的人才培养模式。

一、高职科研与教学关系研究梳理

(一)高职科研与教学

从国际方面看,高职院校的科研相对于普通大学而言,发展历史短暂,科研

---

① 徐国庆. 智能化时代职业教育人才培养模式的根本转型[J]. 教育研究,2016(3):72-78.

资源有限,整体能力薄弱,这些是制约其内涵发展的短板,但是高职院校的科研功能和使命正逐渐被政府和学界关注。在许多欧洲国家,大学以外的高等教育部门被正式授权进行有关区域需求的科研和改善教育和专业实践的科研。随着我国高职院校从规模扩张阶段过渡到内涵建设和质量提升阶段,高职院校科研也成为研究的热点难点。

高职院校科研与教学的关系是众多研究关注的重点,也是高职院校发展科研必须处理好的一对核心关系。众多研究者对于高职院校科研与教学的关系现状做了实证研究,探讨了高职院校科研与教学的应然关系。诸多学者还就如何促进高职院校科研与教学的融合,以充分发挥科研育人作用,服务于高职院校技术技能型人才培养提出了对策。如:栾鸾和矫辉(2013)①通过对部分高职院校教师的问卷调查提出部分院校存在科研与教学之间关系认知不清、科研与教学工作存在冲突等问题,提出建立互通机制,发挥科研对教学的服务作用。张春凤等(2014)②指出,高职院校目前存在教学与科研脱节的现象,从而提出创新"教学、教研、科研"三方深度融合的机制。丁金昌(2013)③提出高职院校科教结合是将应用开发研究与技术技能人才培养有机结合、相互支撑和协同创新的过程,也是产学互动、校企合作的机制,提出了建立以学生自主探索为主的项目训练教学方式,充分发挥科研的育人功能。张登宏(2010)④提出高职院校科研反哺教学的路径:让教师树立"科研资源在企业"的意识,建立企业技术课题项目库和研究方案库。薛岚和杨帅(2013)⑤从缺少学生参与的角度分析了高职院校中科研和教学活动在教师和学生之间的截然分离,从而提出将科研与课堂教学和实验实训教学、课外科技活动有机结合。杨泉良和张军涛(2009)⑥认为我国高职院校缺乏有效的教学与科研互动模式,二者相互独立。对此,他们建议从地方经济发展现状入手拓展科研背景并将其与职教的个性相结合,同时促进科研成果的

① 栾鸾,矫辉. 高职院校科研与教学结合现状分析与对策研究[J]. 厦门城市职业学院学报,2013,15(1):44-47.

② 张春凤,栗延斌,黄瑞海. 高职院校教学科研深度融合机制探索[J]. 牡丹江师范学院学报(自然科学版),2014(1):54-55.

③ 丁金昌. 科教结合是高职院校可持续发展的有效路径[J]. 中国高教研究,2013(3):88-90.

④ 张登宏. 高职院校科研反哺教学路径研究[J]. 职业技术教育,2010(17):75-78.

⑤ 薛岚,杨帅. 高职院校科研与教学相结合促进学生学习的实践模式研究[J]. 电子世界,2013(4):162-163.

⑥ 杨泉良,张军涛. 高职院校教学与科研互动模式探索[J]. 广州番禺职业技术学院学报,2009(2):7-11.

转化应用。有学者结合宁波职业技术学院①、温州职业学院②和杭州地区高职院校③进行的科教融合育人实践进行了案例分析,为高职院校建立科研与教学相融合的人才培养模式提供了参考和借鉴。

　　也有学者对国外高职院校科研与教学的结合情况进行介绍,从而提出对我国的发展启示。如徐纯(2015)④介绍德国应用技术大学发展应用型科研时成立促进教学的科研机构与产品研发中心,面向全校教师和学生共同开放,形成了应用型科研课程与实践之间的协同效应,从而建议我国高职重点发展师生共同参与的应用型科研。钟艳华(2013)⑤提出借鉴南洋理工学院经验,促进学生广泛参与教师科研项目,以项目为载体促进高职的教学与科研融合。赫根等人的一项研究以挪威、芬兰和德国应用技术大学的科研在专业教育中的地位和开展现状为例,讨论了研究、教学和专业实践三者在工程、护理和教师培训三个专业课程中的关系。

(二) 高职院校的产学研结合

　　由于高等职业教育自身与当地经济发展的密切关系以及其人才培养的特殊性,产学研合作教育在国际上已经成为高职人才培养的共识和主流。关于产学研合作教育有影响力和代表性的理论主要有20世纪90年代英国学者弗里曼提出的企业-高校和科研机构网络系统的"国家创新系统"理论。发展到21世纪,美国学者亨瑞·埃茨科威兹提出了大学、产业、政府"三螺旋"战略创新理论,产生了广泛影响。聚焦到高等职业教育领域,国内对高职院校产学研合作教育的研究文献最早出现于20世纪90年代,且近十年的研究成果显著增长,研究水平逐步提升。有学者对高职院校产学研合作的内涵和合理性进行了分析,将高职院校开展产学研合作的理论基础总结为"教育与生产劳动相结合"思想、终身教育思想和系统论思想,并从历史角度梳理了我国高等职业教育引入产学研合作教育的历史和发展历程。⑥

---

　　① 柯春松,庄舰,熊瑞斌,等. 科教融合校企一体　双导师协作培养——宁波职业技术学院模具设计制造专业人才培养实践[J]. 宁波职业技术学院学报,2015(4):26-30.

　　② 骆秋琴. 高职院校教学与科研协同创新的探索与实践[J]. 中国职业技术教育,2013(36):93-96.

　　③ 朱小峰. 高职院校科研成果的教学转化机制研究——以杭州地区高职院校为例[J]. 中国商贸,2013(30):187-188.

　　④ 徐纯. 德国应用技术大学应用型科研发展研究[J]. 中国成人教育,2015(6):102-104.

　　⑤ 钟艳华. 新加坡南洋理工学院"教学工厂"的启示——推进以项目为载体的高职院校教学科研相融合[J]. 职教通讯,2013(7):48-52.

　　⑥ 吴彦. 我国高等职业院校产学研合作教育的研究与思考[D]. 石家庄:河北师范大学,2007.

从高职院校的科研视角出发看产学研合作教育的研究成果也很丰富。张弛（2015）①认为,高等职业教育学习者的职业能力培养应"走产学研一体化的科研育人路径,将多元主体纳入职业能力培养体系之中"。有学者从比较研究的视角介绍了一些优秀高职院校的产学研合作案例,如姚寿广和经贵宝（2009）②介绍新加坡南洋理工学院充分发扬科研创新精神的"教学工厂"模式和"无界化教学";赵凌（2016）③介绍德国应用科技大学加强与地区中小企业校企合作,强化应用导向的师生共研。李瑜芳（2009）④发现研究开发模式是台湾地区技职学校校企合作的主要模式之一,通过专案研究的方式,教师根据企业的发展需要设定科研攻关和研究方向,带领学生一同进行项目专题研究。也有学者直接从国际比较的宏观视角出发,对美国、日本、英国、德国等发达国家的产学研合作教育做了系统的梳理和对比,如任炜（2012）⑤、范晓蓉（2008）⑥等。

产学研合作教育实践层面的研究成果也相当丰富。国内高职院校产学研合作教育也探索出了"订单式"和"实训—科研—就业"一体化的人才培养模式,涌现了大量产学研合作人才培养模式的研究案例。如:朱方来（2012）⑦专门对深圳职业技术学院的产学研体制机制的成功案例做了个案研究;孔七一（2009）⑧对交通行业高职院校进行了产学研结合人才培养模式的个案分析和模式建构。也有很多研究者从人才培养和科研育人角度对产学研合作对策进行研究。如:张德高（2013）⑨提出以科研项目为依托深入推进产学研合作教育模式,使学生参与科技创新;秦旭和陈士俊（2001）⑩在对英美产学研合作教育经验总结时提到了关注学生科研创新意识,从而提出建立保障机制促使学生与企业科研人员共同开展科研项目。有研究者指出了高职院校的科研选题脱离企业和生产实际需求、忽视科研、参与企业行业技术研发和改造热情不高的问题,提出产学研用协同育人的人才培养模式。⑪ 谢志远（2016）⑫结合高职院校创新创业型人才的

---

① 张弛. 产学研一体化:职业能力培养的科研育人之路[J]. 邢台职业技术学院学报,2015(4):28-30.
② 姚寿广,经贵宝. 新加坡高等职业教育:以南洋理工学院为例[M]. 北京:高等教育出版社,2009.
③ 赵凌. 应用科技大学如何提升科研水平:德国的探索与实践[J]. 比较教育研究,2016(2):59-63.
④ 李瑜芳. 台湾地区技职教育校企合作模式研究[J]. 教育与职业,2009(36):18-21.
⑤ 任炜. 高职院校产学研结合人才培养模式的研究[D]. 长春:吉林农业大学,2012.
⑥ 范晓荣. 发达国家高等教育产学研合作教育分析与借鉴[J]. 继续教育研究,2008(11):95-96.
⑦ 朱方来. 产学研用立体推进 政校行企协同创新——深圳职业技术学院提高教育质量的实践探索[J]. 教育研究,2012(7):156-159.
⑧ 孔七一. 交通行业高职院校产学研结合人才培养模式研究[J]. 教育与职业,2009(09):11-13.
⑨ 张德高. 科研教学结合 为人才培养提供强力支撑[J]. 中国高等教育,2013(17):44-45,54.
⑩ 秦旭,陈士俊. 美英产学研合作教育的经验及其启示[J]. 科学管理研究,2001,19(3):78-82.
⑪ 李建求. 高职教育产学研用协同育人的思考[J]. 深圳职业技术学院学报,2014(5):70-76.
⑫ 谢志远. 高职院校培养新技术应用创业型创新人才的研究[J]. 教育研究,2016(11):107-112.

培养提出了"产学研创"一体化的人才培养模式,充分利用研发机构、众创空间和校企协同创新中心等平台,提倡以"研"拓展深度,通过"研发"来推动高职院校的创新创业。类似地,刘金玉(2007)①认为应该在传统大学的研究—教学—学习的联结体的基础上加入具有高职教育特色的"生产"环节,构成适用于高职院校的研究—教学—生产—学习的联结体,让应用型技术技能人才在科研与生产的联合中得以成长。

随着我国高等职业教育的不断发展,以及美国"合作教育"理念的引入,产学研合作教育理论成为高职人才培养的共识和主流。《国务院关于加快发展现代职业教育的决定》(国发〔2014〕19号)提出"高等职业院校要密切产学研合作,培养服务区域发展的技术技能人才,重点服务企业特别是中小微企业的技术研发和产品升级"②。产学研合作教育理论要求学校与企业加强在人才培养和科学研究上的互动合作,促进教学、科研和生产三者相互贯通促进。从产学研合作教育人才培养模式的视角出发,科研能够成为三者合作的重要纽带。有研究者提出了产学研合作的"学研"样态和"产研"样态:"学研"是指高职院校师生与研究人员和企业界代表和研究人员对高职院校办学和人才培养的探究互动,"产研"是以高职教师为主体指向生产应用导向的研究,如技术服务、产品开发和科技成果转化等。③

(三) 高职院校科研的关系网络梳理

高等教育具有人才培养、科学研究和社会服务三大基本职能,对于高等职业教育而言亦是如此。从高职院校三大基本职能的相互关系出发,也有助于我们理解科研在高职院校职能体系中的关系网络。

首先,从科学研究与人才培养的关系来看,在世界高等教育界里,教学与科研关系的研究一直是个热门且饱受争议的话题。研究者们建构了教学与科研关系的多种模型,并形成了试图探寻教学与科研之间内在关系的本质主义范式和试图描述二者社会建构性的社会建构主义范式。④ 研究趋势显示,越来越多的学者逐渐跳出了教学与科研关系的线性思维研究视角,认识到教学与科研之间的社会建构性,强调通过改善制度环境加强二者之间的联系和融合。"科教融合"的教育思想已成为现代高等教育转型的主旋律,其基本内涵是科学研究与教学

---

① 刘金玉. 高职院校科研的内涵探析[J]. 衡阳师范学院学报,2007(2):139-142.

② 国务院. 国务院关于加快发展现代职业教育的决定[EB/OL]. (2014-06-24).

③ 李明惠,胡昌送,卢晓春."研"为纽带的高职产学研结合范式初探[J]. 高教探索,2009(1):99-102.

④ 吴洪富. 大学场域变迁中的教学与科研关系[D]. 武汉:华中科技大学,2011.

活动、人才培养的紧密结合,整合教学的学术性和科研的育人性;其核心是发挥科研的教育性功能,将其融入人才培养体系。有学者将其表现形式概括为:教师把科研活动和教学活动相结合,使科研活动变成一种教学模式;学生把科研活动和学习活动相结合,从而形成科研—教学—学习的联结。① 以科教融合促进创新型人才培养是当前高等教育的主流发展趋势。对于高职院校而言,科研与教学和人才培养相结合的特殊性还体现在,教师可以将行业最新技术和发展动态引入课堂以提升学生职业能力与社会发展的适应性,学生通过与教师合作开展应用型科研有利于学生在真实职业情境下提升技术技能水平和问题解决能力。近几年也涌现出了许多以高职院校具体实践为案例的高职院校科教融合的人才培养模式研究。

其次,从科学研究与社会服务的关系来看,与普通高等院校相比,以服务地方经济和社会发展为重要特色的高职院校服务社会的职能更加明显,途径也更加多元。高职院校的科研工作由于和地方经济和社会发展具有天然联系,是高职院校发挥社会服务职能的重要载体。高职院校通过科研工作服务社会的路径表现在:一方面,结合专业特色和优势,以区域经济和社会发展实际问题为研究对象形成相关成果,为政府和企业形成管理决策和参考;另一方面,发挥本身技术优势,为行业企业提供技术咨询和培训服务,通过校企合作科研的形式为企业解决技术难题,实现新产品研发和新工艺研制。此外,在科技成果的转化方面,高职院校教师通过与企业签订技术和专利转让合同,把科技成果转化为企业实际生产力。

最后,从科教融合的角度来看,现代职业教育形成了以校企合作为特点的办学模式和以工学结合为核心的人才培养模式,高职院校科研与校企合作和工学结合有着密不可分的联系。首先,高职院校与行业企业的科研合作是校企合作的深层次表现,体现在高职院校教师与企业专家师傅共同以发展中的真实需求为出发点开展专案研究,实现了人员、技术和设备等资源的共享合作,推动了区域技术创新;其次,应用型科研以其实践导向和真实来源在很大程度上可以理解为职业情境下的一项真实工作任务,"工作与学习"相结合在科研项目的介入下变成了"研究与学习"相结合,学生在此模式下既锻炼了职业领域相关的工作能力,又培养了创新创业能力,"研学结合"的学习方式对于高职院校创新型技术技能人才培养有着重要作用。

---

① 吴立保,张建伟. 论科研与教学关系:非线性思维的视角[J]. 南京师大学报(社会科学版),2012
(2):83-88.

（四）高职院校科教融合创新的基本内涵

高等教育"科教融合"的思想源于19世纪德国著名教育家洪堡的"教学与科研相统一"原则。高等教育具有人才培养、科学研究和社会服务三大基本职能。"促进科研与教学互动、科研与人才培养紧密结合",改变科研与教学的分离状态,加强二者联系,发挥科研育人功能,以科教融合促进创新型人才培养,也是我国高等教育的改革前沿。

高等职业教育兼具"高等教育"和"职业教育"双重属性,职业教育与地方经济发展的密切关系以及个体职业能力的发展逻辑规律使得"科教融合"的教育理念在高等职业教育中的实践以"产学研"结合的育人模式最为典型,产学研合作教育是当前国际上高职人才培养的共识。随着我国高等职业教育进一步发展,加强其科研职能,提升科研能力和水平成为推进高职内涵建设的重要内容和动力。因此,结合高等职业教育的特殊性,探索高职院校科研制度构建的创新性路径,走产学研结合的科研育人之路,将促进其人才培养模式的创新,推动未来职业世界所需的创新型技术技能人才培养。

综上,本章在"科教融合"的教育理念和"产学研结合"的高等职业教育育人模式指引下,从人才培养模式的科研制度创新的视角入手,聚焦于如何创新性构建高职院校的科研制度,以研促教,教研结合,以充分发挥科研的育人功能,打通科研和教学深度结合的路径,构建科教创新融合的人才培养模式,为复合型、创新型的技术技能人才成长提供保障。

二、科研制度创新视角的高职科教融合创新实证研究

（一）研究设计

1. 研究问题

通过问卷调查和访谈形式,了解高职院校教师视角下对科教融合创新人才培养模式的认识,主要包括:

（1）对科研内容定位的认识。

（2）对科研与教学和人才培养关系的认识。

（3）科研工作的基本现状。

最后,拟通过理论和实证的研究,对高职院校科教融合创新的人才培养模式提出创新性发展策略。针对科研的发展方向和重点、科研与教学和人才培养关

系的处理以及科研管理中应秉持的一些管理理念做出回应。

2. 研究方法

本研究以定量研究范式为主,对高职院校科研理念进行实证研究,以高职院校教师视角为出发,通过问卷调查他们对高职院校科研理念的认知现状,把握高职院校教师如何认识高职院校开展科研活动的内容定位、科研与教学和人才培养的关系以及他们对于学校开展科研管理的理念诉求。同时,分析教师科研理念认知与已有研究成果和主流的对应之处和偏差之处,并呈现其科研理念与科研现状之间的对应之处和矛盾之处,从而为高职院校科研理念的创新提供参考和思路。

同时,为进一步深入了解高职院校教师的科研理念,本研究选取具有较为丰富科研经验的专业课教师和科研管理人员开展深入访谈,重点关注如何处理高职院校的科研工作与教学的关系,探索以科研为纽带的产学研结合之路,为高职院校的科教融合创新的人才培养模式构建提供参考。

3. 研究对象

本研究以高职院校教师为研究对象,选取了北京和天津 2 个直辖市以及河北、河南、山东、山西、甘肃、陕西、四川、江苏、安徽、江西、浙江、福建、广东 13 个省的 20 所高职院校开展了调研,涵盖了国家示范性高职院校、国家骨干级高职院校和其他高职院校。

问卷调研主要针对专业课教师、文化课教师、实习指导教师和专业课兼实训实习指导教师。问卷的发放采取线上和线下相结合的形式,共回收问卷 309 份,剔除无效问卷 6 份,保留有效问卷 303 份。回收的 303 份有效问卷的样本基本信息见表 4.1。

表 4.1　有效问卷的样本基本信息

变量		比例
性别	男	33.0%
	女	67.0%
年龄	20~29 岁	25.4%
	30~39 岁	46.9%
	40~49 岁	17.5%
	50 岁及以上	10.2%

续表

变量		比例
教龄	5 年及以下	41.2%
	6~10 年	18.5%
	11~15 年	17.5%
	15 年以上	22.8%
最高学历	博士研究生	8.3%
	硕士研究生	71.3%
	本科	18.8%
	大专	1.6%
职称	高级	30.4%
	中级	35.0%
	初级	28.7%
	其他	5.9%
教师类别	文化课教师	12.2%
	专业课教师	57.1%
	实习实训指导教师	4.3%
	专业课兼实习实训指导教师	16.2%
	其他	10.2%
教师专业大类	医药卫生大类	19.5%
	教育与体育大类	13.9%
	装备制造大类	10.9%
	电子信息大类	10.2%
	财经商贸大类	9.6%
	土木建筑大类	7.3%
	公共管理大类	5.6%
	文化艺术大类	4.6%
	交通运输大类	4.0%
	其他	14.4%

（二）高职院校教师对科研内容定位的认识

科研的内容定位主要是调研高职院校应该做什么样的科研,包括科研的领域、范围、特色、重点等。经问卷调研得出以下数据,见表4.2。

表4.2 科研内容定位维度分析

题目	均值	标准差	选项频率/%				
			非常不赞同	比较不赞同	一般	比较赞同	非常赞同
科研应符合高等职业教育的定位和规律,区别于普通高等院校	4.09	0.96	2.3	3.6	17.5	36.3	40.3
科研应发挥本校自身的特色和专业所长	4.30	0.81	0.3	1.7	14.9	34.0	49.2
科研要以应用和实践为导向,主要解决"做什么""怎样做"的实际问题	4.25	0.85	1.0	2.3	14.2	36.0	46.5
科研应以应用型研究和技术开发活动为重点	4.14	0.87	0.7	4.3	25.2	40.6	39.3
科研应以高职教育教学的理论和实践研究为重点	3.91	1.00	2.0	7.6	20.1	37.6	32.7

由以上数据可知,在高职院校科研的内容定位维度,有4个题目的均值高于4,尤其是对于高职院校"科研应发挥本校自身的特色和专业所长""科研要以应用和实践为导向,主要解决'做什么''怎样做'的实际问题"两个问题均值高于4.2,超过80%的教师持赞同态度,整体上反映高职院校教师对于科研的内容定位把握良好。

对于高职院校科研活动的重点内容,"科研应以应用型研究和技术开发活动为重点"和"科研应以高职教育教学的理论和实践研究为重点"两类科研活动都受到了普遍认可和赞同,应当成为高职院校科研内容选择的两个必要出发点,但相比而言,"科研应以应用型研究和技术开发活动为重点"的均值较高,"科研应以高职教育教学的理论和实践研究为重点"均值较低,也反映了高职院校教师对于高职发挥自身特色和优势、提升社会服务和技术创新能力的认可。

（三）高职院校教师对科研与教学和人才培养关系的认识

科研与教学和人才培养的关系是高职院校科研工作要处理的一对核心关系，也是本研究关注的重点之一，即科研与教学是否能够相互促进和融合以及二者融合的路径是什么。此部分五个题目的数据见表4.3。

表 4.3　科研与教学和人才培养关系维度分析

题目	均值	标准差	选项频率/%				
			非常 不赞同	比较 不赞同	一般	比较 赞同	非常 赞同
科研应该与教学和人才培养工作相互融合促进	4.24	0.79	0	2.6	13.9	39.9	43.6
教师应通过科研改进课程教学内容和方法	4.16	0.86	0.7	3.0	17.2	38.6	40.6
应支持学生参与教师科研项目，使科研活动成为一种教学模式和学习模式	4.05	0.94	1.3	4.3	20.5	35.6	38.3
学生通过参与科研活动能培养专业相关的应用能力和创新能力	4.05	0.93	1.3	4.0	20.5	36.6	37.6
应建立产学研紧密结合的技术创新体系，实现教学、科研与生产实际的有机结合	4.16	0.87	1.3	3.0	14.2	41.3	40.3

由数据可知，在高职院校科研与教学和人才培养的关系认识维度，五个题目的均值都大于4，每一个题目都有接近80%的教师选择了"比较赞同"或者"非常赞同"。其中，"科研应该与教学和人才培养工作相互融合促进"这一题，有83.5%的教师都对此持赞同甚至非常赞同的态度，均值最高，达到4.24，反映了教师高度认可高职院校的科研应充分发挥育人功能，加强科研与教学的结合。在科研与教学的融合路径中，"教师应通过科研改进课程教学内容和方法""应支持学生参与教师科研项目，使科研活动成为一种教学模式和学习模式"得到了较高的认可，均值分别为4.16和4.05，应该成为高职院校科研反哺教学的路径选择。最后一个题目是关于科研体系的产学研结合路径，是对"科研与生产和社会经济关系的认识""科研与教学和人才培养关系的认识"二者的结合，均值为4.16，反映了教师赞同高职院校教学、科研与生产实际的有机结合，为高职院校

科研的发展路径提供了来自教师呼声的现实依据。

(四) 高职院校教师对科研管理理念的认识

对科研管理理念的认识主要指高职院校在科研管理中应秉持的理念,在本研究中主要是三个维度,即创新理念(1、2)、激励理念(3、4、5)和无界化理念(6、7),针对这三个维度共设置了7个题目。调研数据结果见表4.4。

表 4.4 科研管理理念认识维度分析

维度	题数	均值	标准差
创新理念	2	4.150	1.67
激励理念	3	4.314	2.26
无界化理念	2	4.310	1.53

由数据可知,三个理念的均值都较高,且从高到低分别是:激励理念(4.314)>无界化理念(4.310)>创新理念(4.150),反映了高职院校教师对科研管理理念的整体认知水平较高,且对激励理念最为认同。这从一定程度上也说明了高职院校教师的科研活动缺乏有效的激励。

(五) 高职院校教师科研与教学工作现状

1. 科研参与现状

通过课题参与、论文发表、专利申请和技术转让四个维度对教师的科研参与基本情况做了调研,如图4.1所示。在课题参与方面,总体而言,84.2%的教师有科研项目经历,但仍有48人(占15.8%)未参加过任何科研项目。高职院校教师的课题参与以纵向课题为主,纵向课题参与情况好于横向课题的参与情况,横向课题的来源缺乏与企业行业的合作,结构有待优化。教师参与科研的途径绝大部分集中在教育教学研究中,新产品和技术的开发应用不足,管理规划咨询或者技术咨询服务则更是薄弱。

教师参与科研项目的主要途径为从事教育教学研究,有科研项目经历的教师中,82.1%的教师从事过教育教学研究,但是参与新产品、新技术开发应用的教师仅占32.9%,与行业企业开展管理规划咨询或者技术咨询服务的比例不足20%。

在论文发表方面,在校期间,教师在正规的学术期刊、报纸上,发表学术论文的情况良好,仅有49人(占总人数的16.2%)未发表过任何论文,57.8%的教师发表过3篇及以上论文,有18.2%的教师甚至发表过10篇以上。教师论文发表情况见表4.5。

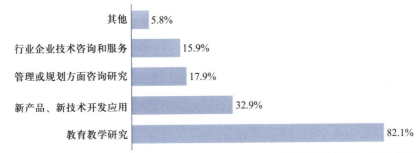

图 4.1　教师参与科研项目的主要途径

表 4.5　教师论文发表情况

	10 篇以上	7~10 篇	3~6 篇	1~2 篇	0 篇
人数	55	39	81	79	49
百分比	18.2%	12.9%	26.7%	26.0%	16.2%

2. 科研与教学关系

科研工作与教学工作的关系。首先,在教学与科研的时间投入方面,绝大部分教师认为自己在教学方面的时间和精力投入大于科研,认为二者基本持平的教师仅占17%,如图 4.2 所示。在对自身的定位上,55%的教师将自己定位于教学型教师,35%的教师将自己定位于教学型+科研型教师,如图 4.3 所示。

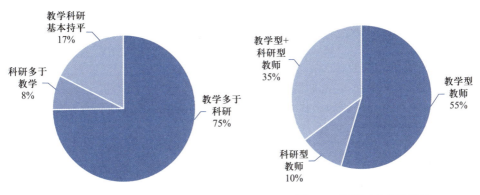

图 4.2　教师的科研与教学时间投入　　　图 4.3　教师对自身的定位

其次,在科研与教学的相互关系方面,大部分教师认为自己的科研与教学工作能够部分融合,24.4%的教师认为自己的科研工作与教学工作能够较好融合。也存在少部分教师认为自己的科研与教学是彼此分离甚至相互冲突的(见表 4.6)。

表 4.6 教师科研与教学的关系

	相互冲突	彼此分离	部分融合	较好融合
人数	20	40	169	74
百分比	6.6%	13.2%	55.8%	24.4%

具体到科研对教学的影响形式,超过一半的教师通过他们的科研工作,应用先进的教育教学理念和方法提升教学效果,也有 40% 以上的教师能够把行业产业内最新的成果、技术和前沿动态引入教学,并通过营造良好的科研氛围和环境,培养学生创新意识。能够带领和指导学生与其一起开展研究工作的老师数量较少,占 23.8%,如图 4.4 所示。

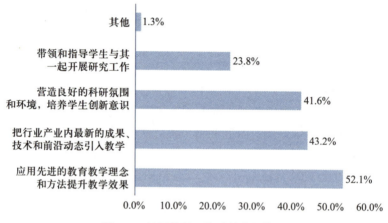

图 4.4 教师科研工作对教学的作用

3. 科研动机水平

从动机水平上而言,高职院校教师参与科研活动的整体动机水平不足,一半左右教师认为自己科研的动机水平一般,仅有 34.0% 的教师认为自己科研动机比较强(见表 4.7)。

表 4.7 教师参与科研活动的动机

	非常强	比较强	一般	比较弱	非常弱
人数	26	103	141	23	10
百分比	8.6%	34.0%	46.5%	7.6%	3.3%

4. 科研制约因素

数据显示,缺乏充足的时间投入是阻碍高职院校教师科研工作的重要因素之一。58.7%的教师每周的教学工作量在 10 课时以上,26.4%的教师每周教学工作量甚至超过了 15 个课时。除此之外,59.7%的教师每周用于学校事务管理和其他行政工作的时间达 10 小时以上。沉重的课时量和行政管理等杂务占据了教师太多时间。调研数据还显示,教师认为参与科研活动最主要的困难就是缺乏充足时间和精力投入科研。

对高职院校教师在科研活动中面临的主要困难的调研数据显示,排名前五的是"缺乏充足时间和精力投入科研""难以形成科研团队力量,缺乏团队合作""参与科研的途径狭窄机会太少""科研经费和设备场所不足""学校科研激励和考核机制不足",是高职院校教师参与科研活动的重要制约因素。另外,数据也反映了学校科研理念偏差对教师科研工作的影响,有 19.8%的教师认为学校的科研定位模糊和偏离,19.1%的教师认为学校整体上对科研不够重视,具体参见表 4.8。

表 4.8　教师科研工作遇到的主要困难

面临的困难	人数	百分比
学校整体上"重教学、轻科研"	58	19.1%
学校科研定位的模糊和偏离	60	19.8%
学校科研激励和考核机制不足	95	31.4%
科研经费和设备场所不足	120	39.6%
缺乏横向科研合作的渠道和管理制度支持	75	24.8%
参与科研的途径狭窄,机会太少	123	40.6%
难以形成科研团队力量,缺乏团队合作	126	41.6%
缺乏充足时间和精力投入科研	164	54.1%
个人专业知识和科研能力不足	89	29.4%
其他	2	0.7%

(六) 高职院校教师科研理念认知与其科研现状的关系

1. 科研内容定位与科研现状

在科研的内容定位层面,"应用型研究和技术开发活动"和"高职教育教学的理论和实践研究"两类科研活动都受到了普遍认可和赞同,均值分别为 4.14 和

3.91,但相比而言,"应用型研究和技术开发活动"的均值较高,对此持赞同态度的教师比例也更高。然而,教师实际的科研现状却与此相反。有科研项目经历的教师中,高职教育教学的理论和实践研究的参与度远远高于应用型研究和技术开发活动。82.1%的教师从事过教育教学研究,但是参与新产品和新技术开发应用的教师仅占 32.9%,开展管理规划咨询或者技术咨询服务的比例均不足 20%。

理念与现实的差距同时受到外部因素和内部因素的影响:一方面与学校整体科研制度和平台的支持力度有关,学校缺乏相关的合作平台和资源,在制度体系上对于教师开展校企合作科研的支持力度不够;另一方面也与问卷中对教师在科研工作中最欠缺的能力的调研结果相一致,即教师个人科研能力的缺乏,特别是缺乏科技研发和创新能力、科研成果转化能力和社会服务能力。这对高职院校从管理层面出发一方面要促进教师专业化发展、增强其科研能力和社会服务能力,另一方面要完善科研激励机制和科研资源拓展。

2. 科研、教学和人才培养关系定位与科研现状

在对科研、教学和人才培养关系的认识方面,均值为 4.134。"科研应该与教学和人才培养工作相互融合促进"这一题的均值最高,达到 4.24,有 83.5%的教师都对此持赞同甚至非常赞同的态度。然而在高职院校教师的现实工作中,科研与教学的关系却并不如此融洽,仅有 24.4%的教师能实现科研与教学的较好融合,一半左右的教师只能做到部分融合。13.2%的教师科研与教学相互分离,还有 6.6%的教师科研与教学甚至是相互冲突的。"教师应通过科研改进课程教学内容和方法"和"应支持学生参与教师科研项目,使科研活动成为一种教学模式和学习模式"也得到了较高的认可,均值达到 4.16 和 4.05。可是,只有半数的教师能在他们的科研工作中应用先进的教育教学理念和方法提升教学效果,能够把行业产业内最新的成果、技术和前沿动态引入教学的教师仅占 40%左右,能够带领和指导学生与其一起开展研究工作的老师则更少,仅有 23.8%。

这些矛盾和差距反映了高职院校教师在实际工作中科研与教学关系的处理不够理想,科研反哺教学的作用不足,路径也比较狭窄,科研育人功能的发挥不足。这一方面与教师的教学和行政事务工作占用过多时间而缺乏时间和精力投入科研工作有关,也与教师自身的科研成果转化能力较弱有关,也和缺乏学校管理机制的支持有关,对高职院校在科研工作管理中如何确保教师的科研时间投入、增强教师科研成果转化能力、搭建学校层面的科研与教学融合机制等方面提出了要求和挑战。

3. 科研管理理念认识与科研现状

在对科研管理理念的认识层面,激励理念和无界化理念的赞同度高,均值分别为 4.314 和 4.310。"应加大教师科研物质奖励和资助的力度"和"要加强关注教师的专业化发展和自我价值实现,支持教师参加培训进修"均值分别为 4.28和 4.41,反映了教师对学校科研的物质激励和精神激励的需求都很高。这与高职院校教师认为自己参与科研活动遇到的困难是相呼应的,31.4%的教师认为自己遇到的科研困难是学校科研激励和考核机制不足,39.6%的教师认为科研经费和设备场所不足。"应加强校内师生跨学科、专业的科研合作,促进各类科研资源和力量的整合"的均值达到 4.26,82.2%的教师表示都对此表示赞同,反映了教师对科研合作的需求,在与高职院校教师科研制约因素的调研中,41.6%的教师认为"难以形成科研团队力量,缺乏团队合作"的现状也是相呼应的。可见,高职院校科研管理现状存在诸多问题,科研管理理念未能满足教师科研需求,教师对科研管理理念的诉求值得引起高度关注。

三、高职科教融合创新的路径策略

基于以上对高职院校科教融合创新的理论分析和针对高职院校教师群体开展的实证研究,本研究从如何定位高职院校科研、如何深化科教深度融合以及如何创新科研管理理念三方面提出具体路径策略。

(一) 坚持应用务实导向的应用型科研选题原则

高职院校科研定位问题决定了科研的发展方向和内容选择。要实现科教深度融合首先需要解决高职院校科研定位的问题。科研定位模糊和不准确是当前很多高职院校现实存在的问题。从现实来看,大部分高职院校科研缺乏长远规划,目标和重点不明确,研究方向和内容不稳定,导致科研工作缺乏系统性和连贯性,也难以打造学校特色,缺乏竞争优势[①]。从高等职业教育的自身特色和发展规律出发,研究者们对高职科研的定位发出了"凸显高职特色,加强应用研究"的呼声。高职院校科研的基本定位在于两个方面:教育教学研究和应用技术开发研究,要树立服务教学实践、服务生产一线的科研导向意识。[②] 强化实践、面向一线、突出应用,加强应用型研究是高职院校科研选题的应有定位,也是高职院校教师的真实心声。调研结果显示,对高职院校"科研应发挥本校自身的特色和专业所长"和"科研要以应用和实践为导向,主要解决'做什么''怎样做'的实

---

① 张森. 错位发展:高职科研的定位与出路[J]. 中国高校科技,2014(9):77-79.
② 孙毅颖. 对高职院校科研问题争论引发的思考[J]. 中国高教研究,2012(12):92-95.

际问题"两个问题均值高于4.2,超过80%的教师持赞同态度,接近50%的教师选择了"非常赞同"。访谈中老师们也对此深表赞同,如:

"高职院校做科研还是要突出应用性研究,特别是和中小企业通过校企合作方式开展的应用研究,解决他们的实际问题,是很接地气的,实践性特别强的。通过这样的研究一是可以引领专业建设和学校发展,二是能够服务社会、服务属地的发展"(某高职院校专业课教师,BKJ)。

"学校要支持应用型的研究,必须是实用的,服务属地的。高职院校的科研既有'顶天'的部分,更要注重'立地',要从实际的需要和实际问题出发。我自己的科研一部分是横向研究,是和中小企业的应用类课题合作,也有和当地政府的合作,大部分还是教育教学类科研。我喜欢对教学中出现的问题进行研究,因为每年的学生以及不同年龄的学生都不一样,不仅是内容上的更新,还有各种资源手段和考核方式的创新,这些研究在教学上的应用是很快的"(某高职院校专业课教师,BLY)。

对国内科研竞争力较强的高职院校进行调研也发现他们的科研理念有一个共性,即强调围绕学校人才培养和地方区域发展的实际所需,强调真实性、针对性、实用性。如有高职院校明确将自身科研定位为"立地式"研发,问需于行业和产业,开展校地科技对接,区域经济和社会发展提供技术支撑和决策参考;也有高职院校明确提出科研的目标定位并非纯基础的理论科研,也不是前沿高顶尖的科研,而在于应用性研究和技术服务,明确科研要立足于地方的实际目标和应用目标,紧密围绕区域产业需求和学校专业建设、教育教学改革需求;有的高职院校提出积极探索应用为主的科研模式,鼓励教师"出海捕鱼",坚持"需求导向、全面开放、深度融合、创新引领"。

然而,目前高职院校的应用型研究开展仍面临很多困难和问题。在教育教学的应用研究方面,研究水平和研究能力难以支撑学校层面的教学与课程改革,不能提供科学系统的改革方案。在管理咨询和技术开发的应用研究方面,技术创新和产品研发等能力与企业的要求仍有一定距离。对高职院校教师科研现状的调研结果也显示,教师开展横向课题研究的渠道和能力不足,横向科研的经历匮乏,规模也小。参与过新产品和新技术开发应用的教师仅占32.9%,与行业企业开展管理规划咨询或者技术咨询服务的比例则不足20%。"科技研发和创新能力"和"科研成果转化能力"是目前高职院校教师最缺乏的科研能力。访谈中也有老师表示:"以科研能力的提升,来提升教师综合能力,最终解决教学实践问题,是高职院校发展的一条很好的路径。目前,我们高职院校非常重视社会服务,但是确实老师们的社会服务能力一般,且没有完善的组织,没有合理的培养安排,所以效果较差。我曾经组织过为企业服务的课题,但是教师在这方面的科研能力确实不足"（某高职院校专业课教师，QZP）。

（二）坚持科教深度融合且科研促教的科研思路

高职院校的科研活动是实现生产、教育教学、科研和创新创业相结合的桥梁纽带，高职院校应坚持科教研深度融合的科研思路，以科研为纽带，以研促教、以研促创。

以研促教，发挥科研在高职院校专业建设、课程与教学改革和人才培养中的作用，发挥高职院校科研的育人功能。一方面，通过科研制度创新设计，使教师把科研和教学结合起来——科研活动十分恰当地成为一种教学模式。这要求教师的科研项目本身是真实源自企业的项目，某种程度上可以分解为一种工作任务，转化为项目教学模式。同时，教师可以将自身科研成果进入到课堂，运用最新的技术和最新的手段来改进课程教学内容和方法，从而将科研成果转化为教学资源。同时，教师以高职院校教育教学实践为对象的应用型研究也能服务于学校层面的专业建设和教学与课程改革，实现科研反哺教学。另一方面，学生把科研和学习结合起来——科研活动变成一种学习模式。这依靠教师积极与工业界合作，通过源自企业真实项目的应用型科研选题，以专案研究式的科研项目为载体，形成师研生随、师导生研、师研生创的科研项目运行机制，将促使学生主动进行探究式学习，在企业实践专家和职业院校教师所共同形成的实践共同体中进行真实职业情境的实践，符合其职业能力发展的逻辑规律。调研中发现，有的高职院校专门启动了"研学结合"的教学改革实践活动，让学生变接受式学习为探索式学习，将学生的研究过程与学习过程结合，培养其问题意识和批判性思维，鼓励学生提出新方案、设计新产品、发明新工艺，探索技术技能人才的研究式学习模式。

以研促创，发挥科研对创新创业人才培养的作用，加快学校科技成果转化推广。科研对创新创业人才的培养一方面体现在，通过真实的应用型科研项目为载体，将学校、企业多方主体纳入学生职业能力培养体系，培养技术技能人才的创新能力。学生在这个项目中锻炼的主要是专业职业相关的应用能力和创新能力，并非传统意义的科研能力。教师带领学生一同参与科研还营造了良好的科研氛围和环境，对学生主动科研和积极创新意识的培养有积极作用。科研还对学生的创业能力培养有显著作用，这里的创业能力既有学生创办企业的能力，又包含适用于大部分学生的岗位创业能力，即培养一种企业家精神，于自己现有的工作岗位上进行创新。高职院校可以利用现有的研发机构和众创空间为学生自己做科研提供平台，并通过科研团队的搭建为学生科研提供团队支持，选拔有发明创造基础和浓厚创新创业兴趣的学生进行跨界学习，培养高职特色的"科创达人"和"发明牛人",支持学生利用新技术进行创业,将科研成果商业化和市场化。调研中发现有的高职院校尤其重视学生的专利发明,鼓励并支持学生参加双创实践,允许学生用专利来代替毕业设计,涌现出很多学生利用自己的发明专利创办企业的成功案例,毕业生自主创业率甚至超过了全国平均水平。随着创新创业教育在高职的兴起,很多学校也提高了对学生科研的重视,为培养高职学生的创新意识、创造思维和创业精神,以各类双创赛事为抓手开展学生学术科技创新活动,并以双创实践活动为重点带领学生研发新产品,孵化创业项目,也取得了丰硕成果。

(三) 创新科研管理理念以带动培养创新

首先,坚持科研管理的激励理念。高职院校科研激励机制的建设首先需要加强科研基础条件的保障,为教师科研提供物质基础和平台载体。基础条件的保障首先体现在科研时间的保障。调研结果凸显了高职院校教师教学任务和行政事务过多过重,严重缺乏科研时间的问题。教师科研面临的缺乏足够时间和精力投入的问题要求学校对教师教学工作量定额标准作出一定调整,通过壮大师资队伍、控制招生规模等办法降低生师比,并减少教师的行政任务量。基础条件的保障其次体现在经费投入的保障,一方面是实验室、研究院所等科研平台的搭建和实验仪器设备的配备,另一方面是对教师科研项目的经费支持。调研中发现很多高职院校不仅在校内校外建立了多层次的研发中心、科技园和创业园等实体科研场所,更是针对教师的各类科研项目设置了较高比例的学校配套经费支持,解决了教师科研的后顾之忧。此外,教师科研途径狭窄和科研机会太少也是需要着力解决的问题。访谈中也有教师谈及课题资源和渠道实在过于缺乏,很多老师想做而没有合适的机会。因此,搭建科研平台、拓展科研渠道也是高职院校科研基础条件建设的重要环节。学校一方面可以丰富校内的科研课题立项种类,如设立专门的区域产业研究项目、面向产业的新技术应用项目、科研反哺教学研究项目、贯通培养研究项目等;另一方面需要整合传递校外科研信息,拓展校外科研资源,在引导教师积极走出去的同时,做好教师与政府、行业企业的信息沟通桥梁,争取更多横向科研机会。

其次,坚持科研管理的无界化理念。无界化理念认为现实中需要解决的问题往往不是单独的某种学科专业领域内的,其实质是发扬合作精神,发挥协同效应,打破学科、专业、部门乃至学校与外界组织的界限,共享各类资源。[1] 有研究

① 吴敏良,余庆."无界化"理念下高职特色专业群建设——以湖南省高职国际商务示范性特色专业群为例[J].教师,2016(20):95-96.

者从内部和外部两个维度对高职院校的无界化管理做了内涵解释,即分为高职院校与外部组织的外部无界化和高职院校内部各部门的内部无界化。① 要实现高职院校科研的内部无界化,需要重点解决的就是内部科研团队建设的问题。目前,高职院校科研活动大部分以"个体户"为主,以教师个人为单位进行考核也使得二级学院的整体科研主动性不够,不利于科研团队培育和高层次科研成果培育。需要打破"小作坊"式科研,打破部门、专业壁垒,建立起专兼结合、弹性化、多样化的科研合作团队,鼓励校内师生以问题为中心集聚科研人才和各类科研资源。要实现高职院校科研合作的外部无界化,需要主要解决区域协同创新的问题。这要求高职院校树立跨界发展的理念,实施"大科研"策略,从管理角度协调各单位职责,进一步深化校企合作机制,与企业共建研发中心、重点实验室和工作室等,开展科研攻关、管理咨询、技术改造、技术服务活动。深化政校企合作,建设区域中小企业的研发中心和技术服务中心,探索形式多样的协同创新模式。在这样的模式下,不仅是科研设备、科研机会的共享合作,更是科研人才的共享合作。各类科研人才能够实现在学校、政府和企业层面的多向流动和柔性引进,科研能力强的教师能有机会通过短期工作、人才租赁等灵活形式成为企业的技术顾问参与企业研发,企业技术专家也能成为学校研发机构兼职科研人员参与学校科研项目,从而实现人才的流动使用与联合培养,搭建专兼结合、优势互补的科技创新团队。

---

① 陈文海.高职院校无界化管理:内涵、意义和路径选择——新加坡南洋理工学院考察思考[J].广州职业教育论坛,2014,13(2):3-7,32.

第五章

第五章　新工业革命背景下的高职教育实习模式

历次工业革命都导致了生产方式的变迁,不同的生产方式对从业者的知识与技能的要求不尽相同,并影响到职业教育实习形态的演变。手工生产方式决定了实习的基本形态是技艺型学徒;大量生产方式促进了规范型实习的发展;精益生产方式要求职业教育开展多样型实习;新工业革命催生了定制生产方式,进而带来了创新型高等职业教育实习。创新型高等职业教育实习不同于以技能训练、知识应用为主的为工作而准备的传统实习,而是培养具备扎实的专业知识、精湛的技术技能和较强的创新意识,在工作岗位上不断钻研、创新,提升个人岗位价值的技术技能人才。

一、高职教育实习的内涵

形式和内涵互为事物的表里,理解高职教育实习内涵是设计实习活动的前提和必不可少的步骤。本研究在仔细考察人们如何使用实习这个术语的基础上,将高职教育实习与现代学徒制和合作教育进行比较,希望凸显高等职业教育实习作为实践教学活动应有的教育价值。

(一) 国内外对实习概念的理解

实习属于经验教育范畴,是工作本位学习的一种形式。欧盟将职业教育领域的工作本位学习分为三种形式,即工学交替计划、基于学校职业教育的企业岗位培训、通过学校完成的工作本位学习,实习则是基于学校职业教育的企业岗位培训的重要形式。职业教育实习项目有明确的任务,实习学生也有规定的职责,其目的在于帮助个体获得职业或专业实践经验。与学校教育不同,这种学习发生在真实的工作环境,实习学生在参与具体的工作过程中完成实践学习活动。因此,实习机构需要为实习者提供正式的职业或专业的实践经验计划,安排经验丰富、拥有资历的员工或指导者对实习过程进行指导和监督。

对实习内涵的理解，并未因文化和教育传统等方面的差异而造成较大的分歧。实习的本质是一段教育经历、一种经验学习形式，帮助年轻人开发进入劳动力市场所需要的专业技能和通用能力，已成为国际职业教育领域的共识。这从职业教育发达国家和国际组织对实习概念的界定中得到充分佐证。

美国原国家合作教育委员会(NCCE,2002)曾将实习定义为"一种有组织地整合课堂和生产工作的经验学习策略，旨在促进学生的学术学习与职业目标紧密联系，有效地整合理论和实践经验"。美国伊利诺伊州教育委员会在《合作教育/实习指导方针和规则》中进一步将社区学院的实习定义为"一门有计划和监督训练的课程，能将理论应用到实际练习，为学生在一个特定的职业领域独立工作做准备"。美国社区学院的实习项目通常安排在学生完成学校相关学分学习之后，在一个正式的工作场所进行，要求学生将学校所学内容付诸实践，获得专业学习领域的工作经验，促进尚未完成学业的学习，并接受社区学院教师和实习场所优秀雇员的指导和监督。实习结束后，提交能够促进公司管理或技术改进的报告、实物等成果作为实习考核的依据。

欧盟委员会(European Commission, 2013)则将实习定义为"一段有限时间内含有教育或培训成分的工作"。在《欧洲实习和学徒质量宪章》(European Quality Charter on Internships and Apprenticeships)中，第一条就明确地指出实习属于经验学习，并做了详细的补充说明：其一，实习不应该替代工作；其二，实习帮助年轻人获得实践经验和技能，并促进通过学校正式教育获得的知识的融合；其三，实习应当有助于青年定位自己专业和扩大自己对不同领域的认识；其四，实习应当提供被认可的工作经验，发展青年的技能、提升青年的专业能力；其五，实习应该有监督者的指导、可靠的评价以及监控实习进度和质量的措施；其六，社会应当保障实习者的劳动权益，提供健康、安全的工作场所和相关社会保障。

在我国《教育大辞典》第3卷中，实习"通常是指学生在生产、管理、服务等岗位上独立完成工作任务的一种学习"。教育部、财政部等五部门联合印发的《职业学校学生实习管理规定》(教职成〔2016〕3号)对职业教育实习做了明确界定，即实施全日制学历教育的职业学校按照专业培养目标要求和人才培养方案安排，由职业学校安排或者经职业学校批准自行到企(事)业等单位进行专业技能培养的实践性教育教学活动。这两个定义虽然表述不同，但本质上具有一致性，即职业教育实习是一项学习活动而不是生产活动，发生在工作场所而不是校园之中。

基于上述主要国家和重要国际组织对实习概念的界定，高等职业教育实习本质上是一项教育活动，旨在帮助学习者从教育领域过渡到职业领域，促进他们获得工作经验和职业生涯持续发展的能力。实习的重要性和教育价值早已得到国际社会的广泛认可。由于我国并没有像德国、瑞士等国家形成正式的、成熟的学徒制体系,实习是我国职业教育校企合作、工学结合培养技术技能人才的基石,构成了必修课程的一部分,是帮助学生在工作场所获得所需要的知识、技术和技能的具体措施。在全球技术创新活跃的背景下,新一代信息技术正向经济社会全面渗透,必将带来工作方式和生产组织方式的变化,工作环境将更为复杂,跨学科、跨领域的复合型技能和综合素养等"软"技能开发成为重点。在职业院校和实习企业共同设计实习活动过程中,培养学生在涉及多个专业团队中工作的技能,专注于学习企业工作流程和产品开发的创新,促进学生个性化发展、特色化发展,将成为实习内涵发展的方向。

(二) 高职教育实习相近概念辨析

实习、现代学徒制和合作教育都属于经验教育范畴,其理论可以追溯到杜威的经验主义哲学,它们之间的差异很小,以至于很难区分。对高等职业教育实习相近概念进行辨析,既有助于从经验教育层面更加深刻地理解实习的内涵,又有助于实现三者之间的经验共享。

1. 现代学徒制

现代学徒制作为工作本位学习形式之一,是对传统学徒制的继承和发展,其概念可理解为"将传统的学徒培训方式与现代学校教育相结合的一种学校与企业合作式的职业教育制度"。① 现代学徒制将学校本位的理论学习与企业本位的技能训练相整合,在工作场所和职业院校进行系统的、长期的交替学习与培训,实现学校和企业共同承担培养技术技能人才的责任。

西方国家实施的现代学徒制中,学生具有职业院校学生和企业学徒的双重身份。② 作为一种融合教育性和生产性的技能形成制度,现代学徒制在国际上受到青睐,原因在于它本身符合职业教育教学规律,包含了职业教育最本真、最朴素的原则——"做中学",并且与情境学习的理论相吻合,学生学习的技术技能与其应用之间的联系更加紧密。③ "现代学徒制是基于稳固师徒关系的技术实践能力学习方式与学校职业教育相结合的人才培养模式"④,有助于解决现有各种职

① 赵志群. 职业教育的工学结合与现代学徒制[J]. 职教论坛,2009(36):1.
② 关晶,石伟平. 西方现代学徒制的特征及启示[J]. 职业技术教育,2011,32(31):77-83.
③ 祝成林,柳小芳,张宝臣. 现代学徒制课堂中高职院校教师教学行为探究[J]. 职教论坛,2016(9):72-77.
④ 徐国庆. 我国职业教育现代学徒制构建中的关键问题[J]. 华东师范大学学报(教育科学版),2017(1):30-38.

业教育人才培养模式缺乏企业深度参与、技术实践能力的学习不够精深等问题。

作为一个正规的职业教育项目,以将个体导向某个特定的职业为目的,现代学徒制有其自身的特点,如学生在工作场所花费大量的时间以获得更多的技术技能训练;企业和学徒签订合同,并支付一定报酬;企业按照特定的职业标准为学生提供以工作实践为基础的结构化经验。因此,学生在参加现代学徒制项目之前,要预先设定某个职业储备人才的角色,与企业签订正式合同后,要认真学习将来工作岗位领域的专业技能,同时,企业对学生是否能够正常从事工作活动进行评估,确保长时间的学徒训练效果,促进学生更加愿意专注于某个职业。

高等职业教育实习则是短期的、临时性实践工作,实习者在工作中扮演某个特定的角色,帮助他们在特定的领域促进职业发展。实习是职业生涯的初始阶段,通过有益的训练,职业具有进一步增长前景。实习是为了正式入职和职业生涯发展的学习形式,以职业生涯发展为目的的实习和严格的学徒制不同,由于缺乏规范和监督,实习的范围更加宽泛。一般来说,实习可视为学生为组织提供服务、组织为学生提供经验的双向交换的过程。一些实习学生通过实习获得稳定的、高薪的就业岗位。这对企业而言,他们不用付出过高的培训成本就能获得合格的员工。尽管实习与现代学徒制在本质上具有一致性,但两者在形式上依然存在差异。

其一,实习项目的选择人数多。在全球范围内,现代学徒制并不像实习那么常见。然而,总会有少部分人能够发现现代学徒制的价值并提出申请。在欧洲,选择现代学徒制的人数比美国要多,但是从总数来看,选择实习的人数更多。实习被认为是创造劳动力市场、解决人力资源需求等问题的一般性工作。

其二,现代学徒制周期更长。寻找实习岗位通常是希望了解更多的行业领域知识,增加就业竞争力。而现代学徒制则要求学徒需要花费相对较长的时间,完全投入某个特定的工作岗位,更加是一种制度行为。

其三,现代学徒制工作性更强。相比较而言,学生在实习期间,承担的岗位责任较小,主要观察和参与企业的运营、常规的生产等工作,很少全权承担相关工作的责任。而现代学徒制与责任紧密联系,贯穿整个学徒过程。教学与训练共同构成现代学徒制的内容,并且学徒被视为公司的新员工,当完成学徒任务后,将获得一个能证明熟练工作的证书。现代学徒制以学生正式参加工作为终点,实习的结果则是学生获得职业技能训练和工作经验积累,从而促进自身就业。

简言之,对学生来说,选择实习还是现代学徒制的出发点是自身的兴趣和利益。当学生不确定将来是否正式进入某个行业的时候,通过实习可以了解行业的特征和即将从事职业岗位的性质,达到培养自身职业兴趣的目的。当学生已经确定从事某项职业或者发现自身职业生涯的兴趣所在时,则可以选择现代学徒制,尽可能地训练将来工作岗位需要的技术技能,为自己擅长的工作做充分的准备。

2. 合作教育

美国国家合作教育委员会(NCCE)认为,合作教育是一种将学生的课堂学习与其学术或职业目标相关领域的有益工作经验学习结合起来的结构式教育策略。[①] 加拿大合作教育协会将合作教育定义为一种将学生的学术学习和在雇佣单位的工作经历正式结合在一起的项目。尽管两个组织的定义表述不尽相同,但实质基本一致,即合作教育是将一种理论学习与相关工作经验正式结合的教育模式,将学生的课堂学习和工作经验学习有机结合在一起的教育策略,学生交替在学校学习或在相应领域内工作,促进课堂学习与社会需要、专业技能与工作经验密切联系,同时也为企业创造经济价值。

合作教育在具体组织实施方面,按企业部门和学校的统一安排,依据一定方式对学生轮流或交替进行课堂理论教学和企业实际操作培训,并以企业部门、学校和学生间相互签订的合作教育计划合同或协定为法律依据和保证。合作教育的发展过程,就是学校和产业部门不断积极参与职业教育的过程,也就是职业教育从根本上适应经济社会发展需要的过程。合作教育侧重于将课堂学习与生产性工作经验学习结合起来,使得学生的工作领域与其学术及职业目标紧密相关,以促进理论与实践结合,从而获得渐进的经验。

学生、教育机构和企业在合作教育中建立伙伴关系并承担特定的责任,三者均可从中获益。美国合作教育协会在《学习产出:合作教育的教育价值》中描述了三者的职责与关系:其一,合作教育作为一种整合课堂学习与工作经验学习的结构式教育项目,应受到学校正式认可,教学教师与合作教育教师或管理者之间应有良好的关系;其二,合作教育应为学生提供多种工作经验,学生以一种有序的方式进行学习与工作;其三,每项工作要在合适的学习环境中进行,并受到合作教育学校的认可;其四,每个工作经历要与学生的职业目标相关;其五,学校应提供一种对学生的合作教育经验进行认可的正式形式,且学校、雇主和学生需要达成以下几方面的协议,例如,工作和学习机会的类型、工作期限、学生工作受学校与雇主监督和指导、学生在教师指导下进行经验学习等。加拿大合作教育联合会审批合作教育项目有严格的标准,如工作环境符合学习要求,并由合作教育机构建立或批准;学生致力于任务多样性的工作而不是单纯为了报酬;学生参与

---

① 李元元,邱学青,李正. 合作教育的本质、历史与发展趋势[J]. 高等工程教育研究,2010(5):22-29.

工作的时间至少是理论课程学习时间的30%,教育机构负责监督和评价等。①

　　合作教育渗透了个性发展与社会需求相协调的职业教育思想,充分体现了将学校教育、技术技能训练和工作实习有机结合的理念,也富有启发性地提倡职业教育不应该是仅仅满足市场需要的教育,更应该是以促进个人发展为目标、就业准备适应个人需要的教育。"如果合作教育仅仅作为一个获取工作场所信息或者连接技术知识与工作场所运用的经验媒介,那么它的有效性就没有得到充分发挥。"合作教育项目不是局限于学生在正常教学之外进行企业实践并能够获得一定报酬的教育活动范围,而是发展成为整体教育教学不可或缺的重要组成。总体来看,合作教育项目至少呈现出如下特征:其一,多重工作经验学习与学术学习的系统性、整体性的有序组合,是课程体系的重要组成;其二,强调学生是通过体验式学习的学习者和生产者,而不是知识和技能的被动接受者和重复者;其三,学生参与合作教育项目的各项学习指标评估记录被官方教育机构正式认可;其四,合作教育是高等教育机构、政府部门、社会各界协调关系的重要载体,也是职业教育以优秀服务来换取政府和社会的多元支持的途径。

　　实习与合作教育都属于工作本位学习范畴。在很多语境中,合作教育项目通常被称为"带薪实习",以劳动力的等价交换为学生筹措学费提供一种有效帮助,美国甚至将其作为降低学生社会贷款需求的策略。在很多文献中,实习和合作教育往往结合,简单地称为实习。如果将实习和合作教育都视为功能和目标相同的教育策略,两者的区别则在于时间安排的差异。实习时间较为灵活,且持续较短,最长一个学期;而合作教育是一种课堂教育和实践工作经验结构化的方法,贯穿学生的整个学习过程,有相对固定的日程安排,工作和课堂学习以有序的方式交替,结构性强、时间跨度长。但两者的核心都在于将工作实践有机地融入学生的学校教育过程。如果将实习视为一种实践性学习,那么它是合作教育的有机组成部分,实践性学习是合作教育的基本要素。因此,合作教育对学生的影响要强于实习。

3. 启示

　　通过以上对实习、现代学徒制和合作教育内涵的辨析,可以看出三者都强调在实践中学习,属于经验学习的不同形式,并且实习、合作教育还可以追溯到中世纪由行会控制以促进利益交易的学徒制。正如有研究者认为,合作教育是以学校与企业合作为特点的职业教育形式的统称,在美国称为合作教育,在德国则

---

① 刘洋,王云鹏. 发展合作教育,加强应用型创新人才培养——加拿大滑铁卢大学合作教育及其改革[J]. 世界教育信息,2007(6):67-70.

是双元制学徒培训。① 同一种学习模式拥有不同的称谓,这与各个国家不同的文化背景相关。例如,在美国文化中,崇尚个人自由和实用主义的价值观念历来占据重要的位置,通过行政手段强制推行或取消一种教育制度或教育模式的方法很难行得通,因此,要求美国的一所高校选择或者放弃合作教育都不是一件容易的事。此外,由于美国企业主认为学徒制意味着由工会实施,而每个企业都希望尽可能地减少来自政府或其他管理机构的干预,②他们更加希望得到社区学院的合作支持,倾向于选择合作教育而不是现代学徒制。这也解释了为什么现代学徒制在美国不能像在欧洲那样流行。

　　简言之,作为工作本位学习重要的三种形式,由于各个国家的文化传统和教育体制机制等方面的差异,造成了实习、现代学徒制和合作教育在名称上有所不同,但并没有改变三者在哲学理念、教育目标、实施途径等方面的内在一致性。这也为三者之间实现各自经验共享提供了基础和可能。

二、生产方式变迁与高职教育实习演变

　　生产方式与生产技术的发达程度相对应,技术变迁必然要求生产者的技能发生相应变化,也要求职业教育做相应的变革。以制造业为例,其生产方式大致经历手工生产、大量生产、精益生产和定制生产等阶段,③不同的生产方式造就了不同的职业岗位和工作任务,对从业者知识与技能的要求也不尽相同,从而影响了职业教育模式。实习是我国职业教育必需的实践教学环节,是职业院校和企业协同进行技术技能积累的平台。在深化产教融合、校企合作背景下,推进高等职业教育实习深入地发展、完善实习制度建设,满足新时代人民群众对"更好的职业教育"的期盼。深刻把握不同生产方式下职业教育实习的演变历程,分析其运行方式,能够对新工业革命背景下设计和实施实习活动提供基于历史的经验。

(一) 手工生产方式与高职教育实习

　　在第一次工业革命之前以及早期的机械生产,制造业以手工生产方式为主,操作者依靠精湛的手工技能独立工作。手工作坊业主或师傅所制作的产品从原料到成品,始终由个人单独完成。在整个生产过程中,劳动没有分工,人人都是

---

① 周蕖. 中外职业技术教育比较[M]. 北京:人民教育出版社,1991.
② 杰弗里·A. 康托. 美国21世纪学徒制——培养一流劳动力的奥秘[M]. 孙玉直,译. 北京:中国劳动社会保障出版社,2016.
③ 王浩伦. 制造企业生产方式演化及哲学思考[J]. 现代制造工程,2014(1):5-8.

全能者,生产者能够根据顾客个性化的需要,独立完成产品的设计和制造,产品的数量和质量也完全取决于个人的技能。手工生产方式具有以下基本特征:其一,借助手动控制的通用机床,按照顾客的个性化需求进行生产;其二,无标准化的计量系统,生产的产品规格能近似地达到要求;其三,生产效率和产量都不高,而生产成本却很高;其四,生产组织结构和管理简单,手工生产者既是业主也是雇员,并直接与顾客、雇员联系。虽然手工生产方式存在高成本、低效率以及产品质量难以保证等问题,但能够满足顾客个性化的需求,这种生产方式解决了产品"有"和"无"的问题。

手工生产时期的技术技能是专有技艺,并非通用的技能,这种生产方式要求从业者掌握产品设计、机械加工和装配等多方面的知识和技能,还要熟悉采用材料的性能和用途、熟练通用和简单的技术辅助工具操作,甚至通晓机械设计,而这些知识和技能的掌握则需要经过多年的实践操作。

在手工生产方式阶段,寻求技术技能的传承、扩散以及创新是手工制造从业者所面临的问题,学徒制恰好能有效地应对这一问题,并成为当时职业教育实习的具体形态。学徒以学习生产技能或经营管理经验为目的,与师傅或雇主缔结契约,在一定时期内从事劳役服务。在学徒的契约期限内,学徒与师傅兼雇主以劳动换取生产技能或经营管理知识,建立学徒关系,雇主或师傅有责任传授学徒相关的职业知识与技能,学徒则有义务在规定时间内为雇主提供无偿劳动。师徒契约要求学徒服从和忠实于师傅,师傅在师徒关系中居于主导地位,既是授业的恩师,又是就职的业主,这种师徒关系维系着行会手工业的运行秩序,也是职业技能得以传承的保证;学徒数量及习艺年限亦有严格规定,有"三年为满,出一进一"等规定,违者将会遭受惩罚。[①]

手工生产方式的技能习得以试错为主,并不强调原理认知和理论讲解,学徒观察师傅操作,在师傅示范和督促下,通过日积月累才能掌握一门技能。由于手工业生产依然是分散的小规模、个体化生产形态占主导地位,手工业产品也依然保持着艺术化、个性化的特色,学徒必须进行生产全过程的技术训练。在学徒培养及违规惩戒方面,手工业学徒主要学习本行业的各种制作技术和工艺,循序渐进是其基本规律。通常在第一年,徒弟很难接触到本行业务,主要从事杂务。师傅也会针对学徒之间的资质差异,因材施教,如"子弟从学,有聪明鲁钝之别。若聪明者,只要婉言训诲;鲁钝者,只得慢慢约束"。[②] 在惩戒方面,学徒任师教训,若有不听师言,任师责罚。对那些不勤习苦练或不遵守行规的学徒,轻则体罚、

---

① 彭泽益. 中国工商行会史料集(上册)[M]. 北京:中华书局,1995.
② 彭泽益. 中国工商行会史料集(上册)[M]. 北京:中华书局,1995.

重则斥退,师傅以种种惩戒措施强制学徒学习技艺。

细察手工生产时期的学徒传统,不难看出,学徒制既是职业技能培训制度,也是技术技能积累的主要方式,可以说是当时职业教育实习的具体形式,甚至被视为传统社会中职业教育的主要形式。在这样的职业技能传习制度下,培养出无数能工巧匠,传承了许多精湛手工技艺,具有鲜明的历史作用和存在价值。此外,学徒制度在传授职业技能的同时,还具备组织管理功能,主要通过师徒关系来实现,这种关系维护着师傅、帮工、学徒三者间相对稳定的秩序,反映了生产组织中的全部人事关系。由于受当时生产力影响,学徒制度也抑制熟练劳动者的增长速度和数量,限制了职业技能的广泛传播,阻碍着行业规模的进一步扩大。

在手工业生产中,尽管偶尔也会有所协作,但在大多数情况下,师傅必须完成生产过程的每道工序,才能最终形成产品。学徒要想独立从事生产,完成从学徒到师傅的角色转换,也必须熟悉和掌握生产过程的每个环节。在很大程度上,师傅的手艺全面与否、精湛与否决定着产品的质量高低,学徒能否拥有合格的技术水准,与师傅技术的好坏以及是否悉心传授密切相关。另外,手工时期的技术技能传播也具有排他性和独有性。技术技能掌握者为了使自己长期立足于社会竞争中,倾向于保守技术、限制技术传播,传播方式的排他性导致不可能出现大规模的针对某项技能的培训。

(二) 大量生产方式与高职教育实习

从第一次工业革命开始,机械化逐渐改变制造业的生产方式,也促使手工业稳步向工厂制度转变,并形成了以机器生产为主的"少品种单件小批量生产"的模式,提高了产品数量,并改善了质量。1913 年,世界上第一条流水生产线在美国福特汽车公司诞生,标志着大量生产方式进入制造业。这种生产方式将原本复杂的产品加工制造过程,细分为多个简单专一、紧密相连的操作流程,每个流程也只需配备一名工人即可完成生产任务,他们在专用的流水线上,不断地重复加工单一劳动对象。亚当·斯密在劳动分工理论中所提到的许多优点充分体现于大量生产方式中。简言之,大量生产依据企业对市场需求的预测,以批量生产产品为特征,采用标准化的制造工艺和过程,生产出标准化部件,通过高效率的自动化作业和规模经济效应,降低产品成本、提升产品质量。这种生产方式下的劳动者是以体力劳动为主的单技能工人,他们执行的操作步骤简单、专一,极易学习掌握且熟练程度高。

机器取代了以往由熟练工匠完成的任务,半熟练工通过操作反复运转的机器,形成流水线生产,产品经由传送带经过每一个工人,而不再像手工生产那样由工人移向产品。技术进步带来了生产分工,一定数量的工人在同一个工厂中分门别类地从事着某种固定的工作,原来复杂的生产工艺被分解为若干个简单的工序,有些工序甚至简单到只需短短几天便可毫无困难地掌握,产品的完成也不再依赖于某个人的全能技术,而是由不同的劳动者在生产过程中通过分工协作加以实现。这个时期,学徒不再需要熟悉和掌握生产过程的每个环节,习得职业技能的难度降低了,学徒习艺的重要性也削弱了。此时的工人就像《摩登时代》中拧螺丝钉的查理,没有任何创造性、没有任何自主性,生产工具控制了查理,而不是查理控制了生产工具。

大量生产方式下的生产过程变化带来了管理方式的变化,传统的师傅兼业主的角色消失了,从事企业经营的老板和专司监督工人的管理人员出现了。此时的老板一般也脱离了直接生产,不再像以前的师傅那样与学徒朝夕相处、言传身教,他们的职责是将学徒分配至某一个岗位,在工头的监督或技术工人的指导下进行生产劳动。随着大量生产方式在中国的出现,实现近代转型的企业开始根据需要招收练习生,为本企业培养工人或职员,传统的职业技能传承制度发生了重大变化,练习生制度在企业兴起。[1]

练习生制度承袭了技艺传承职能,技能人才的培养方式也发生了变化。一方面,产业组织与行业技术的进步,使得业主不再亲自参与生产过程,从而很少直接向学徒传授生产技术,师徒之间的关系难以再像以往那样密切;另一方面,学徒面对的是机械化、自动化程度很高的生产设备,已经无须掌握生产过程中的每个环节,只要熟悉产品制造的局部工艺即可,也不像以往那样依赖于师傅的手艺传授,仅需要花费一些精力了解机器设备的性能和操作程序,适应生产的标准化过程。此时,招收的练习生数量也大幅增加,例如,成立于 1929 年的上海飞轮制线厂,为了解决学徒工的职业培训问题,开办之初就在厂内设立了一个练习生训练所,每期在社会上招收练习生 200 名,培训时间为 9 个月,“训练期满,经过考试合格,方为正式工”。[2]

在练习生制度下,业主与练习生之间已不再有以往一对一的师傅指导徒弟的职业技能传授关系,而表现为雇用与被雇用的关系,习艺时间缩短,学徒待遇有所提高。练习生制度的兴起也反映了工业化的发展对于大批高素质劳动者的需求,比较有利于大批量地培养熟练技术工人,统一生产标准,提升产品质量。

20 世纪 30 年代,中国又风行起一种自海外移植来的技工培训制度——养成工制。养成工制以实际训练为主,辅之以课堂讲授。课程通常包括公民、纺织学、工作法、音乐、体育等。除了专业技术和知识的培训外,还须对养成工进行职

---

① 王翔. 中国近代手工业史稿[M]. 上海:上海人民出版社,2012.

② 王翔. 中国近代手工业史稿[M]. 上海:上海人民出版社,2012.

业道德的培育,如要有自谋生活的能力、要有决意专业的恒心、要有遵守时刻的习惯、要有合作的精神、职务要忠心、物件要节省等。①

在大量生产方式下,职业教育以培养能胜任一种岗位工作的工人为目标,生产分工把人的脑和手分离开来,经过初步培训的劳动力即可投入生产过程,从而造成劳动力在技能上的两极分化。此时的职业教育实习在于培养适应大量生产方式需要的技术技能人才,实习的工作任务单一、工作内容重复、工作方式简单、工作过程固定,简单、单一技能的重复训练,带来职业教育实习的单一化。职业教育实习沦为教人如何做事、完成技能工作,对知识与技能的来源不需要理解。此时的职业教育实习也初步体现了课堂学习与生产训练交替的特征,并且意识到了对于技能之外的职业素养培育的重要性。

(三) 精益生产方式与高职教育实习

二战之后,日本丰田汽车公司总结美国的大量生产方式,结合日本的市场特点,创造了精益生产方式。这种生产方式的独特之处在于找到了劳动分工与未分工两者间切入点:一是通过适度的劳动分工,即一个工人能够操作多种机床,掌握多种技能但并不是全面技能,从而避免由于未分工所带来的频繁转换操作所引起的生产效率降低;二是通过采用设备的快速转换操作的方法,如平行作业等方法,将各部门人员放到一起使得很多工作并行,缩短产品开发和生产周期,从而提高小批量、多品种的生产效率。

"适度的劳动分工"要求生产者掌握多种操作技能,他们在生产小批量、多品种的生产线上,通过不同的加工对象、快速的操作和转换专用工具,在生产技术上采用适度的自动化技术,提高生产效率和实现企业资源合理配置与利用,保证了精益生产的实现。精益化生产在组织方式上充分考虑人的因素,采用灵活的小组工作方式和强调相互合作的并行工作方式,强调以"人"为中心,推行更具市场竞争力的小组工作方式。② 小组由企业各部门专业人员面向项目组成综合工作小组,全面负责产品型号的开发和生产。职工往往是多技能作业员,能够操作多种机床的生产,同时负责多道工序的作业,如一个工人要同时会操作车床、铣床和磨床等。这种方式要求不断提高职工的技能,发挥职工的积极性和创造性,通过给予一定的工作压力、自主权和必要的帮助,满足他们学习新知识和实现自我价值的愿望。因此,精益生产方式的成功还体现在它是一种员工的行为方式,

① 王翔. 中国近代手工业史稿[M]. 上海:上海人民出版社,2012.
② 谢家平. 生产方式变革[M]. 上海:上海财经大学出版社,2007.

让每个员工都明白改变公司的就是自己。①

生产者与管理者共同组成工作团队,团队成员既要具备完成自己工作的知识和技能,又要拥有完成别人工作的知识和技能,这种工作组织方式要求生产者形成多样性技能。在新的生产方式下,企业意识到必须提高员工的技能素质,升级现有的技能培训体系,因此培训内容倾向于更一般性的和更理论化的技能学习,这也使得产业部门逐渐认识到和职业教育合作的重要性,实习、学徒制重新得到发展,体现了精益生产方式对职业教育发展的影响,如职业教育要面向全民、面向终身,满足企业对技能人才在沟通、合作、个人管理等方面的需求。

精益生产方式下,学校对技术的追求远不如企业,这也造成学校职业教育传授学生的生产技术无法满足企业生产的技术革新和生产发展的需要,而工作场所学习恰恰能帮助学生尽快地接触到企业生产实践中的最新技术。因此,人们越来越重视工作场所学习。这种情况下,职业教育实习作用得到进一步彰显,学生通过生产性实习在企业现场获得的职业知识和技术能力能够直接影响到自身的职业技能和职业素养发展。这也进一步要求职业院校与企业的合作越来越紧密,职业院校、企业、学生之间也形成了强有力的合作关系,校企合作、工学结合、顶岗实习也成为我国职业教育培养技术技能人才的一种制度。此外,职业教育实习也更加灵活、多元化,职业教育实习发展出更多形式,尤其是信息技术的不断发展,虚拟实习、实习智能化管理等不断涌现。

(四) 定制生产方式与高职教育实习

手工生产方式下,产品基本以定制为主,在大量生产和精益生产方式下,产品实现了大规模生产。随着顾客的个性需求和企业对效益的诉求,出现了以个性化定制产品大规模生产为特征的定制生产方式。这种生产方式既具有大量生产方式的高效率、低成本的优势,又具有单件生产方式的满足顾客个性化需要的特征。定制生产方式需要建立能够配置成多种最终产品和服务的模块化构件,按照不同顾客个性化需要定制生产出产品,使顾客能够以低廉的付出获得个性化的产品。支撑大规模定制生产的制造系统,主要由自动化、柔性化、高效率的先进设备构成,并且通过运用各种计算机辅助技术、网络技术等使其形成有机整体。以智能化生产为例,通过物联网技术将信息、资源、人员紧密联系,构建一个庞大的信息物理系统,形成智能化控制生产过程,同时结合大数据技术,合理配置生产资源,实现个性化定制生产。

定制生产方式本质上是基于知识层面上的劳动分工,通过知识工人之间的

---

① 若松义人.丰田式改善力[M].王景秋,译.北京:机械工业出版社,2009.

密切协作,充分发挥柔性化和高效率的制造系统的作用,从而实现定制生产,满足顾客个性化的需求。新的生产组织方式将以具有集成化、智能化、柔性化特征的先进的制造技术为支撑,按照需求任意批量且快速灵活地制造产品,同时还能支持顾客参与生产。有研究建议,"中国制造业应当努力实现由低附加值向高附加值、由低技术密集向高技术密集、由粗放发展向精益制造、由大规模生产向大规模定制的全面战略转型,显著提升在全球制造业分工中的定位"。①

在大量定制生产方式中,技术创新扮演了重要的角色,可以促进新产品技能的应用、新制造技术的应用并丰富技术工人的知识与技能。操作人员需要掌握智能化生产线的安装、调试与维护等技能,创新成为工作内容的重要元素,这也要求技术技能人才研究性地工作。与大量生产的组织不同,不确定性和不稳定性成了惯例,灵活性和响应能力又是必要条件,额外的和多余的知识及技能对生存来说就成了至关重要的因素。技术工人在工作中需要轮换,体验不同的经历,并从中获得知识和技能。工作将发生变化,工人的简单作业将被机器取代,工作人员在团队中相互协作,进行生产线的指挥与决策。技术工人工作范围明显扩大,需要监控整条生产线甚至整个车间的生产情况,除了了解生产过程的各种原理,还要具备简单地运用各种生产工具的技能。

定制化生产并不是完全缩小了人的作用,在某些操作环节还需要放大人的作用;也并不是完全排除技能操作,相反却需要高端技能操作。生产场所的技能两极分化的趋势逐步加重,认知性和创造性强的高收入工作机会将会增加,人才取代资本成为关键的生产要素。因此,人们认识到,在竞争性与公正社会中,教育与培训是促进企业发展的关键,保护生产者的权益和工作条件与满足社会经济发展需求并不矛盾,充分发展职业教育已成为各个国家的共识。

由于当前的生产系统已将生产与服务融为一体,生产直接面向客户,人才需求层次整体上移,即需要能够熟练生产的复合型人才,既要求技术技能人才将技术理论与技能操作融为一体,又要求技术技能人才具备与客户沟通的能力,以及按照客户需求进行定制化生产的理念。这种生产方式使教育场所不再仅仅局限于学校教育,企业教育、社区教育将更加流行,终身学习将更为迫切,在专业生活中,不断地学习、提升自身的知识和技能的人将成为最有价值的专业人员。为了有效应对这些挑战,职业教育必须培养学生以下四种智慧来适应当下工作:情境判断思维,即如何理解和运用知识与技能;情绪管理心灵,即如何处理和整合思维及感受并推己及人;自我激发精神,即如何运用自我及共同的目标、彼此间的

---

① 中国社会科学院工业经济研究所课题组. 第三次工业革命与中国制造业的应对战略[J]. 学习与探索,2012(9):93—98.

信任和其他优势来影响变革,为共同目标奋斗;身体素质,即如何塑造和保持自己及身边人的身心健康,从而有足够精力推动自身及体系变革。因此,高等职业教育实习在注重创新能力、专业素质和专业实践能力培养的同时,还应当注重创新品质和社会情绪能力的培养,注重亲自然情节的培养,唤醒同理心。这一系列的变化,必然将高等职业教育实习导向创新型方向发展。培养学生具有在不同环境下不断自我调整以及学习新技术和新方法的能力,帮助学生进行复杂性技能训练,关注可迁移技能训练,将成为创新型职业教育实习的重要任务,如图 5.1所示。

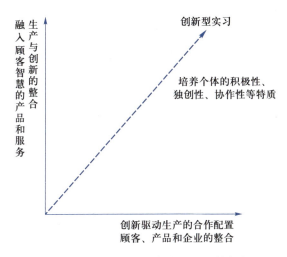

图 5.1　促进个人成长的创新型职业教育实习

　　创新型高等职业教育实习不同于以技能训练、知识应用为主的为工作而准备的实习,而是培养具备够用的专业知识、扎实的技术技能和较强的创新意识,在工作岗位上不断钻研创新,提升个人岗位价值,为任职企业创造更大经济效益的技术技能人才。[①] 创新型实习对实习者的实习态度、工作积极性、承担任务的责任感以及与同伴合作的态度等提出较高的要求,更有利于个体的积极性、独创性、协作性等个人特质培养,也更有助于学生个人生活发展。在设计创新型实习过程中,实习任务必须是工作过程完整、工作任务跨界的综合性生产任务,这些任务既可以是企业生产过程中遇到的实际技术问题,也可以是学生实习过程中,教师、学生、企业技术人员共同设计的研究性学习任务。

　　基于以上分析,不同的生产方式对个体的技术技能要求各不相同,进而决定了职业教育实习的形式和任务。手工生产方式决定了实习的基本形态是技艺型

---

①　祝成林. 论生产方式变迁与职业教育实习演变[J]. 职业教育研究,2019(1):44-49.

学徒,大量生产方式带来了规范型实习。随着技术的不断进步,企业对员工合作能力和创造性等素质的要求不断提高,精益生产方式要求职业教育开展多样型实习,而定制生产方式则呼吁加强实习的创新性,如图 5.2 所示。每一次生产方式的变迁都会带来职业教育实习形式和任务的创新。这些生产方式的变迁规律具体到高等职业教育实习形式分别是技艺型学徒、规范型实习、多样型实习和创新型实习。

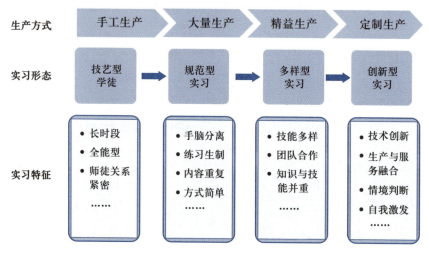

图 5.2　基于生产方式变迁的高等职业教育实习发展历程

基于职业环境的变化,个体逐渐认识到职业生涯的易变性和无边界性。无边界职业生涯"超越某一单一雇用范围设定的一系列工作机会"。在变化的职业环境中,人们获取知识与技能、情感与价值观的途径不再仅仅依赖于单一组织。无边界的职业环境促使个体的职业生涯和人生发展融为一体,职业和生活边界越发模糊,个体的学习、工作、生活不再有明确的界限。从纵向来看,组织更看重个体运用知识与技能的能力和可迁移技能,个体在学习、运用和创造知识的过程中获得成功的职业生涯,而不再依赖于知识与技能单一存在;从横向来看,组织环境与个体职业生涯发展是双向互动影响,无边界生涯既重视环境对个体职业选择的影响,也强调个体对职业环境的能动性和适应性,即"无边界职业生涯可以帮助个体积累知识、发展职业技能,这些知识和技能既有助于个体应对不确定的工作环境,又能迁移到其他就业背景中",无边界职业生涯将进一步要求职业院校和企业强化创新型实习设计和实施。

三、创新型高职教育实习的要素

新工业革命催生了定制生产方式,并要求高等职业教育实习注重创新性。如何基于新技术新业态设计高质量的实习项目,首要任务是厘清创新型高等职业教育实习的要素。

(一) 确立创新型高职教育实习要素的理论依据

通过对职业教育实习内涵的解析可知,实习是与工作相结合、有严格组织的教育教学活动,是一种与学生课堂学习和职业生涯目标相关联的生产性工作场所实践,整合了学生课堂理论知识与工作实践经验。这项基于经验教育理念的学习项目尊重学生、职业院校和企业的合作伙伴关系,通过可靠的校企合作机制,达到依托生产性实践活动培养技术技能人才的终极目标。然而,创建学习型的工作条件和学习环境总会涉及各种矛盾,如育人与生产的对立、成本与收益的博弈等。为了使高等职业教育实习尽可能有利于学习目标达成,必须对实习投入、实习过程、实习结果以及支持措施等实习的核心要素制定相应的评价标准。标准作为一个建设性的基础,对从创新型职业教育实习本身出发保障和衡量其质量具有指导作用。本研究从情境学习理论和体验学习理论两个方面,对实习的四个核心要素,即实习投入要素、实习过程要素、实习结果要素和实习环境要素,展开论述。需要说明的是,强调这四者并不是否认其他要素的存在,而是希望引起实习组织者在设计实习项目时给予重点关注。

情境学习理论认为,学习的实质是个体参与实践,与他人和周围环境等互动的过程,学习的结果是形成参与实践活动的能力、提高社会化水平[①]。学习者与环境相互作用,主动地参与实践活动,共同构成动态的整体或系统。学习行为也并非学习者对客观世界的被动反应,而是发生在社会环境中的一种主动活动。因此,对实习学生而言,学生在工作场所应具有一定自由度和采取有关行动的权限,在处理工作任务过程中可根据不同条件对工作流程进行更改,能够完整地参与工作过程。依据情境学习理论对学习任务的规范,实习组织者在设计实习投入要素时,一要确保实习任务的重要性和完整性;二要给予学生工作自由和根据情境等因素自主处理工作任务的权限,让学生能够获得校企双方共同提供的实

---

① 　J·莱夫,E·温格. 情景学习:合法的边缘性参与[M]. 王文静,译. 上海:华东师范大学出版社,2004.

习指导等社会支持;三要采取科学的方式评价实习结果。依据情境学习理论对学习结果的要求,实习结果要素则体现在提升专业技能、发展职业素养和加快社会化进程等方面。

体验学习理论认为,学习是一种"以体验为基础,个体与环境之间连续不断的交互作用、创造知识过程"①。科伯用学习循环模型来描述体验式学习,该模型包括体验与实践、观察和反思、抽象概念和归纳的形成、在新环境中测试新概念的含义四个过程。这四个过程要求学习者完全投入到实际体验活动,对其进行多个角度观察和思考,抽象出合乎逻辑的概念和理论,并运用到问题决策和解决过程中,在实践中验证新形成的概念和理论。高职院校学生在实习过程中,完全投入到企业真实的生产情境,在企业师傅的指导下,将观察和反思相结合,将实际体验活动和经历抽象成概念和缄默知识,并在生产环境中进一步运用这些理论作出实践决策、解决问题,从而促进自身技术技能提升和职业素养发展。这与情境学习理论对实习结果要素的规定具有一致性。

体验学习理论要求实习活动的指导者和组织者给予学生主动探索操作与体验学习的机会,一方面激发学生形成强烈的实习动机,另一方面要求指导教师采取认知学徒的方式,给予学生合理的实习指导,例如示范、反思、解释和探索等,让他们跟随技术技能专家参与真实的生产活动,获得诸如同伴之间相互沟通和帮助等社会支持。职业教育实习对于学生而言,不只是工作技能的训练和技术的应用,也包括引导学生在实践共同体中的思考与理解,思考由新手成长为专家的可行模式。此外,高等职业教育实习联结了企业和学校两种不同的情境,不同的系统也蕴含了差异文化。学生参与实习,不断适应企业文化,让学生在真实的工作情境中认知、思考和操作,并培育自身的职业认同感。学生从教育系统进入生产系统,必然会对企业资质、企业文化、生产组织形式、专业设施设备、安全保障等支持实习的环境因素进行考量。这些环境因素也是促进学生在工作中学习的重要社会支持。

(二) 创新型高职教育实习要素

立足学生本位的视角,从实习内涵出发,高质量实习的要素特征至少包括:学生实习有自主权、同伴沟通顺畅、任务多样、学习机会丰富、社会支持充分、指导者指示清晰、指导者反馈及时、指导者训练规范、指导者支持意愿强烈、企业环境良好、设施设备先进、安全保障可靠等,详见表5.1。其中,指导者既包括学校

---

① D·A.库伯.体验学习:让体验成为学习与发展的源泉[M].王灿明,朱水萍,等译.上海:华东师范大学出版社,2008.

指导教师,又包括企业指导师傅。实习要素的特征具有多样性,因此,优质实习项目必然是职业院校、学生和企业三方合作、共同努力的结果。这些要素特征也是从内部设计和外部评价高等职业教育实习项目的核心要素的指标。

表 5.1　创新型高等职业教育实习的四个核心要素

要素	要素特征	主要参与者
实习投入	技术、技能多样性;工作任务重要性;工作任务完整性;工作任务创新性;工作过程自主性;结果考核规范性;考核形式多样性等	职业院校、学生、合作企业
实习过程	学习机会丰富性;学校、企业管理科学性;同伴沟通顺畅度;指导者指示清晰度;指导者反馈及时性;指导者训练规范性;指导者支持意愿强度等	职业院校、学生、合作企业
实习结果	专业技能提升、职业素养发展、职业认同感增强、社会化进程加快	职业院校、学生、合作企业
实习环境	工作时间规范性;薪酬合理性;企业资质;企业文化;生产组织形式科学性;专业设施设备先进性;安全保障可靠性等	职业院校、学生、合作企业

职业教育的实习投入要素和实习过程要素促进学生的反思能力和创新能力发展,已引起人们的重视。例如,拉什(S. Lash)认为学习型岗位应满足岗位工作者对反思和创新的追求。在设计和选择职业教育实习项目时,管理者和指导者应当充分考虑实习促进学生对工作过程和个人行动的反思,对工作活动和工作成果的创新。创新也是评价实习项目的重要特征。因此,本研究提倡校企联合设计创新型实习项目。创新型实习的任务是工作过程完整、工作任务跨界的综合性生产任务。将企业生产过程中遇到的实际技术问题作为高职院校师生的研究课题,在学生实习过程中,深化教师、学生、企业技术人员合作,共同进行技术开发、革新和推广的应用型研究,促进职业院校成为区域企业技术研发的重要基地,增强学生实习任务的体验性、创新性和多样性。创新型实习的任务要依据个人的发展需求,任务的要求太高或太低都不适合学生发展,实习过程必须有某种程度的自由,个人的发展不应该局限在一个封闭的系统,学生应具有控制过程权限。

第六章　新工业革命背景下的高职实训模式探究

　　世界范围内新工业革命的兴起及其在技术运用、工作组织、劳动过程等方面引起的变革，要求职业教育转变教学模式，以应对技术更新的即时性和工作世界的不确定性。实训是我国职业教育开展实践性教学的主要载体。近年来，由于学校职业教育适应工作场所能力要求的有限性，以及越来越多的教育理论对职业实践参与维度的强调，相对于直接的工作场所学习，实训的价值似乎在逐渐减弱。不可否认，工作场所学习在当前职业教育中发挥着重要作用，但实训的教育价值同样颇高。在新的背景下，我们需要思考的是，如何重新认识和完善当前的实训模式，使其更加适应新工业革命背景下的技能人才培养要求。

一、实训在职业学习中的重要性

（一）新背景下实训的必要性

1. 工作场所的进入问题

　　工作场所学习的优势随着情境学习理论的兴起和对专业实践者的研究而日益凸显，并逐渐成为世界范围内倡导的职业教育模式。情境学习理论对边缘性参与及对默会知识的强调，使工作场所成为社会化和情境化学习的理想场所。这是因为，专业实践者通常并不简单地运用在正式教育中学到的规则和原理来解决问题，而是基于直觉，这种直觉来自丰富的实践经验。唐纳德·A. 舍恩通过对专业实践者的研究发现，最能帮助学生学会处理不明确的、复杂的、有风险的工作任务的方式是由实践工作者示范如何理解和应对这些状况，并且在工作中反思自己的行动,从而理解从工作中获得的知识①。工作场所学习理论的核心基础在于能力不是个体或组织拥有的某种东西,而是他们行动的结果,能力的获得是通过工作而不是为了工作。

但这种对学习非正式性层面的强调,也产生了这样一种危机:所有的情境都被视为能同样好地促进学习,但事实显然不是这样。情境学习理论的早期批判者就提醒我们注意权力关系问题,权力的不对等可能会导致无法进入和非良性进入等问题,这些问题同样在工作场所中暴露出来。总的来说,从工作场所的特征来看,影响合法进入的因素主要有三个。第一,权力关系带来的无法进入问题。工作场所是工作而不是学习的场所,这决定了学徒主要是以工作者的身份出现的。Lave 和 Wenger 关于屠夫学徒的例子很好地说明了学徒由于被限制在特定的岗位从事高度紧张的工作而难以获得学习机会,即学生难以在工作场所参与目标导向的完整任务。这随之导致另一个问题:学生难以接近专家和其他工作者或者实践专家不愿意分享知识。但需要注意的是,日常实践任务的参与、专家和其他工作者的指导与示范、真实的活动等是有效工作场所学习的基础。第二,社会互动虽然是学习的重要维度,但个体在社会互动的过程中也会学到负面东西,如不恰当的态度和价值观。工作场所内的社会性互动,尤其是非正式互动,"可能使个体形成有碍操作安全和工作绩效"②的不良职业习惯。Virtanen 等人认为,新手更容易在工作场所习得不好的职业习惯,因为他们缺乏先前的工作经验。第三,我们需要注意在更广泛社会背景下的平等问题,如性别、阶级等。

2. 复杂工作任务的知识要求

在新工业革命背景下,受信息化和智能化的影响,完成一项工作任务所需的背景知识和专业知识将越发丰富。

Winch 对专家知识的分析表明,程序性知识和陈述性知识对于专长的发展都至关重要。然而,Prawat 发现情境学习更支持程序性知识的发展而非陈述性知识的发展。但要成为一名实践专家,必须具备两方面的知识。Billett 的研究也表明,工作场所学习可能无法实现对复杂工作任务的深度理解。工作场所的知识常常是以碎片化和非系统化的形式存在着,它们在某种程度上难以被新手所掌握。Furstenau 虽然支持学生的工作场所学习,但也提出,如果要迁移抽象知识则需要特殊的学习环境,如模拟。他还认为,工作场所学习能在一定程度上促进知识的概念化,因为学生能够更好地将抽象知识与工作场所实

---

① 唐纳德·A. 舍恩. 反映的实践者:专业工作者如何在行动中思考[M]. 夏林清,译. 北京:教育科学出版社,2007.

② 陶丽. 工作场所学习的影响因素及障碍分析[J]. 职教通讯,2010(4):31-35.

践联系起来,但是鉴于这些知识的抽象和默会特征,实践专家常常难以解释和交流他们的知识,这就要有教学干预和近距离指导。尤其是工作日益复杂使越来越多的工作任务变得不透明,这要求工人具有丰富的概念性知识基础,以理解和有效完成这些更复杂的工作任务。一方面,知识社会的发展,尤其是信息技术和新一代技术革命的兴起,使工作任务蕴含了越来越多不透明和被隐藏起来的知识,如黑箱技术、计算机驱动的操作过程等。另一方面,工作组织的复杂形式也在使知识变得难以理解,然而没有专家的指导,新手就很难获得这些概念性知识。

3. 学生的学习水平

Van Merriënboer 认为在真实职业实践中,我们不应忽略学习者的教育水平,因为教育水平低的学习者可能没有办法处理真实的、复杂的、专业性的情境。如果他们被迫去处理这些情境,会增加认知负担,从而对学习产生消极影响。这一观点和 AnneVirtanen 等人的观点不谋而合。他们认为,学生在工作场所学习的过程中之所以会感到无所适从,是因为他们需要理解大量综合性的信息,而这超出了学生,尤其是低年级学生的认知能力。这和学生的工作场所学习风格有关。Boshuizen 发现,学生的工作场所学习经常是从将新信息和他们原有知识联系起来开始的。但这有一个重要的前提,即学生具备在不同情境下表现的能力并会积极地反思这些情境间的相似性。这些都要求学生在进入工作场所之前就有实践经验。因此,Boshuizen 和 Daley 认为在这个阶段,学生更倾向于学校内的正式学习,因为学校能够提供相对安全的环境和结构良好的任务信息。真实性任务的要求也表明,只要学校抽取的情境同样要求学生展现工作所需的能力,那么学习就是真实且有效的。抽取的标准是简化使能力表现复杂化的情境因素。在工作场所直接进行教学指导是不太现实的,职业教育者发现在工作场所将实践和理论联系起来往往是困难的,因为个体不可能打断工作进程以解释工作任务所体现的理论知识。

(二) 实训的优点

以下总结了已有研究中有关实训在促进学生职业学习方面的优点,可分为学习环境和学习结果两个部分(见表 6.1 和表 6.2)。对学习环境的研究,主要是和工作场所学习、传统课堂教学的比较;在学习结果方面,借鉴 Khaled 等人对学习结果的分类,并将其与实习的学习结果进行比较(实习可以看成是工作场所学习的一种形式)。针对学习结果方面的研究,目前关于态度和能力的文献还比较少。这些研究说明,实训作为实践性教学和培养学生职业能力的方式,有其独特的优点。

表 6.1　实训的学习环境优点

维度	实训
工作任务的情境	·安全的环境,避免对学生和他人的风险(CASN,2007;Rush et al.,2007) ·排除无关干扰(CASN,2007) ·模拟罕见但复杂的临床实践(CASN,2007)
个性化	·根据学习需要设计工作任务(Sjöberg,2014) ·迎合学生需求的专家指导(Kneebone,2005) ·主导而不是等待培训机会的出现(Rush et al.,2010) ·个性化训练(Beaubien,2004)
技能练习的条件	·刻意练习(Robyn,2009) ·自动化技能的重复训练(Alinier et al.,2006) ·提高技能训练的准确程度(Robyn,2009)
人际互动	·指导与示范(Schlairet & Pollock,2010;Wenk et al.,2009) ·即时反馈(Nestel & Kidd,2003) ·包含学习的情绪因素(Kneebone,2005) ·真实性评价(Dieckmann,2007) ·组织团队学习(Kneebone,2005;Rush et al.,2007)

表 6.2　实训对学生学习结果的影响[1]

学习结果	实训
知识	·元认知知识 (McCaughey & Traynor,2010;Nestel & Kidd,2003;Rush et al.,2010) ·事实性知识 (McCaughey & Traynor,2010;Zeng & Johnson,2009) ·程序性知识 (Zeng & Johnson,2009)

续表

学习结果	实训
技能	·专业技能 (Grady et al. , 2008)
态度	·职业表现中的自信 (McCaughey & Traynor, 2010; Wenk et al. , 2009)
能力 (COLO, 2006[2])	·运用专业知识 (McCaughey & Traynor, 2010; Zeng & Johnson, 2009) ·决策和主动行动 (McCaughey & Trynor, 2010) ·关心和理解 (Nestel & Kidd, 2003) ·合作能力 (McCaughey & Traynor, 2010) ·计划能力 (McCaughey & Traynor, 2010)
迁移	·从实训到工作场所的迁移 (McCaughey & Traynor, 2010; Rush et al. , 2010)
职业身份	·对职业发展的了解 (Rush et al. , 2010) ·对职业角色的了解 (McCaughey & Traynor, 2010)

注:① 本表参照 Anne Khaled(2014)研究里的学习结果分类绘制。

② 来源:COLO. (2006). Competentiemodel Kenniscentra Beroepsonderwijs Bedrifjsleven [Competency Framework Vocational Education and Workplace]2006,此处引自 Anne Khaled 的研究。

二、实训模式的新理念

(一) 情境学习

职业学习的一个重要研究视角,是在认知心理学和人类学领域发展起来的情境学习理论。该理论思想可追溯到杜威的"做中学"和社会建构主义理论。这里将 Allan Collins 和 John Seely Brown、Lave 和 Wenger 视为该理论中的重要代表者。

根据 Collins 的说法,有两个重要思想影响了他们的研究①。首先是 Lave 关于传统学徒制的研究,尤其是示范、指导和脚手架等学徒制的核心要素②。其次是维果斯基的社会文化认知理论。1989 年 Collins 和 Brown 合作发表了《认知学徒制:教授阅读、写作和数学的技艺》,正式提出了"认知学徒制"的概念。他们认为,认知学徒制是传统学徒制和学校教育的结合。它强调知识在需要应用的情境中学习从而区别于布鲁纳的结构教学,而知识的重新去语境化又使认知学徒制区别于传统学徒制。同年,两人和 Duguid 发表了《情境认知和学习文化》,系统论述了情境认知与学习理论,提出知识具有情境性,并建构了情境学习的模型,他们认为知识是活动、情境和文化的一部分,知识正是在活动中不断被运用而发展的。

在 Collins 和 Brown 的开创性研究基础上,情境学习的研究主要聚焦于学科知识教学的文献中。但"认知学徒制"研究的出发点是为了探究作为专家知识组织原则的认知和元认知策略,因此对理解职业学习也很有帮助。在职业教育领域,人们更常提起的情境学习理论是 Lave 和 Wenger 提出的。这一发现之所以重要,在于它提供了理解社会性职业学习的最初框架。他们的研究视角从个体转向了共同体。对于 Collins 和 Brown 来说,重要的是内容或意义的情境性,对于 Lave 和 Wenger 来说则是实践共同体中学习者社会参与的特征。这种差异根植于他们对学习本质的理解——学习不仅嵌于实践,而且本身就是社会实践不可分割的一部分。继而"作为社会实践的一个方面,学习包括的是完整的人;这不仅暗示着与特定活动的关系,还暗示着与社会共同体的关系——即意味着要变成一个充分的参与者、一个成员、一种类型的人"③。因此,学习不仅是习得知识,还涉及身份的建构。Wenger(1998)进一步提出学习的社会理论应当包括四个要素:共同体、实践、意义和身份,并详细讨论了情境学习的四个维度,如图 6.1 所示。

实践共同体和合法的边缘性参与这两个概念在 Lave 和 Wenger 的思想中占据了中心地位。根据他们的理论,学习就是通过在共同体中位置的变换而建构

---

① 陈家刚,张静然. 认知学徒制、技术与第二次教育革命——美国西北大学 Allan Collins 教授访谈[J]. 中国电化教育,2009(4):1-5.

② 陈家刚. 认知学徒制二十年研究综述[J]. 远程教育杂志,2010,28(5):97-104.

③ J. 莱夫,温格. 情景学习:合法的边缘性参与[M]. 王文静,译. 上海:华东师范大学出版社,1997.

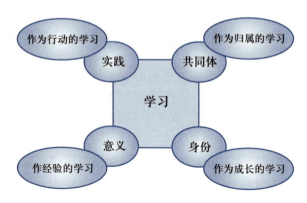

图 6.1 Wenger 对学习的理解

起身份的过程,方式是通过合法的边缘性参与。实践共同体"不意味着必然在场的、界定明确的、可以辨别的群体,也不意味着一定具有看得见的社会边界。它实际上意味着在活动系统中的参与,参与者共享他们对于该活动系统的理解,这种理解与他们所进行的行动、该行动在他们生活中的意义以及对所在共同体的意义相关"①。合法的边缘性参与是新手逐渐成为共同体核心成员的过程。这种边缘性地位能够促使学习者发展新的学习机会并展现自身,但这一过程会受到一些因素的影响,从而阻碍或促进情境学习。被提及最多的因素是权力关系导致的进入问题。Lave 和 Wenger 关于屠夫学徒的观察说明了工作场所中可能存在的进入问题。后来的研究者继续深入探讨了这一问题,认为权力关系的不对等不仅会影响参与程度,也阻碍了新手接触实践专家的机会。此外,在运用这一概念时,需要考虑到适用对象的问题。由于 Lave 和 Wenger 的研究对象是各个职业领域的新手,合法的边缘性参与对于更为熟练的实践者来说是否具有同样的作用这一问题,则留待进一步研究。

　　情境学习理论意在表明:所有的学习都是情境性的,即它在某个具有社会性和人际交往特性的情境中发生。这也是为什么伊列雷斯强调以下因素对学习的重要性:"更为直接的互动形式和更具一般性的实践和学习环境的共同体框架,积极参与和共同决定的可能性,与问题有关的主体性卷入、批判性反思和自反性以及社会责任"②。

(二) 真实性学习

　　学习理论的另一个重要视角——真实性学习,是在情境认知理论和抛锚式教

---

① J. 莱夫,温格. 情景学习:合法的边缘性参与[M]. 王文静,译. 上海:华东师范大学出版社,1997.

② 克努兹·伊列雷斯. 我们如何学习:全视角学习理论[M]. 孙玫璐,译. 北京:教育科学出版社,2015.

学的研究中发展起来的。正规学校教育通常忽视学习背景与真实世界的关系,导致学习内容与学生真实生活经验的脱节。对学校教育的此种批判最早可以在怀特海和杜威的思想中看到。二十世纪七八十年代,西方教育领域的教师和研究者开始探索在学校中运用学徒制教学的效果,并最终发展出真实性学习的概念。

真实性学习指将学习任务置于真实世界的情境中,从而提供学生像在日常生活中解决问题一样的学习机会。Herrington 是真实性学习研究的代表人物。他起初通过文献回顾总结了情境学习的关键特征模型,并将其运用到学习环境框架的设计中。这一框架后来扩展到网上学习环境和高等教育领域。再后来,他提出并完善了真实性学习的学习环境要素。Herrington 总结了真实性学习的九大学习环境特征,涉及任务和情境的真实性、教师角色、学生的身份和评价的真实性等。教师在促进真实性学习的发生中扮演着重要作用。早在 1993 年,Newmann 和 Wehlage 就提出了真实性教学的五个标准,这些标准包括:高阶思维、知识深度、与课堂以外世界的联系、实质性对话、学生成就的社会支持。

和情境认知理论一样,真实性学习这一概念最初也被广泛应用于普通教育领域。真实性是职业学习的两大核心原则之一,这使职业学习环境的真实性设计经常被讨论,但也面临着很大的争议。一些学者认为,校内学习环境如工作场所模拟没有触及工作共同体社会性互动的实际情形。支持者则主张,真实性主要指包含与职业实践相关的完整工作任务。随之而来的问题是,如果在普通教育领域,真实性的核心意味着问题解决逻辑的生活实践化,那么在职业教育领域,真实性又意味着什么? 研究传统通常强调物理环境的现实化。物理环境的真实性对发展程序性技能和心理技能有利,因为真实的装备和材料能够引起技能动作和工作过程的准确再现。但是,Herrington 和 Gulikers 等人认为除了真实的物理环境,真实的学习环境还应该包括真实的工作任务。然而真实性过高的任务会造成学生的认知困扰和负担过重,因为他们需要同时处理许多要素,从而阻碍了其认知能力的发展。后面我们还将讨论真实性的另一个维度,即认知的真实性。这是在批判物理环境真实性的基础上发展起来的概念,强调学生对学习环境的真实性认知是真实性学习的关键,物理环境的真实性并不能直接导致真实性学习。

(三) 刻意练习

心理学领域对专家技能形成的研究存在两种截然对立的观点:以弗朗西斯·高尔顿为代表的天赋论和以华生等行为主义学者为代表的后天练习论。埃里克森和他的同事们的研究使努力成为许多专业领域大师研究的重要议题。在经过长期对音乐、体育等领域杰出人物的研究后,埃里克森提出"刻意练习"的概念并强调刻意练习在新手成为大师过程中的重要作用。他最具吸引力的理论是刻意练习能够充分解释不同个体间的专业技能表现差异。也就是说,只要经过充分的和足够长时间的刻意练习,任何个体都能成为某一领域的专家。然而,该理论所蕴含的基本假设——专业技能的进步只是刻意练习的结果也受到不少质疑(如 Schneider)。对刻意练习最多的批判是它直接否定了天赋的作用。事实上,除了刻意练习,其他因素可能也在发挥作用,如开始的年龄、智力、人格等。Hambrick 等人的研究支持了这一观点。他们发现刻意练习只能解释34%的象棋表现差异,在音乐成就上的解释力则不到30%。刻意练习的效果还可能随专业领域的不同、任务环境的可预测性而有所差异。这表明刻意练习的作用并不像埃里克森所强调的那样突出。然而,必须加以强调的是,虽然这些批评者不认为刻意练习是发展专业技能的充分条件,但他们一致赞同刻意练习是至关重要的。

以上批评的声音对于理解大师技能具有深刻意义,但由于本研究的兴趣主要在于教育干预如何能够促进专业技能的发展,因此对于影响技能形成的不可干预因素,如智力、人格等不做过多讨论,而是聚焦于刻意练习所蕴含的学习理论及相关的教学启示。在技能发展的问题上,承认练习的关键作用已基本形成共识。但并不是所有的练习形式都是有效的。埃里克森认为,至少存在两种练习形式:刻意练习和重复练习,前者是成为大师的最重要因素,而后者对于提升专业技能水平没有任何作用。刻意练习指为了提高某一专业技能而设置的具有一定难度的练习任务①,它要求学习者走出舒适区,并在练习过程中保持高度的自我监控和自我反思。这样看来,刻意练习似乎是一种有目的练习,但它又不只是有目的的练习,关键的区别在于是否有导师的参与。这是因为,刻意练习的核心指向一个明确的技能发展目标,这一目标的确定是基于学习者现有技能表现的不足。因此教师或教练的参与是不可或缺的,他们的作用是设计和监管练习过程并提供反馈信息②。

刻意练习也不同于工作。刻意练习的目的在于提高某一技能,但工作的要求和目标可能不同,并且对个体来说,工作不具有可控性。工作场所无法发挥刻意练习最大效果的另一原因在于它无法提供大量反复出现的场景来供学习者练习技能。尽管单一的重复练习对于提升专业技能没有作用,但重复练习在巩固和完善新技能表现并使其自动化的过程中却有着重要影响。但也有观点认为工作场所同样存在刻意练习,只是形式不同。在工作场景下,刻意练习不包括提供复杂任务的大量练习或某一过程的改良,而是从实践专家那里获取信息、寻求反

① 安德森·艾利克森,罗伯特·普尔. 刻意练习:如何从新手到大师[M]. 王正林,译. 北京:机械工业出版社,2016.

② 安德森·艾利克森,罗伯特·普尔. 刻意练习:如何从新手到大师[M]. 王正林,译. 北京:机械工业出版社,2016.

馈等,真正重要的是提高能力这一任务目标。

总地来说,刻意练习理论对技能学习的启示可归纳为以下几点:

(1) 长期的刻意练习是新手提升专业技能的重要路径。

(2) 刻意练习需要具有明确的能力提升目标。

(3) 导师的指导和反馈必不可少。

(4) 学习者必须具有自我监控和自我反思的能力和动机。

(5) 新技能的巩固和自动化需要大量的重复练习。

(四) 学习的迁移

关于职业学习的理论,这里将讨论一些非常主题性的概念。它们扩展了对"以学生为中心的学习"的理解。这些概念有"学习的迁移",它提出了学校知识如何应用到工作场所的问题。还有"自我引导"和"自我管理",这两个概念通常被视为近义词而使用,但实际上两者的意思有很大的出入。

迁移对于职业教育来说是重要的,原因在于将特定知识从学校教育背景应用到工作场所实践的困难性,因为两者的任务情境、文化和学习方式都完全不同。这跟情境学习理论对学习的理解是相似的,即所有的知识都是文化知识和社会情境化的。对于职业教育来说,没有关于职业领域的各种传统、历史和文化,学习很难取得成效。迁移的概念最早由 Thorndike 和 Woodworth 提出。迁移指个体将先前学习获得的知识、技能和能力等运用到新情境中去的学习过程。如果新的情境与先前情境相似,那么迁移就很容易;如果新的情境是复杂和陌生的,迁移则可能失败。Perkins 和 Salomon 区分了低负荷迁移和高负荷迁移。前者发生在相似的情境,以自动化的反应和反思为特征,如将开汽车的经验迁移到开卡车的新情境中;后者依赖迁移者对两个不同情境共性的提取能力,如将下棋的策略迁移到政治实践中。通常来说,有四个因素会影响迁移的成败:先前学习经验、情境的相似性、迁移者的意志、花在促进迁移发生上的时间和努力。需要加以说明的是,尽管先前经验对于迁移具有重要性已成为常识,但很多例子表明这依旧是导致迁移失败的最重要因素,根源在于先前经验的获得形式,不应是单纯记忆,而是需要理解所学的东西。

(五) 自我指引与自我管理

随着职业教育的目标从培养技术能力延伸到培养终身学习能力的转变,让学生掌握学习过程逐渐成为学校教育的核心议题,这一目标的实现首先需要学生在学习过程中学会自我指引(SDL)和自我管理(SRL)。虽然这两个概念看起来相似并经常作为近义词使用,但两者的理论背景和实证方法差异很大。简单来说,SDL 是宏观层面的,指对学习轨迹的计划;SRL 是微观层面的,涉及具体学习任务的实施。

SDL 是成人学习理论中的概念,指个体独自或在他人帮助下,主动诊断自己的学习需要,设定学习目标,明确完成任务所需的人力和物资,选择并运用合适的学习策略,评价学习结果的过程。Knowles 指出这一概念并不局限于成人教育领域,因为当个体将自己视为成人时,他就会有独自做决定的自我期待。然而,正如已被很多人指出的,Knowles 对 SDL 的定义存在误解,尤其是混淆了作为教学过程的 SDL 和作为个性建构的 SDL。这一缺陷后来被 Brockett 和 Hiemstra 所弥补。他们发展了理解 SDL 的概念框架——个体责任导向(PRO),深入辨析了四个相关概念,这些概念分别为:个体责任、自我指引的学习、学习者的自我指引、学习中的自我指引。SDL 学习环境的主要设计特征是提供给学生一定量的自由或选择来追求他们的学习目标。这对学校教育提出了一个挑战:改变教师主导的课程模式。

鉴于 SDL 在学生职业发展中的重要性,研究学校职业教育需要考虑的问题是,实训能否促进和如何促进学生的 SDL。Brydges 和他的同事是最早开始调查实训和 SDL 关系的研究者。以护理专业为例,他们发现学生能够在实训过程中实现 SDL,并产生积极的学习结果。这是因为他们能够在自我监控的过程中自主决定是否以及何时选择更复杂的任务。但产生积极的学习结果是有条件的,即学生为自己设定的目标是过程导向而非结果导向。Brydges 的研究说明了 SDL 在实训中是可能的,并且在适当的条件下能够催生积极的学习结果。

SRL 是教育心理学领域常用的概念,它主要关注具体任务的执行过程。Zimmermann 的研究是该领域研究的重要参考。他所设计的 SRL 三阶段过程(准备、实施、反思)模型,构成了后续 SRL 学习环境研究的基本框架。根据 Zimmermann 的理解,SRL 指学生的认知、元认知、动机和行为层面都积极参与学习,学生在自我监控和教师反馈中进行反思,从而改变他们行为表现的过程。

另一个值得提及的研究者是 Jossberger,他研究的焦点在于职业教育领域的 SRL。他主持的实证研究表明,实训同样能够促进 SRL。但学生很难设定具体的学习目标和制定工作计划。在接下来的研究中,Jossberger 发现提高教师反馈时,学生的学习动机和自我反思的能力会提高,但任务计划的能力仍很欠缺,Khaled 等人的研究佐证了这一结论。这说明实训能够促进 SRL,但需要教师更好地利用实训提供的机会。遗憾的是,发挥教师的促进者角色仍是目前实训在 SRL 上面临的关键问题之一。事实上,促进 SRL 通常并不是很多教师的关注点。Sturing 曾让职业学校的教师对能力本位教育的十大原则进行排序,其中之一便是 SRL,结果显示 SRL 只能排到第七位。Jossberger 对职业教育领域的 SRL 和 SDL 的另一贡献在于,他基于对已有文献的梳理和反思,提出了 SRL 和 SDL 在职业教育环境下的学习环境核心要素,如图 6.2 所示。

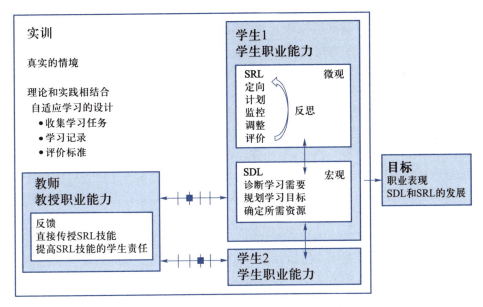

图 6.2　Jossberger(2011)的学习环境设计图

三、对职业教育实训的新讨论

不管在实践层面,还是在研究层面,模拟真实的工作情境都被视为有效实训教学的重要特征。但必须认识到,实训始终不是真实的职业实践。在新的形势下,对实训这一特性的研究也出现了一些新的讨论。一方面,实训的真实性不应停留在物理环境如设备、材料等的真实上,更强调学习任务、师生身份感知的真实性。另一方面,新工业革命对职业教育模式提出的可能挑战,不仅体现在它要求实训能够更灵活、有效地追踪职业世界的技术变革,而且要求实训能够补充工作场所学习可能存在的欠缺之处。

(一) 学习任务或情境的真实性

很多教育者相信,要设计可信(authentic)的学习任务或情境,那么它们一定要是真的(real),比如企业实习等。这也是实训经常被诟病的地方,即实训即使能够坚持能力本位的职业教育,它所提供的工作任务和情境也无法和真实发生的工作事件一样,模仿始终是虚假的。因此,尽可能地复制真实工作世界便成为实训的首要原则。这种努力被称为保真度(fidelity)。在学习环境里呈现某些真实的物理和空间要素,能够促进学生学习,尤其是对于新手来说。越高的保真度意味着对真实世界越精准的模拟。如在医学上,从低保真度到高保真度的病患模拟可包括:书面描述、网络虚拟、假人和真人等。

但对于大多数职业教育来说,要在学校教育中再现完全一样的工作情境是不可能的。那么实训究竟需要在多大程度上模拟真实的工作情境,模拟的情境对于学生学习的促进作用是否就不及工作场所呢?这里主要提供两种反对意见,即反对过于强调物理环境的真实性的观点。一种观点认为,对于模拟来说,真正重要的不是环境有多真,而是所发生的学习是否对学习有意义。该观点认为,物理环境的逼真度和有意义学习之间不存在必然关系。这种观点可部分被另一种观点所解释和支撑。另一种观点认为,保真度可以分为工程保真性和心理保真性。前者指培训环境或设施在多大程度上复制了工作任务的物理特征。但增加物理环境的真实性不仅会增加开支,而且也只能稍微提高学习表现。很多实证研究支持这一理论。比如 Beaubien 和 Baker 提出模拟的真度(realism)和培训效果的直接关系尚不清楚。Salas 和 Bowers 提出模拟设备本身引发学习的观点忽略了模拟的社会实践层面。类似的,尽管 Dieckmann,Gaba 和 Rall 认为,护理领域模拟的真度作为一个概念通常被看成是不言自明,但 Rystedt 和 Sjöblom 对此提出了质疑。因此,一方面,需要尽可能地在实训中模拟真实工作场所的物理环境;另一方面,更应该关注如何在实训中促进有意义学习的发生,如图 6.3 所示。

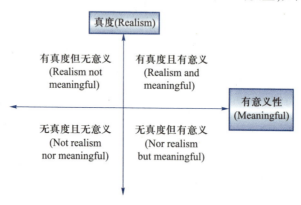

图 6.3 模拟中的学习类型

(二) 学生的认知真实性问题

由此,我们探讨有关实训影响学生学习的另一个因素。这曾在讨论真实性学习的时候提及过,即认知真实性(cognitive authenticity)的问题。认知真实性和心理保真性的概念有一定的相似性,它们都关注实践者内心对工作任务是否有真实的感知。这两个概念的差别之处在于,真实性(authenticity)更强调参与者之间的互动。人际互动被视为是促进模拟环境中学习的关键。然而,这种对人际互动的强调使得认知真实性对于教学而言不具有可控性。因为 authenticity 被视为无法提前设计,相反它出现在参与者的互动中,作为专业实践的象征。对互动更激进的理解是认为真实性不发生在学习者、任务或环境中,而是发生在这三者互动的过程中。一些研究认为,学生在任务中的角色扮演会影响他对真实性(authenticity)的感知。基于文献回顾,Druckman 和 Ebner 强调分配角色并在模拟的场景里扮演角色的困难,比如表演过多或不足。角色扮演面临的问题可进一步参考戈夫曼的研究。Ebner 和 Kovac 提出为了角色扮演能够起作用,模拟中的参与者必须知道如何扮演这一角色,这就需要在模拟开始前有充分的教学准备,以说服学生相信自己的角色及相信自己在参与真实的任务环境。说服是真实化的核心。说服的目的在于让学生接受教师所赋予自己的角色身份,这就要求有一个前提,即教师和学生共享对角色的理解。然而,由于真实性是主观的,也就是说学生认为真实的和教师认为是真实的东西并不总是相同,这使处理认知真实性的问题更加棘手。Sjöberg 对警察学校紧急事件模拟的观察结果就表明,模拟失败的一大原因在于学生不相信自己的角色。因此,如何说服学生相信自己的角色是当前实训,尤其是新工业革命背景下的实训需要格外关注的一个问题。

(三) 工作场所学习和实训的关系

上面考察了实训的必要性和其对学生职业学习的促进作用,在这之后,可以提出这样的问题:在新工业革命背景下,实训和工作场所学习是互为补充还是互为替代的关系?

工作场所学习尽管可能带来不理想的实践后果,但它作为职业能力发展的一种途径是必要的,只有在实践中新手才有可能成为专家。Stevenson 研究了汽车旅馆里的工作场所活动和知识,指出工作活动的标准常常不是个人而是集体的,这意味着具体工作实践的知识只属于特定的实践共同体。工作标准是情境性的而不是一般性的。

但是,认可和倡导工作场所学习的重要性不意味着学校职业教育就丧失了其价值。正如 Aarkrog 指出的,有些能力只能在工作场所学习,而其他能力需要在学校学习。他考察了酒店服务行业学生的工作场所学习和校内学习,发现诸如关于产品的知识是工作场所学习无法提供的。但是这些知识对于学生从边缘性参与过渡到充分参与是必要的。对于这部分知识,系统性的教学是不可缺少的。但教学并不是工作场所实践共同体活动的一部分,如果在实践共同体内增加教学,就会改变共同体的目的和学习机会。Eraut 考察了学校职业教育和工作场所中所能提供的知识类型,他发现两者既有重合的部分也有不同的地方,而这些知识对于学生职业发展都是关键的。

工作场所缺乏正式的课程看起来是无害的,但实际上可能导致学生缺乏重要职业技能和一般性技能。实训也无法代替工作场所学习,因为无论实训如何模拟工作场所,它终归无法再现工作场所工作任务的完整情境。

近些年来,为了促进从学校到工作场所的顺利过渡和发展学生的终身学习能力,混合学习环境(hybrid learning environment)成为创新性职业学习环境的设计原则。混合学习环境旨在将学校正式学习和现实的动手学习结合起来。根据学习的获得形式和学习任务的真实性,Zitter 和 Hoeve 将混合学习环境分为两个维度:获得—参与维度和建构—现实维度。混合学习环境具有适应性,学习环境的设计应当使这两个维度的每一侧都能逐渐地和自然地过渡到另一侧,从而适应学习者的发展过程。因此,Zitter 将混合学习环境中的学习分为四种形式,认为创新性的职业学习环境应能够让学习者实现这四种学习形式,如图 6.4 所示。实训之所以能够被看成是一个混合学习环境,是因为实训力图准确地模仿工作情境,积极开展实践指向的学习活动。但实训中的学习又不同于工作场所学习,它是在一个安全和可控的环境中促进学生获取职业知识和技能。

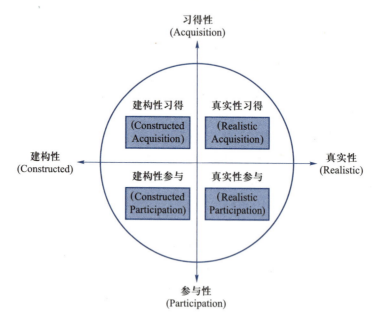

图 6.4 混合学习环境的学习类型

四、实训模式的新探索

总的来说,当前工作世界的变革对实训模式主要提出了两大诉求:一是有效实训要注重模拟真实的工作情境;二是实训要服务于学生的终身学习,赋予学生自我管理和自我监控的技能。因此,研究认为,有效的实训模式应当包括三个要素:物理环境的真实性、工作任务的情境性和有意义的人际互动。这三个维度将构成当前分析职业教育实训模式的基本框架。

(一) 物理环境的真实性

物理环境的真实性是实训的重要要求和重要特征。物理环境的内容主要包括实训场地的空间安排、操作的设备和学生学习所使用的材料等。物理环境既要模仿真实的工作场所,又须提供合适的学习空间。空间的安排应当既有利于学生的工作实践,又能提供丰富的学习机会。这些设备和材料与真实工作过程中的情境的相似性,对模拟真实的工作情境,增强学生的职业角色代入感具有积极作用。

(二) 工作任务的情境性

根据情境学习和真实性学习等理论的要求,有效的职业教育内容应嵌于情境之中,体现真实工作情境中问题解决的逻辑和过程以及所涉及的社会文化知识。由于模拟通常不是基于必备的工作场所知识,若排除某一职业领域中文化和社会层面的因素,则可能面临只关注技术层面的风险。因此,工作任务的情境性是实训设计学习任务的关键。情境性的学习任务能够促进学生职业能力的发展,推动从学校到工作场所的知识迁移。实训的学习任务可以分为两个部分:自动化技能的练习和完整工作任务的解决。前者通过刻意练习和重复练习实现,后者需要根据学习者的学习水平逐渐增加任务难度。

(三) 有意义的人际互动——职业指向的实践共同体

人际互动是职业学习的关键层面,Lave 和 Wenger 对实践共同体的强调突出了职业学习过程中社会性互动的重要作用。学习被看成是参与一个或多个共同体的实践。然而,在我们的社会,青年的学习从社会实践中脱离出来,并交给学校。这不仅是场地的转换,还包括内容、动机、有效教学标准的转换,但这不总是积极的转换。学校职业教育可以从重新建构教育和社会中真实任务之间的关系里获益。然而仅仅使用实践共同体的概念,也有一个问题,即聚焦于共同体的实践而不是学习。虽然在一个运行良好的实践共同体中,反思和学习迁移都能实现,但刻意练习的学习需要要求这种机会必须能够显出充分的好处。

因此,这里不采用"实践共同体"作为人际互动的概念,而是采用 Boersma (2010)提出的职业指向的学习共同体概念(community of learners for vocational orientation)。这一概念整合了"实践共同体"和"学习共同体"的特征,强调分享学习、有意义学习、反思性学习和聚焦可迁移的学习结果四个要素。他认为学习共同体的学习是一个循环模型:以团队形式展开特定主题的研究;和其他组内或组间成员分享自己的学习经验;所有参与同学都分享自己的学习经验以更好地理解主题。职业指向的概念包含两个要素:和职业实践不同层面的直接接触;资源、空间、指导学习者的实践反思。实训学习条件的模型建构如图6.5所示。

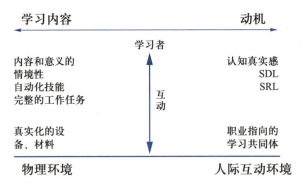

图6.5　实训学习条件的模型建构

第七章 新工业革命背景下高职人才培养模式的实践案例

面对新工业革命对高职人才培养的新需求,本章围绕"高职院校如何有效制定适应新工业革命需求的专业人才培养方案和构建人才培养模式"这一核心问题,通过三个案例分析,探索不同类型高职人才培养的新方案和新模式。第一个案例是以旅游专业为例,通过具体分析新工业革命对旅游产业和旅游职业的影响,进而指出为应对种种变革,旅游高等职业教育在实践中应采取的具体举措。第二个案例选择机械产品检测检验技术专业和物联网应用技术专业两个来自高职院校的具体案例,通过呈现面向新工业革命的高职人才培养方案的具体制定,为面向新工业革命的高职人才培养方案的优化提供参考。第三个案例是某高职学院构建"3+X"技能习得共同体的研究与实践案例,它涉及该校多专业的复合型、创新型技术技能人才培养改革。

一、旅游高职人才培养模式的转型

(一)新工业革命对旅游业和旅游职业的影响

1. 新工业革命对旅游业的影响

在过去的三次工业革命中,以硬实力为代表的技术概念成为价值创造的重要源泉。即将到来的新工业革命则不仅仅是制造业的革命,还是一场更加深刻的变革,创新模式、商业模式、服务模式、产业链和价值链都将发生革命性的变化。在这次革命中,全球产业结构将由"工业型经济"向"服务型经济"加速转型。旅游业作为现代服务业中的龙头产业,一直处于数字颠覆的前沿,新科技革命和新工业革命将对旅游业产生前所未有的影响。

(1)对旅游者的影响。毫无疑问,新一轮科技革命和工业革命将带来生产力的革命,将社会推进大数据时代、新交通时代、新技术时代、新媒体时代和新休闲时代①。人类将会逐步进入到零边际成本社会,人工智能的广泛采用使人类集中化生产的工作模式将不复存在,人们的工作场所和工作时间将更为灵活;与此同时,纯粹的生产者和消费者将会让位于产销者,有望真正实现让个人在经济发展中按贡献得到合理的回报,不再受到资本的剥削,人们的可支配收入将增加;新交通时代下,航空、高铁、动车、邮轮、游艇、直升机快速发展,私家车拥有量井喷,未来概念交通工具如跨海悬浮飞行巴士、真空管道列车、飞行器、激光驱动城市列车等将出现,人们的旅行成本下降,出游方式将更便捷;新技术时代下,通过生物特征分析和其他技术支持,可为游客创造一个安全被认可的数字身份和旅行资格,通过信息共享,提高游客在伙伴国之间国际旅行的准确性、效率性和安全性,实现快速无缝旅行,并将全球旅游系统从物理边界转向数字边界;新媒体时代下,互联网、手机客户端、户外移动电子传媒、视频传媒实现普及,微博、微信、社交网站、论坛、播客等社交媒体大量涌现,人们体验、消费和分享信息的方式发生了巨大的变化,已非信息不对称时代的游客。据统计,目前全世界约有 49 亿移动(手机)用户,27 亿社交媒体用户。智能手机和互联网的普及、社交媒体的激增以及创新的旅游在线工具正在改变人们的价值链,在将旅游推进智慧时代的同时,也将人类带入新休闲时代。旅游需求呈现大众化、常态化以及多样化的趋势,游客出游形式也从团队、群体出游向个体、小众、家庭的出游方式转变。游客越来越成熟,对旅游产品和服务要求越来越高,个性化产品的需求日益增长。

　　(2) 对旅游企业的影响。前三次工业革命主要以工业行为为特征,经济模式以规模经济为基本形态,而新工业革命则以合作行为为特征,其经济模式以"共享经济"为基本形态。新科技革命推动的新工业革命背景下,共享经济作为一种新兴的经济模式发展迅速,涉及交通、餐饮、空间、物品、资源、知识、服务、医疗及金融等多个领域。旅游业与共享经济天然契合,以共享经济为特征的企业已广泛介入或渗透到旅游产业的食、住、行、游、购、娱等方方面面,基本实现了与交通出行、住宿地产、导游陪同、旅游咨询、餐饮服务、健康娱乐、物流与购物等领域的深度融合。如以 Airbnb、Uber 等为代表的共享旅游企业发展迅猛②。共享型旅游企业通过共享设施和服务,扩大了旅游供给范围,创新旅游供给形式,为游客提供更好的旅游体验,最符合后现代消费者追求个性化、多样化和差异化的需求。可以预见,随着新工业革命在全球范围内的进一步发展,"共享经济"的规模将会呈现爆发式增长,在线旅行服务商也将进入跨越式发展的黄金时代。

---

　　① 吴倩倩,殷杰,郑向敏. 问题与思维:变革时代的旅游教育[J]. 中国职业技术教育,2017(15):79-85.

　　② 世界旅游城市联合会(WTCF). 世界旅游经济趋势报告(2017)[EB/OL]. (2017-10-03).

随着第四次工业革命的不断深入,数字化日益成为整个旅游行业中具有竞争力的基本要求,不整合技术和不加强互联互通的传统旅游企业将会落后。消费者多样性和个性化的新需求、新技术和行业趋势的转变迫使传统旅游企业在寻求提高客户偏好和运营绩效的同时,必须调整业务和运营模式,通过支持创新提升企业的效率和品质。这里所说的创新,主要是产品和服务创新、管理创新、流程创新、技术创新和营销创新,体现在:与高科技应用相结合,借助物联网、大数据,及时整合旅游资源与信息,量身定制现有的产品,开发新的产品,借助虚拟旅行代理和人工智能移动助理等技术,与旅行者建立更强的情感联系;通过大数据技术密切关注人口结构变化,精准分析婴儿潮、千禧一代、银发市场的消费特点,为游客提供比以往更专业化、人性化及个性化的服务;以往只有一种营销策略的日子已经过去,通过使用大数据技术,从整体到细分甚至个人层面的数据访问,旅游企业能够瞄准其营销工作,通过精明的营销和难以置信的体验,让今天的游客成为明天的目的地的大使;不断提高企业的国际化程度,实现资源和产品高度全球化配置,促进经营管理的成熟和规范。

2. 新工业革命对旅游职业的影响

旅游产业的综合性决定了旅游从业人员的多功能性。旅游人才可分为通用型职业人才和专业型旅游人才两类①。通用型职业人才既可归属于旅游行业,也可分属于社会其他行业,如会计、网络运营、美工、采购等专业技术人才。专业型旅游人才指必须具备较高的旅游专业知识、技能和专业职业素质的人才,直接参与组织旅游相关活动,包括旅游产业规划人才、旅游企业管理人才以及旅游服务的直接提供者,是旅游产业存在和发展的必备人力资本。旅游通用职业人才可以由社会其他机构培养或通过非正规途径潜移默化影响,而旅游职业教育体系主要关注的是旅游专业人才的培养。

新一轮科技革命和产业变革的浪潮将对旅游业就业和劳动力市场产生复杂影响。

(1) 新工业革命将创造大量的旅游就业机会。

在国民经济体系中,旅游产业是劳动密集型产业,就业成本低,就业方式灵活,对不同类型的劳动力都有较大的需求。因此,很多国家都把旅游产业作为扩大就业的重要领域加以培育和扶持。根据世界旅游业理事会的一项报告,2016年,旅游行业直接创造了 1.8 亿个工作岗位,直接和间接创造的就业岗位共计 2.92 亿个。从就业影响来看,旅游行业雇佣的人数超过汽车制造业、银行、矿业、化学制造业以及金融服务领域。如果从对 GDP 的贡献来看,全球旅游业创造的

---

① 杨卫武. 不断完善中国旅游职业教育体系[J]. 旅游学刊,2015(10):11–13.

工作机会是金融业的两倍,是化工制造业的 5 倍。美国未来学家杰里米·里夫金在《第三次工业革命》一书中指出,新工业革命将会彻底解放人类劳动,届时人们不仅有闲而且有钱,人们的观念发生根本转变,认知到活着就是为了游乐。那么,由此带来的显著影响是世界范围内的游客数量将会持续增长。研究发现,旅游目的地每增加 30 名新游客就会为当地创造一个工作机会。世界旅游组织预测,到 2030 年,国际游客数量将达到 18 亿人次,年均增长率达到 3.3%,总共雇佣 3.8 亿名员工。此外,基于旅游行业员工较高的流动率、婴儿潮一代员工的即将退休、女性劳动力的不稳定性等因素,旅游业也将产生巨大的替代需求。由此可见,旅游业将继续成为推动全球经济增长的强大动力和巨大的就业孵化器。

（2）新工业革命对旅游专业人才质量提出新要求。

世界经济论坛在《未来工作报告》中指出,到 2020 年工作世界对从业者所提出的最重要的 10 项能力是:复杂问题解决能力、批判性思维能力、创造能力、人员管理能力、人际协调能力、情商、判断力和决策能力、服务导向、谈判能力和认知灵活性。新工业革命背景下,在新模式、新规则、新技术、客户服务偏好新变化以及其他行业的驱动下,旅游从业人员除了应该具备以上能力外,旅游业对从业人员质量提出了具体的新要求:旅游产业的融合和新业态的大量出现需要具有多领域学科知识的交叉型人才;旅游企业国际化程度的不断提高和旅游人才跨境迁移现象的逐渐频繁,需要通晓国际规则、具有国际视野的高端技能型人才;新技术手段的普及和客户服务偏好的新变化需要具有创新意识、创新思维和创新能力,能提供个性化服务的专业型人才;对旅游的期望值越来越高的新兴市场的中产阶级、婴儿潮一代以及千禧一代,寻求不同价值主张的高附加值的独特体验,需要具有优良的职业素质和强烈服务意识的敬业型人才。

需要指出的是,通过对现有旅游从业者进行分析发现,旅游业除了为高技能人才创造就业机会外,还为第一次进入劳动力市场或者在其他行业没有很多选择的人提供就业机会,该行业在为低技能工人、移民、青年、长期失业者以及因家庭责任而喜欢兼职工作的妇女创造就业机会方面发挥着关键作用。基于旅游业在实现扶贫和创造就业机会方面的重要作用,未来旅游从业者将出现两极分化,在总体素质提升的基础上,出现"低技能、低收入"和"高技能、高收入"并存的情况。

（二）旅游高等职业教育应对新工业革命的路径选择

新工业革命的本质是科技和思维的革命。如果说科技和思维是革命的第一生产力和领导力,那么教育就应该是第一推动力。职业教育作为以产业需求为导向的教育类型,同经济社会发展联系最为紧密。改革开放以来,我国旅游业持续健康发展,实现了从旅游短缺型国家到旅游大国的历史性跨越。我国的旅游职业教育与旅游业相伴而生,经历了从无到有、从小到大的过程,为促进我国旅游业的发展做出了积极贡献。截至 2016 年底,我国开设旅游管理类本科专业的普通高等院校有 604 所,在校生达 22.1 万人,开设旅游管理类高职高专专业的普通高等院校有 1 086 所,在校生约 33.8 万人,开设旅游类专业的中等职业学校有924 所,在校生达 23.2 万人①。数据表明,旅游职业教育已经超过我国旅游教育的半壁江山,而旅游高等职业教育占据主导地位。"十三五"期间,我国旅游业每年新增直接就业人数达 100 万人左右,截至 2020 年,旅游业直接就业人数由"十二五"末的 2 798 万人达到 3 300 万人,旅游人才数量由"十二五"末的 670 万人达到 825 万人②。而当前,我国旅游院校每年输送的毕业生不足 30 万人。此外,我国旅游人才质量也有待提高。据世界经济论坛发布的《2017 年全球旅游业竞争力报告》,我国旅游业整体竞争力排名第 15 位,文化资源指标名列全球首位,人力资源指标则由 2015 年的第 16 位下降至第 25 位。不难看出,尽管我国已成为世界第一大出境旅游客源国和全球第四大入境旅游接待国,但我国旅游人力资源服务水平仍然较低。

随着新工业革命所引起的工作世界变革步伐的日益加快,我国旅游业的人才短缺问题和人才质量问题将更加凸显出来。一切竞争归根结底在于人才的竞争,有效提供高质量的旅游人才是保证我国旅游业可持续发展的关键。旅游高等职业教育的专业设置、培养目标定位、办学模式、课程教学体系、授课方式都亟待通过变革回应世界变化所带来的挑战。

1. 优化专业结构,实现由同质集聚到差异均衡的路径转变

目前,大多数旅游高职院校的专业设置全局规划性、前瞻性不强,同质化现象严重,行业特色、区域特色不明显。如前所述,新一轮科技革命和产业变革引发了旅游产业融合加速,科教旅游、会奖旅游、医疗旅游、乡村旅游、冰雪旅游、康养旅游、体育旅游、游学旅游、工业旅游、低空旅游等新业态蓬勃发展。旅游高职院校应结合自己的地理特点和资源优势,面向区域经济和社会发展服务,科学准确定位,围绕"互联网+""旅游+",适应旅游新业态、新模式、新技术发展,紧贴市场、紧贴产业、紧贴职业设置专业,如旅游电子商务、旅游经济金融、旅游装备制造、旅游设计规划、旅游工艺品设计与制作、休闲与运动管理、康养旅游、航空服务、旅游演艺、旅游动漫设计、旅游交通、旅游文化与传播等专业,改变当前专业建设高度同质集聚的现状,向差异均衡转变。

① 中华人民共和国文化和旅游部.2016 年全国旅游教育培训统计[EB/OL].(2017-07-11).
② 中华人民共和国文化和旅游部."十三五"旅游人才发展规划纲要[EB/OL].(2017-07-03).

伴随新工业革命对旅游职业岗位的冲击,旅游高职院校还应围绕产业链和职业岗位群推进专业集群建设,以优势专业为核心,依靠原有的专业师资和实训基础,调整专业方向或往相近的专业渐进拓展,如围绕食、住、行、游、购、娱旅游传统六要素,拓展商、养、学、闲、情、奇六大新要素相关专业,逐步建立结构合理、数量适中、协同发展的专业体系。人才培养观由面向单一岗位转向面向职业群,由培养单一岗位技能人才转向培养拥有独立思考与创新、判断与决策、沟通与智能维护等复合能力的交叉型技术技能人才,加强培养学生的普适性、迁移性、创新性等职业群能力以及可持续发展能力。这样的体系既遵循了旅游专业的本质和规律,也体现了旅游专业与经济、管理、艺术等相关专业的跨界性和融合性,更适应旅游新业态的新发展。

2. 调整目标定位,确立多层次和多方向的培养目标

培养目标是人才培养的总原则和总方向,是开展教育教学的基本依据。旅游高职院校的人才培养目标应依据旅游人才市场需求的变化而定。目前,很多高职院校的旅游职业教育人才培养目标不明确,培养定位单一化,仍多以"就业为导向",趋于实用主义思想,旨在培养具备一技之长的专门性技术技能人才,忽视了学生人文素养的培养。我国的高等职业教育属于专科层次的高等教育,不同区域的高职院校发展不平衡,办学条件、办学水平差别很大,生源质量差别也很大,各地区旅游新业态的形式不同,且学生个性发展多样化。新工业革命背景下,旅游高等职业教育应将培养懂技术、会管理、有温度、亲自然、会创造幸福且有国际视野、具有可持续发展能力的人文技能并重的高素质技术技能型人才作为总体培养目标,同时还要从学校自身实际和学生个体的特点及个性差异状况出发,形成人才培养目标的多层次和多方向[1]。

3. 丰富办学模式,构建多主体、交互式育人模式

旅游职业教育培养的是从事实际管理工作、能解决实际问题的应用型人才。新工业革命和新科技革命背景下,旅游者需求的多元化、旅游企业的共享化和数字化趋势对新时代的旅游人才提出诸多新要求,单靠旅游高职院校自身,很难从根本上解决现有人才培养与社会需求不相适应的瓶颈。为了应对这些挑战,私营企业需要与公共部门密切合作,更新大学和培训计划,以确保它们能跟上市场需求和技术进步。2015 年国家旅游局和教育部印发的《关于加快发展现代旅游职业教育的指导意见》提出,支持各类办学主体捐资、出资举办旅游职业教育,发展民办旅游职业教育。引导社会力量参与旅游职业教育,共同开发课程、教材、参与办学、管理和评价等,就是对这一挑战做出的积极应对措施。

---

① 丁金昌. 提升高职院校毕业生就业质量的思考与实践[J]. 中国高教研究,2011(10):71-72.

第一,旅游职业教育的功能应由多元化机构来承担,必须打破以学校为主体的一元化职业教育办学格局,旅游企业、培训机构等社会力量应参与其中,可以捐资、出资举办旅游职业教育,发展民办旅游职业教育,构建"大职教观"引领下的学校、家庭、企业、社会一体化的交互式、多主体的育人模式。

第二,深化产教融合、校企合作。随着旅游类高职教育的发展,校企合作育人形式不断创新,从订单班到企业制学院,再到现代学徒制实践;校企合作内容从顶岗实习到工学交替,从技术技能培训到技术研发与服务等。毋庸置疑,这些年旅游高职教育校企合作形式不断创新,内容不断丰富,对提升实践教学质量起到了重要作用。但不可否认的是,由于校企合作双方利益驱动机制不完善、相关法律的滞后导致校企合作保障缺失等因素,校企合作育人实质性进展却鲜有突破,社会、企业参与职教人才培养的程度仍远远不及西方。在这方面,西方各国已经构建了较成功的模式,如德国的"双元制"、英国的攻读交替模式、瑞士的洛桑模式、美国的"社区学校"、新加坡的"教学工厂"、澳大利亚的"TAFE"、瑞典与芬兰的"职业场所教育"、日本的产学研合作模式等。其共同点是形成了行业协会制度下的校企共生机制,学校和企业结成一个共同体,责任相关,利益相关,双方合作规范化、统一化,企业深度参与人才培养和评价的全过程。新工业革命背景下,我国应及时完善职业教育法律体系,健全企业参与制度,提升企业的社会责任意识,建立互惠共赢的利益驱动机制,发挥行业协会的作用,使整个社会形成政府、企业、院校、社会组织的责任共同体,校企双方共同研究人才需求、制定招生方案,共同开发课程、教材,合作建设以现代学徒制培养为主的特色专业和班级,或举办企业"订单班"等,构建产教深度融合育人的专业建设体制机制,切实提高人才培养质量。

4. 注重"全人内涵",设计多元立体化的课程教学体系

新工业革命的发展目标是建立生态和谐、绿色低碳、合作共赢与可持续发展的和谐社会,这在很大程度上依赖于人们世界观的改变、生物圈意识的培养和亲自然情结的重获①。而旅游业具有实现这一发展目标的先天优势。旅游业被认为是一种改造世界的力量,在推动人与地区发展、促进和平与跨文化交流、创造人类价值与同情心方面具有创造性和变革性的作用。人们通过旅游,更易获得亲自然情结和生物圈同理意识。但是,近些年随着旅游业的快速发展,人类活动和发展对环境产生了破坏性的影响。为应对全球性的挑战,旅游专业人士迫切需要增强意识,转变为负责任的从业者。旅游高等职业教育作为一个重要的变革机构和创新思维的源泉,在促进学生思维、技能和知识的积极改变方面被寄予

---

① 杰里米·里夫金. 第三次工业革命[M]. 张体伟,孙豫宁,译. 北京:中信出版社,2012.

厚望,应通过转变教育目标、重新定位教授的内容和教学方式来发挥应有的关键作用。

在课程设置方面,目前我国高职院校旅游类专业的课程大多分为通识类课程、职业基础课程和职业技能课程三大部分,通识类课程主要培养的是学生的综合人文素养,职业基础课程和职业技能课程培养学生的职业素养和职业技能。当前课程体系存在的主要问题是通识类课程内容有过时之嫌,职业素养课程渗透不够,职业技能课程中的实践性课程比例较低。今后,面向新工业革命时代的旅游高等职业教育的课程体系建设,应是多元立体化的结构,一是要注重提高学生的人文素养,如伦理意识、社会责任感、艺术修养、科学精神等,不是单一人文知识的灌输,而是人才的全面成长,重视学生"全人内涵"的发展,推行可持续发展教育;二是要注重培养学生胜任岗位所需的专业知识和技术技能,应依据旅游产业的融合趋势增加跨学科知识和国际化知识的比例,同时增大实践性课程的比例,不局限于企业的顶岗实习和工学交替,还要从改变校园形态入手,根据旅游服务的细分领域建立"教学工厂",如星级酒店、国际旅行社、会展公司、旅游规划公司等生产性"校中店",用于授课或实习,将产业链的核心要素融入教学中,切实提高学生的职业能力;三是要注重培养学生的职业素养,即"软"技能,如与专业相关的服务意识、生物圈同理意识、发展意识、人际协调能力、复杂问题解决能力、抗压能力、批判性思维能力、创新意识和创新能力、团队合作能力、职业荣誉感等,应设置相关的课程或在现有课程中融入相关内容。旅游高职教育应该坚持以培养学生职业素养为主线安排知识内容与呈现形式,并将核心素养的考核与评价方式,作为课程标准研制的重要内容。

在教学方式上,旅游高职教育要关注新技术对于教学的作用与影响,应摒弃传统的班级授课制"批量生产"的组织形式,采取扁平式、网络式、分散合作式的教学方式,借助慕课教育、网络化开放教学、手机课堂、翻转课堂、项目化教学、角色扮演、模拟场景等多样化的授课方式,引发学生的学习兴趣与探索知识、创造知识的潜力,增强旅游教育的效用。

5. 变革育人理念,打造与时俱进的师资队伍

加强高职教育师资的培养是个老生常谈的话题,却也一直是制约高职教育发展的瓶颈问题,对于旅游高职教育来说尤其如此。旅游高职教育在我国起步较晚,旅游学科长期以来屈居二级学科地位,导致高层次理论与管理师资严重不足,相当比例的教师是由其他相近专业转行而来,专业素养相对不足;近些年来旅游高职教育的师资专业契合度日渐提高,但出现的新问题则是这些教师基本上是研究型大学培养出来的,教师的专业理论水平毋庸置疑,但其行业职业方面的实践应用能力滞后于行业发展需要;而新工业革命和新科技革命环境下,教授

内容亟待更新完善,扁平化、分散式的新兴教学模式将成为主流,教师已无法"用昨天的知识,教今天的学生,去面对明天的问题",打造"与时俱进"的旅游高职教育师资队伍势在必行。

一是采取传统路径提升师资水平,包括引进人才、在职学习、脱产进修、挂职锻炼、继续教育等方式。通过整合大学、职业学校和旅游企业三方资源,形成"三段融合"的高职院校教师教育与培训体系,对旅游高职院校教师开展职前培养、入职辅导和职后提高三个阶段的培训,既注重教师的专业理论修养,更要重视教师的实践技能的提升,打造专业素养与职业能力并重的真正的"双师型"教师队伍,推动教师从传统意义的知识传授者转变成为学生学习的组织者、合作者、引领者、促进者,提高教学质量,同时为以后我国旅游教育国际化提供重要保证。

二是开辟教师培训新途径。由国家或各地政府牵头,利用信息化手段,借鉴可汗学院的经验,构建基于网络教育平台基础之上的未来教师学习空间站①,与国内外类型相同、专业相近的高水平旅游院校开展交流与合作,将最优质的旅游职业教育资源通过慕课、网络化开放课程等方式引入,搭建学习共同体互动室,供国内各地旅游高职教育教师学习、反思、提高教学技能,分享彼此的教学经验,推动教师"与时俱进",进而在新工业革命的教育革命中实现弯道超车。

6. 培育全球思维,推进旅游高职教育国际化进程

旅游业是世界性的产业,从其诞生以来就具有鲜明的开放性特征。随着新工业革命和产业变革的加速推动,旅游资源和产品正在实现全球化重新配置,旅游人才跨境迁移现象日益频繁,国际与区域间的合作与交流不断深入,旅游教育国际化已经成为不可逆转的潮流。美国、瑞士、澳大利亚、日本等国从 20 世纪 80 年代开始已将眼光投向全球旅游教育市场,朝着国际旅游的水平发展。尽管我国部分旅游高职院校已经深入参与教育国际化进程,初步形成了国际化方面的比较优势,但总体而言差距依然存在。在新工业革命和国际化驱动之下,更多的旅游高职院校应确立教育国际化策略,构建灵活高效的人员交流机制,坚持以教师和学生交流为主的跨境教育,通过跨境教育与国际化人才培养,助推"一带一路""五通"促"五路"目标的尽快实现,推动我国从亚洲旅游大国向世界旅游强国的历史性跨越。

一是师资队伍的国际化。师资队伍的国际化是培养国际化人才的重要保证。可以从国外高校及旅游企业引进具有丰富教学和实践经验的国际化人才充实教师队伍;选派中青年教师到国外的旅游院校进修学习,及时了解和掌握国外旅游职业教育的模式和方法,搭建与国外高水平院校沟通协作的平台;鼓励教师

---

① 欧启忠. 未来教师空间站网络教育平台设计[J]. 中国教育信息化. 2011(17):85-87.

参与各种高规格的海外学术交流活动,了解学科理论的前沿状态,及时把握本领域最新的研究动态和走向,参与国际化性质的项目和课题研究;设置专项资金支持开展国际化教研或拓展教师国际交流、培训活动,获取各种与旅游行业相关的高等级的国际认证资格证书,努力打造真正的国际化双师型师资队伍。

二是学生国际化。不断调整相关课程和实践安排,教学内容与国际接轨,加大现有课程中国际知识、国际理解和外国文化的比重,注重学生国际迁移技能、国际沟通能力、国际思维方式的培养;公派部分留学生到境外优秀院校学习或开展海外游学、暑期实践活动,与合作院校交换交流学生;拓展海外实习实训渠道,推行海外实习项目,参与相关国际组织提供的项目,培养学生的国际职业素养和国际职业能力,实现学生、学校、企业的三方共赢。

三是推进双向互通的中外合作办学。一方面,加强与国外职业教育发达国家类型相同、专业相近的高水平旅游院校开展交流与合作,学习其先进的办学理念,引进优质教育资源,开发与国际先进标准相对接的专业教学标准、人才培养模式、职业标准等,不断提升我国旅游职业教育的整体水平;另一方面,我们的旅游高职院校要积极走出去,已形成特色品牌的高职院校要强化已有品牌,将已有合作向纵深发展,通过发展留学生教育或为当地员工开展技术技能培训的方式,为"一带一路"沿线国家提供跨境旅游教育援助,培养新一代旅游专业人才,努力实现"互联互通,旅游先通"。

二、BT 学院高职人才培养创新案例

本节选取了 BT 学院(包头职业技术学院)的两个专业人才培养方案作为案例,来例证在新工业革命背景下,高职人才培养方案在制定和执行过程中所面临的各种挑战以及该校如何应对。该学院在人才培养教育教学的不断深化改革方面一直坚持尝试与推进,被教育部认定为"高职院校内部质量诊断与改进工作"试点院校之一、教育部"现代学徒制"试点院校、全国首批"1+X"证书制度试点院校。在一定程度上,该校的人才培养方案改革与实施进程,梳理总结的经验具有典型性与代表性。

(一)装备制造类专业服务装备制造业创新应用

BT 学院机械产品检测检验技术专业(2021 年更名为工业产品质量检测技术专业)是 2011 年在机械制造及自动化专业发展的基础上,根据产业集群发展的要求新增设的高等职业教育专业,属于传统装备制造类专业改造相对较新的专

业。早在 2012 年,工业和信息化部印发了《高端装备制造业"十二五"发展规划》,规划明确将智能制造装备列为现阶段高端装备制造业发展的重点方向之一。2013—2015 年间,随着"工业 4.0""中国制造 2025"等概念的兴起,国内装备制造企业如雨后春笋般发展起来,产业发展速度明显加快。传统的机械制造及自动化专业目前面临的是在工业化和信息化高度融合迅速发展的背景下如何进行课程体系、课程内容、教材建设、师资结构、实训基地、学生职业素养、课程思政全方位的升级改造。在《中国制造 2025》中提出了十大领域:新一代信息技术产业、航空航天装备、海洋工程装备及高技术船舶、先进轨道交通装备、节能与新能源汽车、电力装备、农机装备、新材料、生物医药及高性能医疗器械,实际上每一个领域都离不开机械制造及自动化专业,而各个领域中的研发设计环节和高端精密制造环节的检测均是我们国家的瓶颈。

在专业成立之初,培养学生的理念是为零部件检测保驾护航,真正解放人工劳动力,改善工作环境,以及解决现有检测设备不灵活等诸多问题。BT 学院坚持开展深度的校企合作、产教融合实施现代学徒制培养模式,在深度调研人才需求后,分析地方产业发展现状和趋势,确定该专业的培养目标为:培养以机械检测技术为主,了解国家机械产品质量管理相关法律、法规,质量认证体系;掌握机械质量管理与检测专业必需的基础理论、专业知识、各类计量仪器的工作原理、使用方法和操作技能;具有产品质量加工中间过程控制能力和运用相关方法与仪器对产品进行测量控制,能在企事业单位从事质量管理与检测检验工作的高素质技术技能型人才。[①]

通过培养目标的确定,发现培养过程显现的突出问题:传统的人才培养与行业发展需求不相适应,毕业生与企业需求对接有所偏差,学校办学与企业用人有所脱节,学校的内在需求与企业的投入惰性有所矛盾。产生上述困惑和问题有多种原因,但根本问题是缺少一种能与之相适应的机制。BT 学院围绕深化校企互动机制这一核心问题,提出建立校企合作的机制建设框架,以探索校企合作可行的方法和途径。经过与企业深入交流,探索校企合作的切入点表现在以下几个方面:①邀请企业参加专业建设指导委员会,对专业发展出谋献策;②与企业合作建立校外实训基地,加强学生顶岗实习,推荐学生就业;③与企业签订协议,让企业参与人才培养,合作开发课程,建立以工作过程为导向的课程体系,来满足企业的人才需求;④引入企业文化和职业规范,共建校园文化并提高学校德育工作的实效性;⑤拓宽校企合作空间,邀请企业参与人才质量评价,完善多元化的人才质量评价体系;⑥聘请企业管理人员或技术骨干担任学校的兼职教师,参

---

① 摘自 BT 学院的人才培养方案。

与机械产品检测检验技术专业教学任务,同时选派专业教师进企业挂职锻炼,推进校企合作互动,加强专业建设。

机械产品检测检验技术在产学研方面也积极探索,顺应新工业革命建立产学研结合的长效机制,吸纳社会、行业和企业的智力资源和物质资源进入教学过程。在专业设置、培养方案、教学运行等方面参与并融入专业人才培养工作中,进一步加快师资队伍、实践基地建设,实现学校与企业的结合,师生与劳动者的沟通,教学和生产实际的互通,构建适应经济社会发展需要的、符合学校实际的、灵活多样的人才培养模式和途径。引入企业典型工作任务来改革现有的教学模式。在职业素质方面,通过课程改革加入基础课程及专业课程项目式教学方法,把知识与职业能力相结合,加强对学生职业素质方面的培养。

在课程体系建设方面,认真分析本专业技术领域毕业生的主要工作岗位、具体工作任务和工作过程,逐步形成以学生胜任工作任务为核心的学习项目或课题,并根据职业能力形成的规律,构建以就业为导向,以岗位需求为依据,以能力为本位,以职业实践为主线,以项目课程为主体的模块化课程体系。以文化素养课程为平台,以通用专业课程模块为支撑,以技能方向课程模块为核心,以选修课程、特色课程、拓展课程模块为补充。在专业能力培养方面,企业普遍认为机械产品检测检验技术专业人员要有牢固的机械基础知识和专业知识,并能理论联系实际,从实践中摸索,从实践中不断提高。因此,作为校方要熟悉企业的具体实际,培养学生了解安全生产的规章制度和企业有关规定,做到理论基础夯实和实际动手操作能力并重,培养企业需求的机械产品检测检验技术的人才。机械产品检测检验技术调查问卷——企业篇如图 7.1 所示。

在未建立校企长期合作的企业中,超过半数的企业愿意和高职院校建立长期关系。因此,在校企合作方面将加大力度,争取建立更多的企业合作机制,保证院校毕业学生的就业率。将校企合作的经验交流总结为三个重点方面:①校企合作,制定和优化培养方案;②加强实习实训方面的合作,培养学生的实际技能;③加强校企合作,共享人力资源。

(二)电子信息类专业服务数字转型智能升级

本节以物联网应用技术专业为例来展现电子信息类专业服务数字转型智能升级。随着工业改革发展进程加快以及互联网、大数据、人工智能等高新技术的迭代,物联网企业发展迅猛,物联网产业发达地区的很多企业已经完成企业转型。结合企业优势,从事物联网各个层面的技术研发、工程实施等经营领域。其他地区物联网企业对相关人才需求激增,高职学生主要定位在物联网系统的集成与项目管理,物联网应用系统的安装、调试、使用与维护,物联网产品的营销,

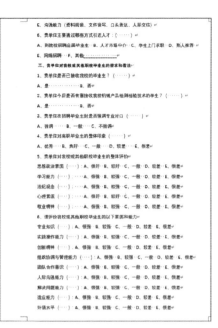

图 7.1　机械产品检测检验技术调查问卷——企业篇

等等,少量优秀人才可从事物联网系统的研发。企业要求学生掌握计算机相关知识,包括无线网络组建、软件测试、系统维护、简单的软硬件编程等,掌握 RFID 技术、了解各类传感器,同时具备基本的电子设计能力和产品营销能力。

通过对多家物联网应用技术相关企业进行调研并深入分析得出,高职院校学生的毕业能力要求:物联网应用技术专业从业人员所具备的专业基础知识和相应的操作技能;物联网设备(包括智能系统)测试技能;物联网系统应用开发技能;物联网系统运行维护的技能。毕业三年到五年后的发展要求:掌握物联网系统相关产品的基础知识和最新发展现状,能够进行物联网系统方案设计和项目管理、实施,同时具备较强的沟通、协调及组织能力,一定的决策能力、指导能力、问题解决能力和创新能力。

从企业的人才需求来看,物联网应用技术相关的人才需求大致分为以下四类。①研发生产类:企业对学生的需求为具有物联网系统的理论知识,包括物联网相关的基础理论,动手能力强,严谨细致,能够按照规范要求一丝不苟地执行操作,并能够对出现的故障做出逻辑性强的分析;②市场销售类:企业对学生的需求为具备物联网基本的理论知识,熟悉物联网产品的典型应用,具备良好的学习能力、承压能力与合作精神;③系统集成类:企业对学生的需求为具备系统的物联网理论知识,包括对物联网周边产品(数通网络、射频等)全面地了解,动手实践能力强,沟通表达能力好,熟悉物联网系统的业务应用,有一定文字功底,能够完成标书制作;④维护使用类:企业对学生的需求为具备一定的物联网综合理论知识,能够根据业务需要设计不同的物联网系统,能对其进行管理和维护。

从企业业务方向看,企业的主营业务方向以通信技术、系统集成、网络设备、软件及应用等为主,有超过 50% 的企业将主营业务方向确定为这些方面,另外网络及平台、云计算、人工智能等方向也是企业主营业务发展的重点方向。企业的主营业务范围集中在物联网设备安装调试、软件研发与服务、工程设计与实施、系统集成、硬件研发与生产等方面。此外,有超过三成的企业有自行开展物联网系统售前售后服务、系统测试、运维管理等方面的业务。本书结合此前其他行业调研及相关工作经验,将企业对员工的能力要求区分为专业能力与非专业能力。其中,将专业能力划分为技能点(见表 7.1)。

表 7.1　员工专业能力评价的技能点(部分)

技能点 1	具备操作系统、数据库系统的备份和恢复能力
技能点 2	至少掌握一种大型商业数据库系统
技能点 3	掌握物联网感知层的数据采集及控制技术
技能点 4	熟悉操作系统、数据库、Web 服务器等常用支持软件的配置和使用技巧
技能点 5	能够进行物联网单机系统、Web 应用系统和手机应用的开发

针对物联网新专业课程开发,组织实践专家研讨会开展工作任务分析,邀请企业专家形成实践专家共同体,通过研讨对初步形成的课程提出修改的建议。同时借鉴 OBE 成果导向的课程开发路径和能力本位的课程建设路径。但是目前也存在极大的一个问题:新工业革命背景下,实践专家共同体还未真正形成,针对新形势、新职业、新诉求还不能进行准确详尽的描述,实践专家也在不断探索未知,这对于现阶段的转型过渡期的课程开设是一个极大的挑战。

专业人才培养方案是保证人才培养规格和人才培养质量的法规性文件,是组织、实施教学的重要依据,是保障学生在校规范化学习的重要保证,是专业建设的核心内容。在确定专业人才培养目标和培养规格时,不仅要考虑当前,还要考虑未来社会经济发展对人才的要求;不仅要考虑对专业知识、能力与素质的要求,还要加强对学生通用能力与素质的培养,促进学生德智体等全面发展。在制订人才培养方案时,要体现新工业革命和职业教育的思想,体现素质教育的要求,注重执行和落实,将产业和技术的新发展、行业对人才培养的新需求引入教学过程,及时更新教学内容和课程体系。

新工业革命的内涵需要以立德树人为引领,以应对变化、塑造未来为建设理念,以继承与创新、交叉与融合、协调与共享为主要途径,培养未来多元化、创新型技术技能人才。与当前的人才培养相比,更加注重坚持立德树人、德学兼修,强化高职学生的家国情怀、法治意识、生态意识等;着力培养"精益求精、追求卓越"的工匠精神;树立创新型、综合化教育理念,提升学生实践创新、学科交叉融合、终身学习发展等能力;根据产业发展最新的人才需求和未来发展方向,优化学科专业结构;完善多主体协同育人机制,突破社会参与人才培养的体制机制障碍,深入推进产学融合、校企合作;研制专业标准、课程标准,促进高职院校在不同层次和不同领域办出特色、办出水平。

三、SC 学院构建"3+X"技能习得共同体的研究与实践案例

新工业革命为全球经济提供了新的增长动力,改变了经济体系的要素投入结构,在提升技术性因素占比的同时,也进一步推动了技术的创新应用和结构变革。这对从业者所应具备的技术能力提出了更高的要求,也促使职业教育必须在人才培养方面尤其是技能养成方面做出改革。SC 学院(四川交通职业技术学院)针对新工业革命带来的诸多挑战,把技能习得作为职业教育人才培养改革的逻辑起点,基于技能习得的个体性、渐进性、情境性、交互性等特征,在职业教育复合型、创新型人才培养改革方面进行深入探究,取得了显著成效。

(一)"3+X"技能习得共同体人才培养体系构建的背景

1. 国家战略的视角:回应国家对高质量技术技能人才培养的关切

习近平总书记指出:"激励更多劳动者特别是青年一代走技能成才、技能报国之路,培养更多高技能人才和大国工匠,为全面建设社会主义现代化国家提供有力人才保障。"以国家战略发展对高质量、高素质技术技能人才的需求为指引,从技能人才成长的规律和技能习得的规律出发,通过提升技术技能人才培养的质量,提升职业教育的社会贡献度和认可度。

2. 经济发展的视角:应对新工业革命对技术能力提出的更高要求

在新工业革命时代,劳动者、生产工具和生产资源实现智能互联,信息技术与先进制造技术深度融合,生产全过程的物理世界与数字世界、生产与服务之间的界线渐趋模糊。在这一时代,人们的思维方式、行为方式、交往方式、生产方式和生活方式将产生巨大变革。在这一背景下,经济发展对技术技能人才也提出了新的更高要求。如何在职业教育中最大限度挖掘职业院校学生的学习潜力,

实现从被动学习到主动学习的转变,从浅层学习到深度学习的转变,需要从心理学的视野,以新的学习组织形式,推动实现"学得舒心、学得充实、学得带劲",提高职业教育的适应性,适应新工业革命对技术技能人才培养的要求。

3. 职业教育的视角:提升具有类型特征的技术技能人才培养质量

技能习得规律是作为一种教育类型的职业教育人才培养必然遵循的重要规律之一。探究技能习得规律并运用于技术技能人才培养,依照职业院校学生学习特点,科学制定人才培养方案,有利于将"因材施教"的经典教育原则融入技能习得过程,探索共性和个性相结合的技能习得路径;有助于最大限度地挖掘和发挥学生个体发展潜能,为职业院校培养高技能人才提供高效、科学的方法与路径。

4. 学生发展的视角:促进高职学生系统化职业能力的可持续提升

学习动力、学习方法、学习能力、学习习惯、学习状态等学习品质不佳问题成为影响高职院校学生职业能力水平的重要因素。基于技能习得的情境性与交互性特征,从学生可持续发展的角度,以项目、情感、竞赛以及职业认同感、集体归属感、技能成就感等非智力因素激发学生技能习得的内生动力,全面深度保障技能习得经过陈述性阶段—程序性阶段—自动化阶段的逐级发展,从而有助于切实提高技能习得质量与水平。

(二)"3+X"技能习得共同体人才培养体系构建的实践

SC学院针对高职人才培养学情复杂难以兼顾、技能训练时间不足、内在学习动力欠缺等问题,运用学习共同体理论、教育心理学、团体动力学等,根据内因驱动规律、师徒传承规律、竞赛驱动规律等技术技能人才成长规律,从2012年起,历经3年的理论研究,构建了第一课堂和第二课堂相融通的基于技能习得共同体的"3+X"高职人才培养体系整体设计与实践,如图7.2所示。"3"即基于技能习得规律和学生个体需求在第一课堂构建3类技能习得共同体:一是依托分层走班制,构建基础夯实型技能习得共同体(流动班);二是依托校企联培制构建就业导向型技能习得共同体(订单班);三是依托现代学徒制构建项目主题型技能习得共同体(学徒班)。学生"三选一"确定第一课堂所属共同体类型。"X"即基于兴趣爱好和职业发展趣向在第二课堂构建兴趣自选型(专业社团)、技能磨砺型(竞赛团队)、职业拓展型(双创团队)等技能习得共同体。学生自主确定第二课堂所属共同体类型。"3+X"技能习得共同体人才培养教学方案在学院作为2015年全国首批现代学徒制试点项目中得到全面的实践,形成完善的人才培养体系,并在两轮的"研究—实践—推广"进程中得以实践升华与理论提升。

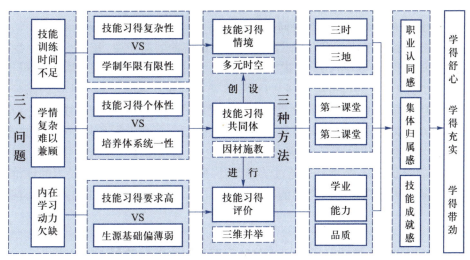

图 7.2　基于技能习得共同体的"3+X"高职人才培养体系整体设计与实践

1. 解决学情复杂难以兼顾问题的举措

该方案着眼于技能习得个体性与培养体系一性的矛盾,创新"因材施教"技能习得组织,打破自然班,实现"双课堂"融通,让班级"活"起来,实现"学得舒心"。方案遵循技能习得规律,师生混编,双向选择,在第一课堂构建基础夯实型(流动班)、就业导向型(订单班)、项目主题型(学徒班)三类典型的技能习得共同体,学生"三选一"确定第一课堂所属共同体类型;在第二课堂构建兴趣自选型(专业社团)、技能磨砺型(竞赛团队)、职业拓展型(双创团队)、深度持续型(大师工作室)等 X 种全员覆盖的技能习得共同体,学生自主确定第二课堂所属共同体类型。基于第一、二课堂"菜单式"选择,实现培养方案类型化、学生课表个性化、技能训练专门化,导师、师傅、教练与学生深度互动,以现身说法激发学生的技能成就感、以言传身教浸润学生的职业认同感、以群体互助形成学生的集体归属感,实现技能的个性化培养和能力的适应性发展,充分满足复杂学情背景下学生的不同需求。

2. 解决技能训练时间不足问题的举措

该方案着眼于技能习得复杂性与学制年限有限性的矛盾,创设"多元时空"技能习得情境,充实训练量,实现"双维度"拓展,让学生"忙"起来,实现"学得充实"。方案以"按需训练"的实训管理模式为"勤学苦练"创设条件,打造开放式的实训环境,拓展技能习得的时间维度和空间维度,构建"三时三地"技能习得机制,寒暑假、节假日和课余时"带项目上工地""带任务进工厂""带比赛进团队",

有效缓解学生技能学习时间不足的问题。

3. 解决内在学习动力欠缺问题的举措

该方案着眼于技能习得要求高与生源基础偏薄弱的矛盾,开展"三维并举"技能习得评价,激发学习力,实现"三维度"发力,让学生"动"起来,实现"学得带劲"。方案以学生的可持续发展为目标,以学生自我发展的诊断与改进为路径,构建"学业+能力+品质"三维度发展评价:维度一即学生课程学业成绩(理论+实操);维度二即职业能力测评模型,从功能性、直观性、经济性、使用价值导向、企业生产流程和工作过程导向、环保性、创造性、社会接受度8个能力指标综合评价学生的职业能力;维度三即通过学习动力、师生关系、职业认同等要素的评价,强调非智力因素在技能习得中的作用,激发学习潜力,引导学生自主学习、自我提升。

(三)"3+X"技能习得共同体人才培养体系实践的成效

"3+X"技能习得共同体经多年实践,该方案在学院由2个专业试点到全院专业全覆盖,上万名学生受益,成效明显。

一是学生学有所长,技能成就感增强。依托"3+X"技能习得共同体人才培养体系,学生获得国家级职业技能大赛奖项144人次,其中敬博家同学获中华人民共和国第一届职业技能大赛汽车项目金奖,并入围第46届世界技能大赛集训队。

二是学生学有所获,职业认同感增强。共同体学生职业认同指数高出平行班20.1%,就业率连续三年达100%,专业对口率达98%,2020届升本率达18.92%,匍匐桥梁学术班(深度持续型技能习得共同体)85.71%的学生读研、升本或进入大型国企工作,用人单位满意度在98%以上,各项指标远高于四川省平均水平。

三是学生学有所用,集体归属感增强。团队协作成效显著,创建省级大学生创新创业训练项目(团队、企业)435个,覆盖面达87%,国家级双创竞赛获奖8项,赵楠同学入选成都市"双百工程"优秀人才并当选为成都市"创业新星"。

"3+X"技能习得共同体激发了学生学习的动力,启迪了学生学习的思维,促进了学生技能习得的深度学习,推动了职业教育适应新工业革命对技术技能人才的培养需求。

第八章

新工业革命背景下高职人才培养新模式构建

本章在前述各章节有关人才培养模式各主要内容分析的基础上,基于调研资料及国家层面有关高等职业教育的政策,对高职人才培养新模式内涵和特征的发展趋向进行具体分析,构建了面向新工业革命的高职人才培养新模式。

一、高职人才培养理念的分析

高职人才培养理念在新时代背景下的革新与重塑,实为在新工业革命发展背景下,基于深刻理解高职人才培养的内在价值规定性,继而对指导高职人才培养实践开展的思想理念进行反思与再认知。

(一) 高职人才培养价值诉求的革新

高职人才培养的价值诉求通过人才培养实践活动的预期功能指向得以体现,并以此作为高职合法性地位获得与发展策略优化的根本规定。因此,面向新工业革命的高职院校人才培养理念的更新与重塑,首先需要对高职人才培养实践的价值诉求进行时代再确认。在以往的相关研究中,有学者基于内在性[1]和外在性[2]的二元范畴来分析职业教育的价值诉求,这也为本研究对高职院校人才培养价值诉求的深刻分析提供了思维方法的借鉴。以往高职院校的人才培养过程显著地体现了外在价值诉求主导的发展态势。同时,在人才培养过程中显现出对学生专业对接工作岗位所需知识、技能培养的"热"和对学生内在创造能力、发展自主性、良好品格塑造等关注的"冷"。伴随新工业革命发展序幕的掀起、技术

---

① 徐宏伟. 论职业教育的内在价值[J]. 中国职业技术教育,2014(9):36-40.
② 徐宏伟. 职业教育外在价值重审与再释——基于技术的视角[J]. 职教论坛,2015,(4):11-15;扈中平. 教育目的应定位于培养"人"[J]. 北京大学教育评论,2004(3):26.

发展模式的变革以及产业经济向智能化发展的过渡,对技术技能人才的要求更加强调与高新技术、机器人等相比,凸显"人"本体性优势的能力维度,如:涵盖精益求精、敬业守信、创新思维与创新能力等的工匠精神。[①] 由此也促使高职院校人才培养的价值追求逐步向能够赋予个体上述发展能力的内在价值追求回归。与其说是回归,不如说是对新工业革命背景下产业劳动力新需求倒逼高职人才培养的价值追求进行时代反思与优化。但内在价值和外在价值根本上并不是非此即彼的二元对立关系,[②]而是相互伴生的发展关系。

因此,对未来高职人才培养的价值诉求而言,现代产业体系建设对技术技能人才能力与素质的要求更具完满性的特征,由此也使高职人才培养价值诉求由以往的"单向度"主导逐步走向外在价值追求与内在价值追求对称性发展与和谐性同在的新样态。

(二) 高职人才培养理念的重塑

高职人才培养理念是关于高职院校"培养什么样的人"与"怎么培养人"的基本思考,是高职人才培养价值诉求的进一步确认与具体体现,更是高职院校面向新工业革命的人才培养实践革新的精神指导。因此,面对产业劳动力的新需求,未来高职院校需要树立基于产业发展需求与学生全面发展需求融合且平衡观照的引导,在借助互联网、人工智能等新兴技术搭建的智能人才培养生态支持下,实现高职院校学生具备完满性和复合性职业能力的人才培养理念。

首先,对面向新工业革命发展的高职院校而言,明确"培养什么样的人"是其人才培养实践活动有效开展的重要指导。对这一问题的回答,至少需要处理好以下两对关系:①在纵向的时间维度上,当前需求与未来需求兼顾,即高职院校的人才培养不只是针对当前产业发展所需要的人才,或是专业对应工作世界当前所需的专业知识、技能和素质能力等,而且还应关注产业未来可持续、绿色发展所需要的人才,以及培养学生入职后实现职业晋升与持续发展所需要的综合职业能力,从而使人才培养更具前瞻性与可持续性;②在横向的能力素质内涵层面,"硬技能"与"软技能"并举,实现职业能力的完满性。未来产业工人的职业能力绝不仅限于具有良好适应日趋智能化的工作场所的能力,而且这种"适应"更强调具有在动态变化的工作场所中,根据已有专业知识、技能和能力素质来建构适应新情境、解决新任务的能力。此外,还要求产业工人具备对环境负责任的

---

① 教育部. 教育部·人力资源社会保障部·工业和信息化部关于印发《制造业人才发展规划指南》的通知[EB/OL].

② 石中英. 教育的价值秩序[J]. 北京教育(普教版),2017,(4):23.

态度与能力,通过应用绿色技能促进经济与产业的绿色化发展。因此,面对我国产业数字化、智能化、绿色化发展趋势,在对技术技能人才专业知识、专业技能等"硬技能"的发展水平有所提升的同时,对创新性思维、团队协作能力、绿色技能、批判性思维、复杂问题的分析和解决能力、良好职业道德等关键能力的需求也在日益提升。同时,伴随着未来人机协作开展工作的常态化,在关键能力培养过程中也应注重学生面向智能化时代的人机对比优势的培育,以及通过"专业技术教育融合职业素质教育"的具体方式,促使未来高职人才培养的能力素质内涵更显完满性。

其次,在对"如何培养人"进行方法论层面的思考时,研究者根据受访者的反馈信息,概括出未来高职院校人才培养应该遵循的具体原则:

第一,产教融合、校企合作是高职人才培养适应未来产业经济发展所需技术技能人才的根本实践规律,并以此提升高职人才培养的开放性,促使更多社会主体与优势资源进入高职人才培养体系,通过共建,实现共享。同时,这一原则在2019年国务院发布的《国家职业教育改革实施方案》中也得以明确,并倡导"促进产教融合校企合作'双元'育人"[①]。

第二,积极探索"互联网+职业教育"的行动方案以及在新一代信息技术支持下,重构更具智能化、现代化的人才培养生态。新一代信息技术作为新工业革命的驱动技术之一,已在我国传统行业的转型升级过程中越发显现出基础性技术的发展地位,并在与不同行业融合发展的过程中重构着行业发展生态。于高职人才培养而言,一方面,高职院校的人才培养生态与产业发展生态保持高贴合度,是保证其人才培养有效性的重要前提;另一方面,积极探索新一代信息技术在高职人才培养创新方面的应用潜力是未来高职人才培养模式的发展趋势。

第三,着眼于全产业链发展能力塑造的培养思维,强化新技术应用,关注技术研发与技术服务能力的培育。新工业革命发展背景下物联网、大数据、云计算、人工智能等新兴技术的突破性进展与融合性发展,正推动智能制造、个性化定制、协同生产等生产方式与商业模式的发展,在不断催生新的产业、产品以及服务的同时,也使传统产业正借助于新兴技术的特性与发展优势实现现代升级,由此使得对新兴技术应用型人才需求的不断扩张[②]。因此,于高职院校而言,强化人才培养的新技术应用能力以满足未来产业转型升级和新兴产业发展的技术技能人才需求,自然成为其新工业革命发展背景下人才培养理念更新所包含的

---

① 国务院. 国务院关于印发国家职业教育改革实施方案的通知[EB/OL]. (2019-02-13)[2019-02-15].

② 谢志远. 高职院校培养新技术应用创业型创新人才的研究[J]. 教育研究,2016,(11):107-110.

一个具体方面。

第四，坚持培养经济和社会绿色发展所需的绿色技能人才。这里的"绿色技能"并非狭义的技能，而是包括绿色知识、技术、技能、意识、态度、价值观等，以使学生毕业后不仅能完成职业岗位上的绿色工作、满足经济绿色发展的技能需求，也能成为会过绿色生活的未来社会合格公民。职业教育培养绿色技能人才，主要来自两方面的需求。首先是绿色技术升级要求高职人才培养目标绿色化，如果忽略职业的绿色化趋势，则可能因行业、企业绿色技术工艺的变化导致职教毕业生难以在新兴绿色职业岗位上顺利就业，出现结构性失业风险；其次是不同行业、企业间的绿色专业技能和绿色通用技能，分别要求职业教育在培养专业技能和通用技能时加以侧重。

第五，积极倡导以学生为中心，注重个性化培养。"以学生为中心"在人才培养中强调通过学生学习兴趣、自主性的激发来实现学习质量的优化，并由此使人才培养质量得以提升①。高职院校教学的实践性与专业技能的实践生成性原则，决定了传统意义上的教师讲授法等"以教为中心"的教学方法在高职人才培养过程中不宜占据主导地位。同时，学生来源的多样复杂性、学习自主性弱等问题，决定了人才培养过程中须以高职学生的背景特点、学习特点等为基础来进行教学理念、教学方式、教学质量评价等多方面的协同优化，并以此激发学生的学习兴趣、学习自主性和学习效能感，实现人才培养方式的有效转变。

二、新工业革命背景下高职人才培养目标定位的思考

面向新工业革命的高职院校以创新型、高素质、复合型技术技能人才为人才培养目标定位，不仅是基于访谈过程中收集信息聚合、归纳的结果，且这一定位与《国家职业教育改革实施方案》中"着力培养高素质劳动者和技术技能人才""深化复合型技术技能人才培养培训模式改革"等有关人才培养定位的描述具有一致性，这在一定程度上也体现了未来我国高职人才培养的定位。

培育学生实现未来职业发展和生活幸福所需的综合职业能力是高职人才培养目标的总体表述②。而新工业革命发展背景下高职院校创新型、高素质、复合型技术技能人才的职业能力内涵，在人才培养新理念的引领下也呈现出一系列新特征：

---

① 刘献君. 论"以学生为中心"[J]. 高等教育研究,2012(8):2-6.
② 赵志群. 职业能力研究的新进展[J]. 职业技术教育,2013(10):5-9.

（一）职业知识储备的系统性

新工业革命发展浪潮推动下生产方式智能化发展趋向，智能化设备运用及智能化生产问题的复杂性，关键在于其背后知识结构以及知识关联的多元与繁复。这决定了未来产业劳动者工作任务的完成、工作设备的操作与运行维护以及复杂工作场景中非典型生产问题的分析和解决等，均需要将充分的、系统的专业理论知识作为支撑。同时，对学生职业生涯的持续发展而言，职业能力的发展具有累积式更新的特点，高职院校学生毕业进入工作世界后职业知识与技能水平的不断提升、更新，以及未来接受更高阶段教育，均需要高职院校学生在此学习阶段奠定扎实且系统的理论知识。

（二）职业能力的复合交叉性

多领域技术的融合式发展是新工业革命背景下技术发展的典型特点，由此带来的不仅是不同产业之间边界领域的逐步模糊与融合，而且极大地变革了产业内部的生产方式，并呈现工作世界内部开展过程的去分工化①、工作开展运用设备的多类型技术高度集成化、基于生产任务需要的岗位安排灵活化等特点。由此，为满足面向未来工作世界的技术技能人才需求，传统专业需要优化整合，不仅需要突出掌握本专业领域的专业知识、技能，而且需要对本专业相关专业领域的知识和技能进行不同程度的学习与掌握，在提升自我职业能力内涵复合性与多学科领域交叉性的同时，促使自身就业空间的拓展与环境适应能力的提升。

（三）职业能力的可持续性与绿色化

学生职业能力的可持续发展性是在产业技术更新频率不断加快与人才需求内涵不断变化背景下衡量高职人才培养质量的一个重要指标。这里所提到的职业能力可持续发展性更加注重学生通过积极上进、自主学习等个体性能力，以及刻苦钻研、精益求精等专业精神的养成，为在真实工作场景中形成良好的变化适应能力以及自主开展基于工作场所的学习等奠定扎实的基础。在人才培养过程中强化专业知识、技能与素质培养的同时，应更加注重其拓展、创新应用专业技能于不同产业领域的思维意识与实践能力，以此强化其职业能力的复合性和可迁移性，实现职业技能附加值的提升和向高价值产业领域应用迁移的能力。

职业能力的绿色化反映了新工业革命对经济与产业绿色发展的需求。绿色技术（Green Technology），又被称作环境友好型技术（Environmental Sound Tech-

---

① 徐国庆. 智能化时代职业教育人才培养模式的根本转型[J]. 教育研究，2016，37（03）：72-78.

nology）或生态技术（Ecological Technology）。它发端于 20 世纪六七十年代西方工业化国家的社会生态运动，是对减少环境污染，减少原材料、自然资源和能源使用的技术、工艺或产品的总称。① 绿色技术既包括绿色生产工具、绿色材料、绿色能源中隐含的绿色技术，也包括直接指导生产过程的绿色技术，还包括在产品使用或服务过程中能够减少对环境负面影响的科学知识和技术。随着绿色技术的快速发展，职业的绿色化速度会加快，社会生活方式会变化，也会要求教育及时跟进培育出有绿色生产生活能力的时代新人。掌握绿色技能，要求主动感知并关心技术、生产和服务行为的环境影响，并进一步做出绿色技术创新，促进环境的改善与经济的可持续发展。对于学生的职业可持续发展而言，也要求他们深刻领悟绿色技术，适应智能化、绿色化的现代生产方式。将高精尖的技术与绿色技术结合，起到普通工人和工业机器人难以替代的作用。

（四）职业能力水平的高层次性

未来高职人才培养过程中学生职业能力水平的高层次性可从两个方面来理解：一方面意味着未来产业智能化发展趋势下，工作场景的复杂化与应用设备的多技术集成性与高端性，对个体胜任工作所需的职业能力水平有所提高；另一方面，是指未来高职院校培养的技术技能人才具有良好的技术创新应用、工艺革新和技术研发能力。根据德国不莱梅大学领衔开发的 KOMET 能力模型中对职业能力的层次划分，这一能力定位更倾向于层级最高的整体化设计能力②。因此，较传统人才培养过程中主要注重学生专业知识和技术应用能力培养的目标定位而言，实现了人才培养目标的能力层次升级。在《国家职业教育改革实施方案》中也对未来高职院校的人才培养在提升学生技术研发能力方面进行了具体说明，并指出"高等职业学校要培养服务区域发展的高素质技术技能人才，重点服务企业特别是中小微企业的技术研发和产品升级"。因此，职业能力的高层次性还指未来高职院校培养的学生通过良好可持续发展能力的具备，从而在职业能力更新与自身职业的可持续发展方面呈现出高水平。

（五）综合职业素质的要求越发凸显

新工业革命背景下高职人才培养对促使产业经济发展需求与学生个体内在

---

① 衡孝庆,魏星梅,邹成效. 绿色技术研究综述[J]. 科技进步与对策,2010,27(14):153-155.
② 庄榕霞,赵志群,等. 职业院校学生职业能力测评的实证研究[M]. 北京:清华大学出版社,2012 (KOMET 能力模型共分为四个层次,由低到高依次为:名义性能力——功能性能力(功能性能力、解释与展示)——过程性能力(经济性、使用价值导向、工作过程和生产流程导向)——整体化的设计能力(环保型、创新性、社会责任感)。

发展需求对称性满足的价值追求,使人才培养过程中必然更加注重于对学生内在品行、自我认知与自信、精神道德以及主体发展能动性等方面内容的关注与强化,从而使"立德树人、德技并修"理念得以突显。这不仅是未来产业经济发展过程中对优质人力资源与品质智力需求的外显,更是高职院校在新的时代发展背景下回顾与反思的发展历程,继而以更具内涵性与发展性的理念指导人才培养实践革新的内在驱动。正是在这种内驱与外需的协同牵引下,使得未来产业发展对于高职毕业生的素质要求以及高职院校人才培养过程中对学生职业素质培养的关注度呈现出"双高"特征。

三、高职人才培养内容的动态优化机制

(一) 与产业结构协同发展的专业建设动态优化机制

1. 精准对接、特色鲜明的专业建设理念

高职院校专业建设的指导理念是在人才培养理念与人才培养目标的引领下,有关如何通过专业建设来实现产业发展所需各级各类技术技能人才有效供给的基本思想与原则。在指导未来高职院校的专业建设过程中以下几个方面尤为重要。

首先,以与未来产业经济发展战略与需求的高耦合度,实现对产业经济发展的高贡献度。这里所提到的"产业经济发展"不仅是指要与国家整体层面的战略发展规划、产业发展战略与布局的总体要求与趋势保持一致,而且更应立足地方,恪守以地区产业经济结构特征为导向,提升高职院校服务地方经济发展与产业结构迭代升级的能力。总地来看,面对产业发展需求高职院校的专业建设应力争实现:专业服务范围与全产业链协同发展需求的有效对接、专业服务指向与新常态下产业发展方式转型升级衍生的需求有效对接、专业服务优势和特色与区域产业形态变革优化的需求有效对接、服务能力升级趋向与产业基础性与核心性技术自主创新的需求有效对接。

其次,确保以专业服务定位的针对性、行业特色性与学校品牌特性,实现优势专业的打造。这一建设原则的坚持不仅是高职院校在新时代背景下实现特色发展、差异化发展的具体策略,而且是为了避免高职院校专业建设过程中"泛化""同质化"以及"需求脱节性"等问题的出现①。专业建设"泛化"是指专业面向产

---

① 温贻芳,苏益南,苏华. 新技术新经济背景下高职专业升级的战略思考——制造类专业随动产业升级系统方案应对挑战的方略[J]. 高等工程教育研究,2018(5):137.

业领域的主要服务方向不明确,专业建设的"同质化"是专业建设过程中忽略高职院校自身特性和地区产业经济结构特性情况下导致的专业建设内涵与特点雷同的现象。对于面向新工业革命发展的高职院校专业建设而言,需要高职院校在未来的专业建设过程中始终坚持专业建设思路的差异化、以明确的专业服务定位彰显专业建设的行业针对性与地区性,以前沿的专业建设眼光与谋略铸就自身专业发展的时代优势。

再次,通过"分类管理、层次有序、梯级建设"策略,助力高职院校实现专业结构体系合理、发展重点突出与整体发展能效强化。具体而言,高职院校基于地区产业发展的需求特点、学校已有专业的优势以及未来地区和学校发展战略等多方面情况的权衡,合理谋划学校专业布局与建设策略。专业是确立学生未来职业发展方向的基本路径,故而在专业建设过程中应充分考虑学生通过专业学习后职业发展空间的大小与可持续性的高低,以此确保专业建设服务人全面发展与可持续发展的有效性,造就人民满意的高等职业教育。

最后,遵循产业绿色发展的理念。这里既包括了需要从业者掌握绿色专业技能的专业绿色技术行业,也包括要求从业者具备绿色通用技能的生产领域的绿色转型。行业的绿色发展要求从业者在生产实践中节约能源、减少资源和材料浪费并通过优化生产流程减少污染物的排放,要求高职教育能够培养出具备绿色技能的高层次专业人才。

2. 借助"互联网+"的专业动态优化路径

产业经济发展信息统计和学生就业质量追踪的充分调研与论证,是实现高职院校专业建设机制具备科学性、合理性与有效性的基础。产教融合、校企合作的发展规律,决定了高职院校的专业结构必须与产业发展结构保持匹配。伴随着技术更新频率加快诱致下的企业需求更加多样、变化更加频繁,传统路径对产业、企业发展信息和未来需求信息的了解具有当下性、阶段性、局部性、滞后性的特点,易导致人才培养规格与产业发展需求的结果错位。未来高职院校科学、有效的专业动态优化机制构建应基于"互联网+"的思维方法,借助高职院校的信息化建设,并通过高职院校间的联网来实现高等职业教育专网的构建,确保高职院校为动态优化专业而开展的市场需求调研具有反映现实和预测需求的双效能。具体在产教融合发展互联网的构建过程中,首先可通过高职院校内部信息化建设,构建涵盖高职院校教学、学习、教务和行政管理、人才培养质量评价、校企合作信息等各方面信息的内部网络。继而通过地区高职院校之间以及跨地区的高职院校之间网络的互通,逐步形成区域性、国家性的高等职业教育互联网。在此基础上,可逐步推动多个职业院校与多个企业协同参与,继而形成多主体、复合型的产教融合性互联网生态。

3. 数治思维①下专业动态优化机制的更新

在数治思维和产教融合互联网理念的支持下,以及在及时性、常态性获取有关产业发展需求信息的前提下,未来高职院校的专业建设具体可通过"关、停、并、转、开"五位一体的专业建设动态优化机制来确保专业内涵及时更新、专业结构及时优化以及专业贡献度不断提升。"关",具体是指基于产业发展与劳动力市场需求信息以及学生专业选择意愿的情况,及时将发展潜力低、市场需求低、学生选择意愿低、发展特色弱的专业予以淘汰、撤销。"停",具体是指专业发展过程中由于阶段性的政策调整或是专业阶段性发展布局的变化,使得个别专业暂停招生,但仍然予以保留,待相关条件和时机成熟后便可继续恢复招生和人才培养。"并",具体是指随着技术融合发展与产业边界的模糊,对原有的细分专业进行基于专业大类的调整、合并。具体可通过建设"专业群"等方式来扩展专业的就业范围和产业服务空间,提升专业的可持续发展能力。同时,伴随着专业整合发展趋势的不断推进以及新兴专业的开设,如:智能交通技术、云计算技术与应用等,在专业复合性、交叉性、边界扩展性特点不断强化的背景下,使专业建设以及教学活动、课程建设等也越发显现出学科交叉与融合的特点,且不断超越单一二级学院范围,并逐渐走出基于"大专业"理念下跨专业、跨学院开展的专业建设状态。"转"即可通过对新技术与新知识的吸收与扩展,实现专业内涵的积累式创新。对传统型专业而言,在新的技术发展与产业需求背景下,可通过将具有时代特点的新技术、新知识融入传统专业内涵中,使得传统专业在已有发展优势的基础上,为自身注入时代性内涵、开辟新的服务方向、焕发新的生命力。"开",具体是指针对每个发展阶段的技术变革、产业结构优化调整后衍生出的新需求,高职院校应及时开设新专业,确保高职院校的专业结构能够与产业结构和产业发展趋势保持动态耦合,并具有前瞻性。

(二) 课程建设理念与路径的分析

1. 课程建设理念的更新

面向新工业革命的高职课程建设,旨在以最短时间、最便利方式来实现产业发展过程中的新技术、新知识、新工艺以及新标准及时融入课程内容中,在促使课程内容实现及时更新与持续优化的同时,确保人才供需对称。面对新工业革命背景下产业劳动力需求的变化,高职院校亟须通过课程建设来有效开发、组织相应的课程内容,促使预期培养目标的实现。

首先,面对未来人才培养规格的升级,积极探索符合职业教育人才培养特点

---

① 将数字化变成一种常态化的治理模式的思维方式。

与有效对接未来工作世界的课程开发方法。回顾我国职业教育的课程发展历程可知,在当前职业教育课程开发的方法中,存在着能力本位理念引导下,基于工作系统分析的 DACUM 课程开发方法;基于"典型工作任务分析法"的学习领域课程开发模式①;基于"工作系统分析法"和基于"职业能力研究"融合的课程开发方法②等多种课程开发理念和方法并行的局面。而面向未来的高职院校适宜的课程开发方法的设计与选择,需在职业教育以往课程开发方法的经验基础上,结合新工业革命背景下工作环境和日益智能化的工业生产方式对个体职业胜任力提出的新挑战与新需求,以及在互联网等新一代信息技术融合下人才培养生态升级而显现出的新特点来综合考虑。以此赋予高职院校学生顺利实现由学校向工作世界顺利过渡所需的综合职业能力,尤其是跨学科的专业知识和专业技能在不同领域的迁移应用能力,以及基于真实工作岗位开展学习、可持续发展的能力。

其次,积极通过课程内容的整合、优化与交叉,实现课程内容的广域性与复合性。在以往人才培养过程中,专业课程内容过于"专"和通识性课程内容过于"泛"的特点,在培养未来产业发展所需要的复合性技术技能人才方面逐步显现出了弊端。课程内容复合性特点的具备,不仅需要将原有的多门细分专业课程进行整合与再设计,从而使单门课程的内容实现再构与内容范围的扩展;而且需要通过动态调整课程结构、增加专业选修课种类的途径,使专业内部课程体系的跨界性、多领域融合性特征更显著。以此实现高职院校学生专业知识具有宽基础、广领域、强交叉特点,并为今后职业可持续发展能力的形成奠定良好基础。

再次,基于融合思维的专业课程内容与职业素质教育内容的有机融合与有序安排。新工业革命背景下产业转型升级对技术技能人才工匠精神、团队协作、批判性思维、创新性思维、自我发展主体性认知等职业素质要求的强调,需要高职在人才培养过程中加大对学生职业素质培养的关注。但以往有关职业素质的课程多是通过单开一门课或是以讲座类等形式来开展,这容易导致职业素质教育开展的泛化与效果的淡化。故而在未来高职人才培养过程中,应基于融合思维,通过将专业课程内容与职业素质教育内容有机融合,实现以专业为载体,一体化的培养路径来提升学生职业素质水平,强化其综合职业能力的发展。

最后,培养绿色化技能人才。产业绿色发展背景下对高职课程建设提出了新要求。要突出绿色生产意识,注重培养学生的绿色生产责任感;培养绿色生活意识,在日常的休闲、社交、消费等活动中践行绿色,做具有可持续发展意识与生

---

① 赵志群 . 我国职业教育课程模式的发展[J]. 职教论坛,2018(1):53-54.
② 徐国庆 . 智能化时代职业教育人才培养模式的根本转型[J]. 教育研究,2016,37(3):77.

活能力的公民;培育绿色创新意识,在生产和生活中不仅能意识到存在的可持续性问题,还要具有创造性地解决有关问题;提升绿色通用知识和技能水平,比如课程应该为节能减排技能提供必要的知识;传授绿色专业知识和技能,应在现有教学标准、教学内容基础上,融合绿色发展的内涵,加入有关认知和技能要求。

2. 课程内容前瞻性与标准对接性

产业发展的新技术、新工艺、新标准等及时融入课程内容中,实现课程内容的及时更新,并保持与产业发展的协同性,是避免高职院校培养的人才与产业发展需求产生偏差的有效途径。因此,高职院校的课程内容需要具有灵活性和良好的更新机制,并通过教师自主学习、教师集中培训、学校引进、校企合作开展技术研发与产品升级,及时将产业发展过程中的新技术、新工艺和新标准融入现有的课程内容,促使人才培养生态与产业发展生态的对接。

职业资格标准是不同行业内不同工作岗位的工作规范,以及从事本行业不同工作岗位人才所应具备的职业能力水平的总体描述①。高职院校学生获得行业内具有公认度高、认可度高的职业资格证书,是其获得优质工作的一个必备性准入条件,由此也使我国高职院校在人才培养实践中普遍地采用"双证书制度"。伴随我国国家资格框架与行业资格标准制度的日益完善,高职人才培养过程中的课程标准对接职业资格标准的实践也将得以巩固,并以此来提升高职院校培养人才的行业认可度。

3. 课程体系的灵活性

课程结构体系是指人才培养过程中,为实现人才培养目标,根据特定的技术逻辑,对学生需要学习的课程进行的总体安排与设计。对于高职院校的课程结构而言,应至少具有以下几方面特征:第一,需要确保学生所学课程具有时代性,以及根据需要将涵盖新技术、新知识的新课程及时纳入的灵活性,确保学生学习内容与产业经济发展需求的有效对接;第二,课程安排的逻辑应该与学生综合性职业能力的内在发展逻辑具有内在一致性;第三,课程结构体系应充分考虑不同学生专业发展旨趣与基础的差异,促使每个学生人才培养计划中课程结构体系具有个性化特征;第四,考虑到未来产业发展过程中对技术技能人才复合性、跨界性、绿色化职业能力的需求,在课程的设置与安排方面,应体现一定的多学科融合性与跨界性,促使复合型人才的培养;第五,应积极通过正式课程以外的多种途径来实现产业发展前沿知识、新技术与新知识在人才培养过程中的引介。

4. 课程教材形式的创新

教材是承载具体课程教学内容的物化形式。长期以来,高职院校印刷装订

---

① 李居参,李晓东. 高职教育职业资格证书与"双证书"的研究与实践[J]. 辽宁高职学报,2005(3):1-2.

教材往往因其编写、审校、印刷、出版的长周期性,以及因其编写成本、出版成本、形式固定等特点,无法即时性地对教材中的部分内容进行更新和替换,容易导致人才培养的滞后。而采用教师自编讲义来开展教学,可凭借其形式的灵活性实现课程的及时调整与更新,但讲义的质量与更新速度对教师自身的专业能力与专业发展自主性具有较高的要求,往往易导致讲义质量的参差不齐与不稳定性。

在新工业革命背景下,面对技术发展模式变革导致的技术更新周期缩短、新知识不断产生与新兴技术设备的不断更新,确保高职人才培养有效性前提是人才培养的内容与产业发展过程中的技术知识保持协同俱进,并尽可能地具有一定的前瞻性。同时,由于高职院校人才培养主要关注学生的专业技能、专业知识与综合职业素质的养成,而不同学生因其在专业基础、专业兴趣、学习方法以及技能养成路径方面存在差异,决定了应该运用具有个性化的教材来实现个性化的人才培养。

在这两方面的要求下,活页型、工作手册式的教材体现出独有的优势:第一,借助活页型教材,有助于教师及时向课程中添加最新技术知识与专业拓展性知识,同时学生可基于自身的专业兴趣点,添加、扩展自己关注的行业前沿知识或是技巧性知识等。第二,由于"大国工匠"的生成必然经过由初学者到专家的发展历程,其成长的历程更是其专业技能、知识与经验不断积累和提升的过程。活页型、工作手册式教材不仅可用于学生在校学习阶段,并可伴随其进入工作场所,通过基于工作场所的学习来对于教材中的内容进行丰富和深化,逐步演化为学习手册、工作手册与工作反思手册为一体的可持续发展性教材。第三,工作手册式教材,因其伴随使用者的长周期性,从而有助于对相关工作知识形成系统化理解,并在自身工作反思与领悟下,容易促使默会知识的显性化。第四,活页型教材在更新过程中可对部分内容进行印刷式或者是手写式的更替,具有短周期性、易操作性以及低成本性特点。

总之,高职院校课程建设的终极目的在于以最短时间和最短路径实现新技术、新知识和新标准进入人才培养的内容之中。在高职人才培养模式面向新工业革命发展的过程中,这一目标的实现可通过以下三种路径:①积极引进企业内部从事技术研发相关工作的技术工程师或是技术骨干进入高职院校兼职从事专业课程教学,以此方式来实现企业最新技术发展信息直接进入高职院校课堂。②以校企共建产业技术研究院为组织载体,通过高职院校专业教师与企业技术工程师联合开展技术攻关与技术研发项目,使高职院校教师有机会接触到产业技术发展的前沿,并将其自然渗透到课程教学之中。③通过专门从事高职院校专业课程开发及相关业务的第三方科技公司的途径,因此类公司专于职业院校专业课程开发等业务,往往会根据其对产业发展前沿信息和新兴技术的掌握,在最短时间内将新技术、新知识等转化为职业院校的专业课程,从而为高职院校及时引进融入新技术、新知识的专业课程开辟了供给源。

四、高职人才培养过程与方法的实践创新

(一) 新兴技术赋能下的教学创新

1. 教学理念的更新

新工业革命发展背景下,信息技术已逐步成为众多行业发展升级的基础性技术,对教育领域的影响也越发深刻。信息技术从最初辅助教学的角色,逐步对课程资源、教师教学、学生学习等多方面产生巨大影响,并全方位地推动教育发展生态的重构。

(1) 新一代信息技术促使教师对教学认知和教学设计进行重新思考。例如:新技术支持下的教学空间由以往物理空间主导向"物理性+虚拟性"的混合空间转变。这种混合空间可实现学生在实体空间中对实体设备的观察、分析与操作感悟,以及在虚拟空间中对机械复杂结构、抽象概念的直观认知。这将有助于学生对不同专业知识与技能之间的意义建构、功能特性、创新应用以及知识关联等形成更加深刻的体悟,并促使学生大脑中形成可以支持其在真实工作实践中完成工作任务、解决工作难题等所需要的技能知识图谱。

(2) 教师可借助信息技术开展探究性教学。对高职院校的信息化教学发展而言,不仅是职业教育研究者,而且包含高职院校一线的教师群体都亟须对信息技术如何在保留高职院校教学本真特点的前提下,更创新、更有效地融入未来高职院校教学等问题进行研究,为有效指导高职院校信息化教学实践积极发展提供思路,并促使高职院校通过提升课堂教学质量来保证人才培养质量。

(3) 提升教师的个性化教学与指导能力。对职业院校的学生而言,职业能力的生成相较于单纯的知识学习,更具有情境性、个性化的特点,且学生在学习过程中的个性化指导获得率、生均设备的占有量、教学内容与自身需求的匹配度、教学方式与学生学习方式的对接性等,均对其综合性职业能力的培育具有重要影响。故而,对高职院校教师在教学活动开展过程中的个性化、针对化以及精准化教学的要求也更高。高职院校的教师可以在信息技术的支持与协助下,通过借助互联网教学平台等对传统教学方式进行改革与创新,从而生成更符合高职院校学生学习特点与职业能力养成特点的教学方法。

2. 教学工具的智能升级与革新

新一代信息技术发展过程中对教育发展生态的不断重构,使教学工具的智能升级趋势也不断加强。在高职院校的教学过程中,由于其教学开展的实践性特征,教学过程中的教学工具基本由实体性工具和虚拟性工具组成,实体性教学工具主要包括黑板、计算机、设备仪器、专业技术工具、投影等;虚拟性教学工具主要包括仿真软件、数字教学资源、虚拟仿真系统等。在信息技术支持下的高职院校教学工具不仅使实体性教学工具的先进性、复合性程度更高,而且使得虚拟性教学工具更加多元、丰富。高职院校教学过程中可引进具有先进性和多元技术高度集成的生产设备与仪器,如:工业智能机器人、3D 打印机等。同时,在新一代信息技术支持下的教学生态构建过程中,教学和学习开展的全时域、全空域、泛在性,以及未来多时空场景教学互动的需要,也使移动手机、交互式白板、智能设备、平板计算机、可穿戴设备、录播系统硬件、智能机器人、无线传感器等逐渐进入课堂教学活动与教学环境的建设之中。

此外,伴随着新兴的互联网教学平台、虚拟实验实训教学平台、MOOCs 等各类教学管理系统、教学质量监控信息系统以及"数字双胞胎"等软件设备的不断开发与实践应用,使以往高职院校教学实践中的虚拟型教学工具得以丰富与扩展。同时在高职信息化建设程度不断加深的过程中,通过教学实践与 VR/AR、人工智能、新一代信息技术等新兴技术融合度的不断提升,数字化教学资源与工具也会更显优质性、丰富性以及更符合高职人才培养的实践性特点。

3. 教学设计与方法的实践反思与创新

高职院校教学过程中的教学设计是教师根据课程内容特点与学生的专业基础、学习特点,对教学资源、实施过程等的总体设计与计划①。面对产业变革过程中所需人才内涵规格的高要求性、高标准性,面向未来的高职人才培养也需积极反思、革新。在未来高职院校的人才培养过程中,人才培养的目标不仅在于实现学生职业知识、职业技能的获得,而且对学生创新意识与思维、分析与批判性思维、上进心与自主学习意识以及互联网思维等的培养越显重要。良好工作思维的形成不仅有利于强化学生职业知识和技能的创新应用能力、职业能力的迁移能力,这些也正是高职院校学生生成职业可持续发展能力的关键方面,由此也对高职院校教师的教学设计提出了更高的要求。伴随新一代信息技术在教育领域的融合应用,更需要一线教师强化自身积极探究、运用新兴技术来创新教学设计与教学方法的能力,从而探索新时代背景下既能符合高职院校教学开展特点,又

---

① 钟晓流,宋述强,焦丽珍. 信息化环境中基于翻转课堂理念的教学设计研究[J]. 开放教育研究, 2013,19(1):58.

匹配高职院校学生学习特点的教学新模式。这要求高职院校教师须善于借助多元教育信息化手段，懂得甄别学生的学习兴趣，采用学生愿意接受的教学方式，提升课堂的吸引力、学生的教学参与性，强化教学的互动生成性，促使预期教学目标的达成。

4. 非正式教学活动的育人功能的发挥

高职院校的教学活动中，除正式的课程教学以外，各级别的技能竞赛、学生技术性社团以及不同类型的应用型创新实践项目等，在高职院校的人才培养实践中日益发挥着重要的育人功能。高职院校可通过学分置换、课程免修等多种形式，促使这些不同类别的非正式教学活动的育人功能潜力得以激发和扩展。

首先，基于各级别技能竞赛的人才培养方式越发显现。当前校级——省级——国家级三级制的技能竞赛机制已在我国高职院校的人才培养实践中逐步形成，并对人才培养具有一定的推动与引导作用。往往级别越高的技能大赛，会在竞赛场景布置、竞赛运用的设备以及选手竞赛结果测评与分析方面，融入当前产业界最新的生产模式、技术装备等，从而对高职人才培养模式的相关内容具有引领、示范的作用，促使高职院校及时运用新设备、新技术来革新人才培养实践，提升人才培养的质量。

其次，学生技术类社团教育功能强化与潜力激发。学生社团是学生基于趣缘、自愿参与，按照学校相关规定而自发组织开展相关活动的学生组织。学生社团通常是学生正式学习活动的一种拓展，有助于学生发现兴趣点、强化自主学习和探究能力，继而提升自我综合素质，并具有良好的人才培养辅助性功能。学生技术类社团具有自组织特性与专业技术性，故而是对学生专业学习的一种很好的补充与提升途径。并且在基于自我兴趣开展专业相关的社团活动与学习中，学生通过同辈间的学习交流、互帮互助，逐步确立专业认同感、培养专业学习的兴趣和自主性，提升其专业学习的效果。同时，高职院校的技术类社团往往会针对一些复合性较强的实践创新项目来组建跨学科的学生团队，这有助于学生基于自身的专业优势来强化团队协作能力、人际沟通能力、复杂问题的分析与解决能力、创新能力等，故而对学生综合素质的提升具有很大的帮助。因此，在未来高职人才培养模式的革新过程中，仍须积极探索学生技术类社团等非正式教学活动如何在辅助学校正式教学活动方面发挥更大的促进作用。

（二）实训教学的多面优化与实践探新

1. 数字软件与实体设备协同更新的实训设备升级策略

实训设备是高职院校实训教学中，用于开展实践性教学，协助学生完成工作场所中的典型工作任务，从而成为专业理论知识在具体实践情境中意义渲染与意义建构的关键性媒介。伴随我国工业生产方式向数字化、信息化、智能化迈进,智能生产系统的构建,不仅需要工业生产过程中工业机器人、智能工艺装备、数控机床及设备等智能装备的布置与智能工厂的搭建,而且还需要实现生产方式柔性化的自动化系统、操作控制和监控系统、制造执行系统、过程分析系统、过程控制系统等一大批智能软件系统的完备。于面向新工业革命发展高职人才培养而言,确保实训教学过程中所用实体设备和软件设备与企业生产一线具有一致性,是高职院校为学生营造与企业生产一线真实环境一致的学习生态,使其获得未来职业岗位所需的职业知识、技能和能力的重要保障。基于人才培养成本与人才培养实效等方面的综合考虑而言,未来的高职院校在实训设备的更新过程中,在尽可能购买一定数量的最新实体实训设备,供学生进行实体体验、操作与训练的同时,也应积极完善和更新与最新实体设备配套一致的软件设备。以此促使学生通过虚拟设备的认知与操作、实体设备的体验与操作训练的并行发展,逐步使其专业能力、专业思维得到发展和提升。

2. "教育—生产—培训"综合性实训基地构建

高职人才培养过程中产教融合、校企合作的深化,不只旨在获得社会力量的营养输送与其他支持,更重要的是通过两种场域的互动来赋予学生胜任未来工作所需的综合职业能力。综合职业能力不仅指在职业院校通过理论学习而获得的专业理论知识,以及通过实操训练所获得的专业技能,更表达着涵盖多方面真意的丰富内涵,如:知识和技能在真实工作场所中的实践应用与体悟、基于情境(生产情境、问题情境等)的专业知识和技能的认知再构、在不同真实工作场景中应用经验的积累与反思[①],以及在工作场所中以真实工作任务为媒介而形成团队协作、人际沟通等社会性关键能力和基于真实工作场所自主开展探究性学习的意识和能力的个体性关键能力等。

高职院校学生所应具备的职业能力需要在"教育性"和"生产性"的两个场域,分两步来完成。回顾我国高职院校以往的人才培养特点可以发现,高职院校实训基地的建设过程中存在:高职院校开展实训教学的基地多以校内实训基地为主,且校内实训基地因其主要服务于高职院校的教学活动,更大程度上只有教育属性的"单向度"特点[②];企业参与实训基地建设的程度较浅,导致实训基地难以与企业一线生产场所保持动态一致性,显现生产性弱化的特点[③];实训教学过程中师资数量不足,以及优质实训教师的缺乏①等众多问题。因此,具有和真实工作场所高度一致,乃至能够在真实的生产场所中进行实训教学,是高职院校开展实训教学比较理想的一种状态。②

　　因此,面向新工业革命发展的高职院校实训基地建设,更应在总结以往校内、校外实训基地的发展经验基础上,积极通过深化产教融合校企合作来共建共享综合性实训基地。这里所说的综合性实训基地彰显教育性、生产性、培训性以及技术研发与服务性。首先,"教育性"具体是指高职院校通过综合性的实训基地来开展相关的实训教学与实习活动,为高职院校的人才培养提供真实性的工作场所,并基于真实性的生产任务来开展项目化教学,促使学生获得职业能力生成与强化所需的理想环境;其次,"生产性"的意蕴主要是指确保实训基地具有利润创造能力和真实生产功能,以此来反哺企业的成本投入,激发企业参与的积极性与投入热情,确保实训基地的持续发展与相关设备、技术等的及时更新,同时,为切实通过"工学结合"开展的人才培养提供有效支持;再次,"培训性"具体是指实训基地在未来职业教育与培训体系一体化发展的驱使下,校企共建的实训基地应能够具有高职院校教师常态化专业发展培训、企业员工的进修与培训以及社会人员培训等多重功能;最后,"技术研发与服务"具体是指校企可以此为平台,携手共同开展面向企业生产实践过程中的技术攻关、产品升级以及技术研发等项目,从而促使高职院校与合作企业建立"战略合作人"关系。这不仅使高职院校技术服务能力逐步向产业技术研发阶段适度扩展,而且通过把握行业技术发展的前瞻性,以及将相关的技术研发与服务成果及时、有效地转化为人才培养内容,提升人才培养的前瞻性和与产业发展需求的对接度。

3. 小班化、精细化:实训教学组织形式的优化

　　职业技能的生成区别于知识性学习的典型方面便是学生个体需基于已有的专业知识,在实训基地完成真实工作任务的过程中,基于自我实践反思、体悟与建构,以及教师的有针对性的、个性化指导,方可实现职业技能的生成。在此过程中,伴随着技能学习的复杂性、综合性程度不断提升,学生对教学指导的个性化需求也越发明显。而通过相关文献的查阅,可发现以往高职院校通过大班来开展实训教学的形式导致了系列问题的产生,如:由于班额较大,对于教师而言,往往只能开展统一性教学,难以关注学生的个体专业基础和发展需求的差异③,由此也使"以学生为中心""个性化教学"的教学理念难以真实有效地渗透于具

　　① 申屠江平. 高职院校建设校内生产性实训基地的思考[J]. 职教论坛,2010(9):60.
　　② 和震. 技能提升与知识、素质的复合——职校毕业生升学与职业发展的思考[J]. 教育发展研究,2010(3):3.
　　③ 刘东,蓝丹. 高职院校计算机专业课程小班化教学模式初探[J]. 高教论坛,2012(11):54.

体的教学实践中;同时,因学生缺乏学习自主性、自律性,往往需要教师花费较多的精力和时间在课堂纪律管理方面,从而影响了教学质量的提升①。尽管实现这一目标在师资供给、相关教学资源与设备的数量等方面存在诸多困难,但这是未来高职院校实训教学革新发展的方向。例如:针对师资不足的问题,可在实训教学分阶递进的过程中,通过招聘企业兼职教师,与本校教师组建实训教学团队的形式,来扩充实训教学的师资队伍,以此来实现实训教学过程中的班额动态调整与班额缩减。而真正实现高职院校的小班教学还存在多种问题与挑战,故而未来究竟可以以何种适宜的方式来达到这种较为理想的教学组织形式,还需要职业教育的研究者与一线的实践者共同携手来进行更为深入与持续的探究。

(三) 基于数字化学习生态的多学习模式融合发展

学生学习是人才培养中的一个关键方面,在信息化技术对人才培养生态进行升级与优化的过程中,数字校园的建设、数字化教学资源的开发与建设、互联网教学平台的开发与建设等多方面内容的不断发展,学生的学习正在发生着时代性的进化。本部分内容重点在于分析除以往传统的学习模式之外,新兴技术支持下的高职院校学生的学习模式可能的发展特点与趋势。

1. 基于数字化学习平台的"线上+线下"混合式学习

"互联网+教育"的发展,不仅拓展了教学与学习的发展空间,而且在新兴技术的支持下实现了学生学习内涵的新发展与新方式的出现。其中,学生"线上+线下"混合式学习的创生便是一个典型的方面②。这里所说的混合式学习在本书语境中不仅是指借助于数字化学习平台的线上自主性学习与在学校接受正规的线下课程学习的两种学习方式的混合③,还包括学生在线上和线下学习过程中自主性学习、团队协作学习等不同学习组织形式的混合,以及理论学习与实践学习的混合。同时,混合学习的初衷在于通过线上学习与线下学习的有机融合,即课程内容与多种数字化教学资源的融合、同步性的学习与异步性的学习之间的融合等,在强化学生基于数字化学习平台自主探究性学习与基于平台的协作学习能力的同时,促使传统教学整体教学质量得以提升④。人工智能、大数据以及云

---

① 胡贤民.高职院校专业课程实施小班化教学的研究初探[J].浙江交通职业技术学院学报,2012(2):53-54.

② 冯晓英,孙雨薇,曹洁婷."互联网+"时代的混合式学习:学习理论与教法学基础[J].中国远程教育,2019(2):7-9.

③ 迈克尔·霍恩,希瑟·斯特克.混合式学习:用颠覆式创新推动教育革命[M].聂风华,徐铁英,译.北京:机械工业出版社,2015:47-66.

④ 杜世纯,傅泽田.混合式学习探究[J].中国高教研究,2016.(10):52-53.

计算等先进技术在促使人才培养生态越显智能化特点的同时,也使学生学习模式发生了诸多变化,并可以此实现学习者在数字化学习平台上的学习行为轨迹挖掘以及学习行为数据的存储与分析①,并通过分析学习者的兴趣点、学习资源使用特点、学习时间与空间分布特点等,实现对学习者风格与类型的建模。基于此,可利用数字化学习平台的服务与资源推送功能来对学习者不同阶段的学习开展过程推送具有个性化、针对性的学习资源和服务②。未来在继续推动高职院校学生混合式学习的过程中,也需要注意一些具体问题,如:对开展"线上+线下"混合式学习的数字化学习平台以及内部包含的学习资源、学习社区建设等,均需要通过校企合作的方式,来实现虚拟学习空间、学习资源、学习支持和服务与高职人才培养过程应然特点具有契合性。

2. 基于创新实践项目的跨学科团队合作式学习

创新思维与能力的具备是高职院校培养面向未来产业变革发展所需技术技能人才的一大特征。高职院校学生创新思维与能力的功能属性并非指向一般意义上的概念理解,而是以专业为载体,与专业深度融合,侧重于企业生产一线生产工艺革新以及技术创新应用等方面。自 2015 年,国务院发布"关于深化高等学校创新创业教育改革的实施意见"以来,掀起了全国性的创新创业教育发展热潮,也在促使高职院校积极探索有效开展创新创业教育的具体途径。同时,2018年 9 月,国务院"关于推动创新创业高质量发展打造'双创'升级版的意见"的发布③,进一步明确、强调了未来社会经济发展过程中通过高质量发展创新创业,实现产业经济转型升级的创新驱动与社会整体创造力提升。因此,面向新工业革命发展的高职人才培养模式对学生创新思维与能力的赋予是其未来发展特征的应有之义。

在我国高职院校创新创业教育的发展过程中,基于"专创融合模式"(即专业技术教育与创新创业教育的融合)来实现学生创新创业能力培育的发展趋势越发明显。其中,比较典型的做法除开设创新思维课程或创新工作坊等形式外,学校还以创新实践项目为契机,锻炼、提升学生的创新创业能力。这一做法具体包括两类:一类是,学生通过参与技术类社团的方式,由社团内部不同专业、不同年级的学生共同来确定创新实践项目,并在学校配备的专业师资的指导下完成创

---

① 戴永辉,徐波,陈海建.人工智能对混合式教学的促进及生态链构建[J].现代远程教育研究,2018(2):26.

② 陈海建,戴永辉,韩冬梅,等.开放式教学下的学习者画像及个性化教学探讨[J].开放教育研究,2017,23(3):106-111.

③ 国务院.国务院关于推动创新创业高质量发展打造"双创"升级版的意见[EB/OL].(2018-09-26)[2018-12-26].

新实践项目,在多学科、多年级学生的协作互动中,创新思维得以锻炼、创新能力得以提升;另一类是,通过学校搭建创新平台,并根据特定的遴选机制确定创新实践项目的指导老师,继而面向全校学生进行招募,以"师生双向选择"为原则,最终形成师生创新实践团队(师生创新实践团队,学生和指导老师一般均为跨学科,且招募学生的学科背景也具有多学科分布的特点)。通过在指导老师和团队成员的协作下完成,最终以获取专利或是获取相关创新赛事的奖项作为学生在此创新实践团队学习结果的具体体现,并通过学校相关人才培养制度的支持,实现部分学分的替代。以此体现结果导向,突出学科交叉融合,注重团队协作、创新创业教育与专业技术教育融合等特点,最终实现学生创新创业能力的提升。

3. 基于智能化工作场所的自主探究式学习

基于工作场所的自主探究式学习是高职院校学生将在去情境化的学习情境中所学到的专业知识、技能,在真实工作场所中对其实践意义、具体功能以及彼此间的关系等进行重新认识。通过在真实工作场所中实现知识、技能以及二者之间逻辑关联的构建或者是潜在关联的激发①,促使高职院校学生生成未来真实工作世界中开展工作实践所需要的综合性职业能力。

未来多元技术融合发展以及生产情境的智能化发展趋向,使工作任务完成和工作难题解决所需要的工作设备、知识结构等均呈现出日益复杂化、智能化的发展趋势,且更加需要产业工人强化基于智能化工作场所来开展拓展性学习②,促使自身内在的专业知识、技能以及其他素质的升级和更新,以及工作实践方式的变革,并形成职业可持续发展能力。工作场所学习的原意并不只是工作者为了以完成面对的工作任务,而获得与工作任务具有直接关联的知识或是技能,更是工作主体为了实现自身职业能力的完满性与可持续发展,将自身从新手到专家这一职业能力的发展历程渗透于基于工作场所学习的开展过程之中,并体现基于工作场所学习功能的复合性特征③。

因此,未来高职院校在真实工作场所或是借助 AR/VR、人工智能等技术模拟真实工作场所的综合性虚拟仿真实训室开展实训与实习的过程中,实训或是实习指导教师不仅应提升对学生基于工作场所学习能力培育的关注程度,而且应

---

① 李茂荣,黄健. 工作场所学习概念的反思与再构:基于实践的取向[J]. 开放教育研究,2013(2):19-26.

② 何爱霞,乐传永. 从"边缘性参与者"到"充分参与者"的工匠工作场所学习研究[J]. 现代远程教育研究,2018(6):57.

③ 菲利克斯·劳耐尔,鲁珀特·麦克林. 国际职业教育科学研究手册(下册)[M]. 赵志群,等译. 北京:北京师范大学出版社,2017.

该通过相应的锻炼与引导,提升学生基于智能化工作场所开展学习的能力①。同时,还可通过训练学生在面对智能化、复杂化的工作情境时,如何实现对存在问题解决线索的洞察与探寻,以及如何根据对具体问题的分析来调取已掌握的专业知识和技能,形成解决特定工作问题的实践策略倾向,并提升学生对工作实践情境的分析能力;以及在工作终结后,如何开展工作反思,将工作实践过程中的实践经验予以结构化,形成新的实践策略②等途径,锻炼、提升高职院校学生开展基于工作场所学习的能力。

(四) 人才培养过程的绿色化实践

1. 绿色环境建设

绿色环境建设即高等职业教育教学环境的绿色化营造。绿色教学环境的营造对学生的成长有熏陶作用,一些设施和活动也能对绿色教学起到支持和辅助作用。澳大利亚一份关于绿色学校建设的报告展示了绿色建筑设计及其效果不仅节约了水和能源,也取得了有利于学生成长的种种益处:由于绿色建筑具有良好的照明及通风情况,41.5%的学生的流感、哮喘和头痛状况得到了改善,15%的学生学习效率得到了提升,25%的学生平均考试分数得到了提高。

绿色教学环境既包括学校教职员工对可持续发展理念的普遍认同,也包括学校营造可持续发展的内部环境,不仅在教学中向学生传授可持续发展的知识和理念,也让身处校园的每一名学生深切地感受到校园绿化以及宿舍管理、食堂管理、校舍维护等的细节都渗透着可持续发展理念。以绿色实践教学环境的营造为例,创设注重学生参与的、跨学科综合的实用综合绿色实训及生产实践教学环境,能给学生提供丰富的实践机会,让学生在真实工作情境中强化绿色知识和实践技能,深化绿色发展理念。绿色实践教学环境包括:①硬件资源建设、分配、流转调剂、增值、报废管理,包括闲置设备调剂、落后损坏设施设备残值利用(用于设施设备维修、维修和组装类课程教学)、淘汰设施设备报废评估,设施设备使用维护管理。②实践教学活动实施保障所需的人、财、物、事等信息的采集、记录、汇总、分析、评估、传输管理。值得注意的是,实践教学活动应包括非课表时间的实践教学设施设备对学生自主活动开放,从而做到减少设备闲置浪费、增加损坏设备再利用等,让学生体验到绿色生产实践应该如何做。③优化实践教学系统,实现管理的文件化、数字化,建立全面严密的实践教学管理体系,将专业实

---

① 欧阳忠明,黄慧. 工作场所作为学习环境:实现情境、实践与学习的联结——访国际知名工作场所学习专家史蒂芬·比利特教授[J]. 现代远程教育研究,2018(5):7-9.

② 吴刚,马颂歌. 工作场所中拓展性学习的研究[M]. 北京:清华大学出版社,2016.

践情境中的绿色元素引入教学。从国际实践角度看,营造绿色实践教学环境的努力还包括绿色校园建设、学校的绿色采购、组织第二课堂绿色主题活动等。

2. 绿色资源建设

有效地获取绿色教育资源是高等职业教育绿色化顺利进行的保障。要确保设计的绿色教学内容确为经济社会绿色发展所亟需的。在这方面,常见的措施包括:通过校企合作明确亟需的绿色教学内容、开发绿色专业教学资源和环境等。

加强校企对话,明确绿色教学内容。要积极吸引企业参与高职教育绿色化进程。企业可以向职业院校提供直接的绿色教育内容和教学建议甚至材料。来自企业经营管理实践的绿色教育素材应成为绿色职业教育的重要资源。例如,澳大利亚新南威尔士北海岸的 TAFE 学院,实施了一系列与环境建设相关的项目,不但带动企业热衷于可持续性发展,也为参与项目的教师和学生提供了与可持续发展相关的广泛课程内容。困难在于,很多企业的领导层缺乏对绿色技能的深入认识,对增强绿色技能、发展绿色经济的理解不足。

营造绿色专业课教学资源和环境。①引入绿色专业教学资源。例如,在教学中广泛引入绿色生产所用的工艺、设备。模拟仿真设备设施的使用能降低教学材料消耗,也是一种绿色教学资源。②创设体验性或生产性教学环境。绿色职业教育教学环境要有助于学习者对绿色理念的情绪体验和情感熏陶。例如,我国陕西杨凌职业技术学院高职建筑工程技术专业"钢筋工程施工与管理"课程面向可持续发展的教学改革,根据课程特点,建设了三种教学环境:一是体验性教学环境,即以学生为中心,以六种情境(典型岗位情境、典型工作任务情境、职业能力情境、学习领域情境、学习情境和学习单元情境)为基础,以实训项目为载体创设的体验性、探寻性教学环境;二是生产性教学环境,基于钢筋工程施工过程,遵循行动导向原则,创设学生参与的、跨学科、实用生产性或综合实训教学环境;三是打造多媒体、实验室模拟、企业实习、专家讲座等相结合的立体化教学环境。总的原则一是与课程内容特点相结合,二是利用本课程典型的实训项目,三是注重教学媒体的使用,使生产生活中的绿色要素尽可能地反映到情境化教学环境中。③设计绿色教学案例。将绿色教学资源融入教学案例中,结合这些案例,高等职业教育教师能更好地开展绿色职业教育教学。应鼓励和培训任课教师精心设计教学方案,根据教学需要选择绿色内容,形成典型绿色教学案例。

3. 高职教师培训的绿色化

未来的高职教师应秉持绿色发展理念,并把这种理念和相关知识技能贯彻到职业教育教学当中。为此,应强化对高职教师培训的"绿色",具体而言高职教师培训目标、培训内容、培训条件以及培训形式都应注重绿色化。

　　高职教师培训目标绿色化指高职教师培训目标要强调促使高职教师充分了解行业企业的绿色技术、工艺、设备和产品以及所需相应技术技能人才的绿色特征,并能够灵活运用绿色职业教育的理念和方法开展高职教育教学。随着新工业革命的到来,绿色经济的规模迅速增大,如环保产业、绿色能源生产行业(如利用生物质能、太阳能、风能、水能发电)、绿色能源应用行业(如绿色交通、绿色制造、绿色建筑、绿色建材)。这些经济领域需要职业教育尽快供给大量绿色技术技能人才,同时也要求相关工作人员具备更多的绿色技能,需要职业教育教师在教学中及时做好绿色技能训练和知识传授。为此,高职教师培训的目标绿色化就要求对高职教师做好三方面的培训工作,即绿色职业教育专业新教师培训、职业教育教师的绿色知识与技能培训,以及绿色知识、技能教学能力的培训。

　　高职教师培训内容绿色化的主要措施包括:①增加绿色培训专题。为便于教师更好地将绿色问题与专业教学结合起来,针对生产环境影响等可持续发展问题,编写若干绿色主题的参考资料或专著并设置专门的绿色培训专题是必要的。在高职教师企业培训或顶岗实践中也应增加绿色主题活动。对本专业的绿色话题,尤其是与本专业密切相关的能源、环境、健康问题,应突出强调,设置专题讨论和学习。②增加绿色培训内容的比例。在培训中增加绿色技能及绿色知识。在高职教师培训内容中增加绿色技能及绿色知识,既要注重绿色技能的行业差异性,又要注重绿色专业技能的易变性,培养灵活性、适应性强的绿色高等职业教育师资。一方面,引导教师关注本行业的绿色设备、知识、技术和工艺流程,另一方面,带领教师关注这些绿色元素的最新变化,并尽快将新内容增补进培训课程之中。同时,应增加与行业企业、社会团体、政府部门就有关绿色主题的互动。在培训中减少过时的、不可持续的知识和技能。要设法在培训中减少显性和隐性的不可持续性专业知识与技能培训内容,尤其是容易造成隐性污染的技能,如涉农专业忽视降低化肥农药使用量、降低粮食中有害物质的行动,在家居建材领域,无视日常生活用品有害工业物质含量,住宅和办公场所的建筑物、家具的有害物质的生产、采购和使用,等等。也应通过对不良生产生活方式的认识与有关教学研讨,如市政管理中水和环境卫生及其可持续管理等主题,尽可能地使高职教师增强减少教学中不可持续性内容的意识和习惯。

　　高职教师培训条件的绿色化是指创造或改善高职教师培训绿色化的支撑条件,以利于培训绿色化的顺利深入。措施包括建设绿色专题培训资料库、创设体验性或生产性培训环境、设计绿色教学案例等。

　　职业教育教师培训形式的绿色化是职业教育教师培训绿色化的重要实践策略。国际绿色职业教育教师培训在实践中较为普遍采用的四种培训形式:一是通过校本教研的形式,二是开展绿色职业教育专题培训,三是赴企业进行绿色实践,四是对培训师进行培训,使其能开展绿色职业教育相关的教师培训。

五、人才培养质量评价机制的发展与优化

高职人才培养质量表达了通过高职院校系列的教学活动及相关支持,使得学生最终在专业知识、专业技能以及相关能力和素质方面实际所达到的发展水平与开拓的潜在发展空间。教育活动赋予个体推动社会发展与实现自我发展的功能价值显现,往往具有一定的滞后性。故而对人才培养质量内涵的分析过程也不应只看重教育之于个体当前所产生的实际影响,还应对其赋予个体潜在的发展空间进行探析。高职人才培养质量评价实质上是对高职院校在产业经济发展服务能力、对学生个体职业能力发展和生活幸福促进能力的综合考察与反映。因此,未来高等职业教育内涵式发展的实现必须以完善的人才培养质量评价机制来作为相应的保障。

(一) 质量共治理念下多主体协同共促的评价格局生成

在高职院校的长期发展过程中,已基本形成了"校企双主体"协同育人的局面,包括在专业的设置、人才培养方案制定、课程开发、课程教学等方面已基本实现了校企共同开展的发展局面。且伴随着未来产教融合校企合作深度与广度的不断深化与拓展,"校企双主体"协同育人也将显现更加积极的发展态势。反观高职院校人才培养质量评价,却显现出了评价主体的单一性问题[1]。具体表现为:以往高职人才培养质量的评价主要是通过高职院校自主来完成,例如:教育部 2012 年开始实施的"高等职业教育质量年度报告发布制度"和 2015 年开始实施的"职业院校教学工作诊断与改进制度"等,均是在提供具体评价框架的情况下,由高职院校内部自主对人才培养质量的各方面进行评价。同时,在高职人才培养质量评价的参与过程中,企业主要是对高职学生在企业实习期间的具体表现与职业能力水平等进行评价,且有评价标准随意性、主观性较强(如:表现积极、态度端正、努力完成工作任务等)、评价不规范等问题。此外,教育主管部门对于高职院校所开展的人才培养工作的有关评估,往往不仅仅涵盖人才培养质量方面的考察,而且还对学校的整体办学定位、办学条件以及社会服务现状等多方面同时进行考察,缺乏针对性。

因此,新工业革命发展背景下的高职人才培养,在调结构、提质量、增内涵的

---

① 常晓茗. 高职人才培养质量评价体系建设探析[J]. 中国成人教育,2014(14):98-100.

过程中,构建政府、行业企业、高职院校、第三方评价机构等多主体协同参与的高职人才培养质量治理格局,不仅是破解当前高职人才培养质量评价因主体的不全面性而导致的评价结果对人才培养过程的迭代优化功能弱、行业企业等社会认可度低等困局的重要策略,而且也是未来高职人才培养创新发展的必然趋势①。同时,多主体协同参与的质量治理格局的营造,也是高职人才培养过程更加显现开放性特征的具体路径。教育部 2015 年发布的《高等职业教育创新发展行动计划(2015—2018 年)》中便提出②:应积极通过多主体共同参与、内部与外部保障机制协调配套的路径来实现质量保障机制的完善。在 2019 年,国务院发布的《国家职业教育改革实施方案》中,在有关职业教育质量评价的具体论述中,明确提出:"完善政府、行业、企业、职业院校等共同参与的质量评价机制,积极支持第三方机构开展评估"。由此也显现出:多主体协同共治,不仅是未来我国职业教育治理格局不断迈进的方向,更是高职人才培养质量评价主体构成的应然特征。

(二) 数据驱动、场景化、精准化的评价方法探索

高职人才培养的主要目的在于培育学生的职业能力③,且职业能力的内涵具有丰富性,不仅包含了学生专业知识、专业技能的专业能力④的培育,而且包含了精益求精、专业创新、持续的专业学习等专业精神,以及包含了团队协作能力、人际沟通交流能力等社会性能力,以及包含了自我认知、自律、自尊和自信心等个体性能力⑤。而职业能力不同方面内容的培养特点决定了高职院校的人才培养具有多场景协同、多时段迭代、多主体参与的特点,由此对高职人才培养质量进行全面、有效的评价也提出了更高的要求。

随着新一代信息技术的发展及其在职业教育领域的深化应用,通过基于信息技术、人工智能技术等的发展优势来革新高职人才培养质量的评价方法,无疑是一种值得探索的实践新思维。例如:对高职院校学生的理论学习结果评价而言,可以利用大数据分析技术,对学生专业理论的整体水平进行全面分析,也可以对不同理论课程之间的内容关联,以及不同课程掌握程度差异之间的交互影

① 肖凤翔,邓小华."多中心"理念下职业教育治理主体的角色定位——"中和位育"思想的启示[J].高校教育管理,2018(2):66-72.

② 教育部.教育部关于印发《高等职业教育创新发展行动计划(2015—2018 年)》的通知[EB/OL].2015-10-19.

③ 姜大源.职业教育学基本问题的思考(一)[J].职业技术教育(教科版),2006(1):7.

④ 赵志群.职业教育与培训学习新概念[M].北京:科学出版社,2003.

⑤ 庄榕霞,赵志群,等.职业院校学生职业能力测评的实证研究[M].北京:清华大学出版社,2012.

响机制进行深入分析。继而通过最终的分析结果来为学生专业理论课程体系的完善和优化提供一定的数据支持与改进思路。可以改变以往理论教学主要通过统一试卷考核、重点关注于终结性评价的方式,强化对于过程性、多元性、个性化评价的关注①。

在高职院校实训教学质量评价方面。当前人工智能、互联网、大数据分析等新兴技术的教育应用为高职院校的实训教学创新以及对实训教学过程中实训学习结果进行全过程、全方面、多场景、精准化的评价提供了新的思维与技术支持。高职院校的实训教学在注重学生实训学习结果呈现的同时,还需根据对学生实训学习过程的分析,对其技能操作的规范程度、工作任务的整体完成程度等进行个性化评价,以此来帮助学生技能的不断成长。随着未来职业教育与培训体系的一体化发展,在高职院校职业培训功能不断强化的过程中,这一实训教学质量的评价方式也为未来的职业技能等级以及职业资格水平的测评提供了新的实践思路与发展构想。

(三) 评价依据的资格标准与技能水平标准"双对接"趋向

人才培养质量评价标准是高职人才培养实践开展合目的性、合规范性的重要保障,也是高职人才培养质量评价实施的内容依据。在高职院校以往的人才培养过程中,"学历证书+职业技能等级证书"的"1+X 证书"制度是其进行最终人才培养质量评价的一个重要内容。职业技能等级证书的种类与级别,在一定程度上体现了分层式、个性化培养的特点,即通过不同级别职业技能证书的考核标准,来实现对不同专业技能水平的学生进行差异化评价,体现了高职人才培养方式及其标准在未来的一种发展趋势。在未来推动高职院校"1+X 证书"制度发展的优化升级过程中,首先需要通过在国家层面确保职业技能等级证书制度的不断完备,具体包括证书的管理主体、内容更新机制、认证考核机制等方面内容的整合、优化,从而促使职业技能等级证书既能成为有效开展高职人才培养质量评价的内容依据,而且可以成为高职院校毕业生获得社会认可和优质工作机会的保证。

---

① 杨宗凯,吴砥,陈敏. 新兴技术助力教育生态重构[J]. 中国电化教育,2019(2):2.

后记

本书是国家社会科学基金教育学一般课题"面向新工业革命的高等职业教育人才培养模式变革研究"(BJA170086)的结题成果,也是北京师范大学职业技术教育学科和震教授团队成员五年来围绕这个研究主题共同努力的结果,本课题与团队中的多位博士生和硕士生的毕业学位论文相互关联和支撑。和震负责导言和全书的设计与统稿,其余各章作者分别是第一章和震、杨成明,第二章杨成明,第三章孙玲,第四章柯梦琳,第五章祝成林,第六章谢珍珍,第七章陈昱霖、刘娜、杨小燕,第八章杨成明,其中有关职业教育绿色化部分的作者为谢良才。宁玉红、汪冰冰、柳超、贺世宇、张格然等人也参与了文稿的修订和校对工作。同时感谢北京劳动保障职业学院、北京财贸职业学院、包头职业技术学院、四川交通职业技术学院、杭州职业技术学院、南京工业职业技术大学、青岛职业技术学院、江苏财贸职业学院等提供的调研支持或合作研究。

本课题研究成果由课题负责人和震教授多次在全国性的学术研讨会和高职管理干部与骨干教师研修班上进行讲授,与广大职业院校领导和教师进行了深度交流,课题成果即未来职业教育人才培养模式的设想,被有关职业院校借鉴和应用。本次将课题成果结集出版,希冀为新时代职业院校人才培养工作提供有力参考。

职业教育作为一种独特的教育类型,自身充满了创新的空间。高等职业教育发展迅速但又充满挑战,正处在建立和形成共识之中。希望我们团队的探索能够为我国高职人才培养模式面向未来提供一个形成共识的基础和框架。由于高职人才培养模式本身涉及的内容众多,本课题在研究中未重点关注和深入分析的内容还有待进一步研究。欢迎读者对本书的不足之处予以批评指正。

感谢为课题的研究提供支持的行业企业、职业院校的领导和老师们!感谢北京师范大学国家职业教育研究院、职业与成人教育研究所师生员工对本课题工作的支持!这里充盈着专家学者对职业教育的真知灼见、青年学子们的激辩与沉思,这些都是让课题组的工作不断推进的动力源泉。感谢高等教育出版社的编辑们为本书的出版提供的热情帮助和大力支持!

著 者

2023. 3. 11

郑重声明

高等教育出版社依法对本书享有专有出版权。任何未经许可的复制、销售行为均违反《中华人民共和国著作权法》，其行为人将承担相应的民事责任和行政责任；构成犯罪的，将被依法追究刑事责任。为了维护市场秩序，保护读者的合法权益，避免读者误用盗版书造成不良后果，我社将配合行政执法部门和司法机关对违法犯罪的单位和个人进行严厉打击。社会各界人士如发现上述侵权行为，希望及时举报，我社将奖励举报有功人员。

反盗版举报电话　(010)58581999　58582371
反盗版举报邮箱　dd@hep.com.cn
通信地址　北京市西城区德外大街4号　高等教育出版社法律事务部
邮政编码　100120

读者意见反馈

为收集对教材的意见建议，进一步完善教材编写并做好服务工作，读者可将对本教材的意见建议通过如下渠道反馈至我社。

咨询电话　400-810-0598
反馈邮箱　gjdzfwb@pub.hep.cn
通信地址　北京市朝阳区惠新东街4号富盛大厦1座　高等教育出版社总
　　　　　编辑办公室
邮政编码　100029